GUIA BILINGUE LEGAL PARA TODOS

BILINGUAL LEGAL GUIDE FOR ALL
Spanish - English
English - Spanish

Yolanda J. Izurieta M. Ed.
Author

JOHNNY COOPER
Technical Director

Order this book online at www.trafford.com
or email orders@trafford.com

Most Trafford titles are also available at major online book retailers.

Printed in the United States of America.

ISBN: 978-1-4907-2800-1 (sc)
ISBN: 978-1-4907-2802-5 (hc)
ISBN: 978-1-4907-2801-8 (e)

Library of Congress Control Number: 2014903730

Because of the dynamic nature of the Internet, any web addresses or links contained in
this book may have changed since publication and may no longer be valid. The views
expressed in this work are solely those of the author and do not necessarily reflect the
views of the publisher, and the publisher hereby disclaims any responsibility for them.

Any people depicted in stock imagery provided by Thinkstock are models,
and such images are being used for illustrative purposes only.
Certain stock imagery © Thinkstock.

Trafford rev. 02/28/2014

 www.trafford.com

North America & international
toll-free: 1 888 232 4444 (USA & Canada)
fax: 812 355 4082

Dedication

This book is dedicated to my children—
Rey, Regina, David and Alexander Morales Izurieta.

CONTENTS

SPANISH
AND
ENGLISH
GUIDE
OF
LEGAL TERMS

PREFACE

Superior education can only be obtained by acquiring information. Laws are fundamental parts of our lives. Knowing them should be a requisite of basic knowledge and indispensable for each individual who lives in the United States.

The primary objective of this book is to make a bilingual legal book available to all who enjoy learning and need information about the legal world: judges, lawyers, legal secretaries, law students, paralegals, students in the political sciences, employees of the court, and any individual who is interested in understanding the rights and laws of a citizen of the United States.

As you know, the vocabulary used in law books—whether it is written in Spanish or English—is very technical and, therefore, difficult to understand. Learning law terminology can be compared to learning a foreign language.

As a knowledgeable professional, I encountered these problems when I was reading various law books, and it is one of the reasons that I was motivated to write this book. When I worked at the Norwalk Superior Court in Norwalk, California, under the supervision of Mr. Edward Hinz, I was privileged to become acquainted with the various judges, district attorneys, paralegals, clerks, legal secretaries, and officers. Although I realized that most were well acquainted with English legal terminology, I also observed that many people who came to court to represent themselves in *"propria persona"* didn't know or understand the correct legal terminology to be able to present their simple cases, nor could they understand how to fill out the technical forms required.

I am confident that this book will be a useful resource and that it can be easily used by all who want to become familiar with legal terms in English and Spanish. This book covers nine areas of law: alternative dispute resolutions, bankruptcy, business law, criminal law, family law, juvenile procedures, probate, real estate law: landlord and tenant, and wills and trusts. The terms are presented in English and Spanish. It is organized in such a manner that every term can be easily translated and understood. Each division contains the terms that are necessary for each area of law.

Obviously, individuals who are already bilingual will have an advantage. Nevertheless, those who are not bilingual but who are interested in learning legal terms in Spanish or English, for one reason or another, will benefit from this book as well.

INTRODUCCION

GUIA LEGAL DE TERMINOS
LEGALES EN ESPAÑOL E INGLES

La educación superior solamente se puede obtener adquiriendo información. Las leyes son partes fundamentales de nuestras vidas y el conocerlas debería ser un requisito de conocimiento básico, indispensable para cada individuo que vive en los Estados Unidos.

El primer objetivo de este libro es de poner un manual legal de términos bilingues disponible para todos aquellos que disfrutan aprendiendo y obteniendo información acerca del mundo legal: los jueces, los abogados, las secretarias legales, los estudiantes de leyes, los paralegales, los estudiantes de ciencias políticas, empleados de la corte, o para cualquier individuo que esté interesado en entender los derechos y leyes de un ciudadano de los Estados Unidos.

Como usted sabe, el vocabulario que se usa en los libros de leyes ya sea escrito en español o inglés, es muy técnico y por lo consiguiente difícil de entender. El aprender terminología legal es comparable a aprender un idioma extranjero.

Como una profesional con conocimientos me encontré con estos problemas cuando leía varios libros legales, y es esa una de las razones por las que estuve motivada a escribir este manual. Cuando trabajaba en la Corte Superior de Norwalk, California, bajo la supervision del Sr. Edward Hinz, tuve el privilegio de conocer a varios jueces, abogados del distrito, paralegales, secretarias legales, y oficinistas; me dí cuenta que ellos tenían un buen conocimiento de la terminología legal en inglés, pero pude también observar que muchas personas que venían a la corte "por su propia cuenta" no conocían la correcta terminología legal necesitada para presentar sus simples casos, tampoco podían comprender como llenar formas técnicas sencillas.

Tengo confianza de que este libro sea un recurso útil que puede ser facilmente usado por todos aquellos que se quieran familiarizar con los términos legales en inglés y español. Es organizado de tal manera que cada término puede ser traducido y comprendido facilmente. Cada división contiene los términos necesarios que se necesitan saber en cada área legal.

Obviamente, las personas que ya son bilingues tendrán una ventaja. Sin embargo, los que no son bilingues, pero están interesados en aprender términos legales en español, o inglés por una razón u otra, se beneficiarán de este manual también.

ACKNOWLEDGMENTS

First and foremost among those who helped me create this book, I give special thanks to Dr. Mary Pribble, director of the paralegal department at Cerritos College. She provided me with her valuable legal expertise and the many essential materials needed to write this book. While in Dr. Pribble's law classes, I received the inspiration from her to write this book and—along with Mr. Gerald Stein, a law professor at Cerritos College—the step-by-step guidance to finish it.

A student taking law classes at Cerritos College could not succeed without the unconditional help of Mr. "Johnny" Cooper, who works with the individual student in the paralegal law lab where students do their most difficult assignments of filling out multiple-law forms for civil law, family law, bankruptcy, etc. Mr. Cooper, with his expertise in technology, made it possible for me to overcome the difficulties inherent in writing a book for the first time.

For his constant support and time taken to proofread and correct pages, I thank Mr. Michael Constantino, a teacher and a writer by avocation. For his comments on the text and constant support, I extend profound thanks to Mr. Michael Constantino. And to all my friends and students who believed in me, I thank you.

During the hours I spent compiling these pages, I always had in mind my loving family: María Sánchez, my caring and supportive mother, my father Alfonso Izurieta my loving and supportive brothers Jaime Izurieta, Washington Izurieta, Mentor Izurieta and my sister Noemi Izurieta, their respective families, and my children Rey Morales Izurieta, Regina Morales Izurieta, David Morales Izurieta; and Alexander, Morales Izurieta my raison d'être.

I have been able to interact with amazing young people. It has been a gift from Godmy teaching career and my students. They have inspired me to become more knowledgeable in the subjects I have taught. Furthermore, their love, support, and care shown to me in many occasions touched my heart deeply. When I have been sick, sad, or with difficulties, they have been there for me always. It is unforgettable—all the notes, cards, tears, and supporting letters I received when I had to say good-bye to them at St. Matthias High School in Downey.

My profound gratitude goes to each one of the students I have taught, and especially "The United Cultures Club" of Saint Matthias High School and presidentMonique Madrid, who believed in me—as well as Sandra Martinez, Jordan Holllier, Denise Becerra, Mina Cortez, Irene Rodas, Jennifer Alvarenga, Karina Cormack, Raquel Hernandez, Glenda Aguilar, Ilse Contreras, Daisy Rojas, Sabina Torres, Nicole Puga, Susan Lorenzana, Patricia Manzo, Jessica Cisneros, Alejandro Lacayo, Monica Campos, Ashley Mendoza, Iliana Rosales, and Michelle Aldecoa, Melissa Fonseca. They all supported me in my desire to increase the students' faith at school and supported me in difficult moments at all times.

I recognized also that besides my family in Ecuador, my family in the United States and good friends inspired me to finish this book. Among them are: Mrs. Annunciation Anderson and her family,The Becerra Family, The Corcios Family, Angel Lozada, Pilar Lozada, Alejandro Sanchez Lozada, Linda Castillo and her beloved son Anthony Vallejo, Nuria Perdomo, Silvia Pico, Rocio Pico, Luis Magaña, Paul Reyburn, Raudel Muñoz, Michael Liberty, Lucy OrozcoAnn Storc, Cony Hunter, the father of my children, Ricardo Morales, and the thousands of students I taught for more than twenty five years, I profoundly thank you for motivating me to finish this book. This book is also dedicated to my loving family in Ecuador, my relatives, my good friends, teachers and all the students I have taught in the different High Schools.

Finally, and in first place, I thank God because without his help, I wouldn't have been able to write anything.

RECONOCIMIENTOS

En primer lugar y sobretodo entre aquellos que me ayudaron a crear este libro le doy mis agradecimientos especiales a la Dra. Mary Pribble, directora del Departamento Paralegal de Cerritos College. Ella contribuyó con su pericia legal valiosa y los materiales esenciales que se necesitan para escribir este manual. Al tomar las clases de leyes de la Dra. Pribble, recibí la inspiración para escribir este manual y junto al Sr. Gerald Stein, un profesor de leyes de Cerritos College, la guía paso a paso para terminarlo.

Una estudiante que tome las clases de leyes en Cerritos College no podría sobresalir sin la ayuda incondicional del Sr. "Johnny" Cooper, quien trabaja con los estudiantes individualmente en el laboratorio de leyes de Paralegales, donde los estudiantes hacen sus tareas más difíciles al llenar múltiples formas legales de leyes cíviles, de familia, de bancarrota, etc. El Sr. Cooper con su pericia en tecnología, ha hecho posible que sobreponga las dificultades innatas al escribir un manual por primera vez.

Por su ayuda constante y el tiempo que ha tomado para corregir páginas, reciba mis agradecimientos a mi padre americano, Michael Constantino, un profesor y escritor por vocación. Por los comentarios y apoyo constante acerca del manual, extiendo mi profundo reconocimiento a todos mis amigos y compañeros que creyeron en mí, las hermanas de la Sagrada Familia de Nueva Orleans, a los profesores Herlinda Castillo, Luis Magaña por su cooperación en la revision de este libro.

Durante las horas en que yo componía estas páginas, siempre tenía en mente a mi amada familia, María Sánchez, mi cariñosa y abnegada madre, a mi padre Alfonso Izurieta, a mis amados y caritativos hermanos Jaime Izurieta, Washington Izurieta, Noemi Izurieta, y a Mentor Izurieta y sus respectivas familias, y a "mi razón de ser", Rey Morales Izurieta, Regina

Morales Izurieta, David Morales Izurieta y Alexander Morales Izurieta y a ellos en especial les dedico este manual bilingue.

Estoy profundamente agradecida con cada una de las estudiantes a las que les he enseñado, y especialmente, "The United Cultures Club" del colegio secundario San Matías, y su presidente, Srta. Monique Madrid por creer en mí, al igual que a Sandra Martinez, Jordan Hollier, Denise Becerra, Mina Cortez, Irene Rodas, Jennifer Alvarenga, Karina Cormack, Raquel Hernandez, Glenda Aguilar, Ilse Contreras, Daisy Rojas, Sabina Torres, Nicole Puga, Susan Lorenzana, Alejandra Lacayo, Patricia Manzo, Jessica Cisneros, Monica Campos, Ashley Mendoza, Iliana Rosales, Michelle Aldecoa, Melissa Fonseca por haberme apoyado en mi deseo de aumentar la fé en las estudiantes y por su apoyo en todo momentos. Este libro también está dedicado a ellas como parte importante de mi vida,

Reconozco también que además de mi familia en Ecuador; en los Estados Unidos mi familia y buenos amigos me inspiraron a terminar este libro, entre ellos: Johnny Cooper, Annunciacion Anderson and her family, La Familia Becerra, la familia Corcios, Angel Lozada, Pilar Lozada, Alejandro Sanchez, Linda Castillo y su amado hijo Anthony Vallejo, Maria Serra, Jessica Serra, Maria Maldonado, Nuria Perdomo, Silvia Pico, Rocio Pico, Paul Reyburn, Raudel Muñoz, Luis Magaña, Michael Liberty, Lucy Orozco, Ann Storc, el padre de mis hijos, Ricardo Morales y a todas las miles de alumnas a las que les he enseñado durante estos veinte y cinco años les agradezco infinitamente por haberme motivado a terminar este libro. Este libro tambièm dedico a los profesores, administradores, familiares y amigos.

Finalmente, por la magnitud de su apoyo en los preparativos de este libro, agradezco a Dios porque sin su ayuda divina nada podría haber escrito.

ABOUT THE AUTHOR

Yolanda and her Mom

When I became a citizen of the United States in 1995, I determined to write a book in which I would combine my bilingual expertise in Spanish and English. This present work, *The Bilingual Legal Guide for All,* is both the fulfillment of my determination and an indication of how one's linguistic antecedents make such writing possible.

I took my Bachelor of Arts degree in English and French at the Central University in Quito, the capital of Ecuador. I came to California in 1983 with the hope of becoming a teacher at the high school level, and was immediately accepted among the faculty at a local Catholic high school where I taught all levels of the Spanish language including its literature, as well as English as a second language, French, and accounting. In 1987, I received a master's degree with honors in education, specializing in curriculum and instruction, at the University of St. Thomas in St. Paul, Minnesota. The same year, I married and subsequently had four children: Rey, Regina, David, and Alexander.

Additionally, I was called upon to translate technical books and manuals at an industrial concern. During my studies for the paralegal certificate, I interned at the Norwalk Superior Court in Norwalk, California. I gained valuable hands-on experience in legal procedures and the court system by working alongside court professionals under the valuable supervision of Mr. Edward Hinz III, who at that time was the assistant supervisor of the Norwalk Superior Court.

Since 1983, I have played an integral role in the archdiocesan Catholic high school system of Los Angeles. I was a High School teacher at Regina Caeli High School/ Queen of Angeles Academy, Cathedral High School, Junipero Serra High School, Poinciana High School (Florida) and Saint Matthias High School. I taught mostly Spanish all levels including AP Spanish Language and Literature, and I also taught Introduction to Law at Regina Caeli High School/ Queen of Angels Academy, a school administered by the charitable sisters of the Holy Family from New Orleans.

I feel I had a successful career, and I hope that this book is useful to all.

Yolanda Izurieta
bilingual.legalguide@gmail.com

ACERCA DE LA AUTORA

Al convertirme en ciudadana de los Estados Unidos en 1995, me propuse escribir un libro en el que combinaría mi conocimiento bilingue de Español e Inglés. Este libro de terminología legal es una culminación de mi determinación y la prueba de como los antecedentes linguísticos hacen tal escritura posible.

Recibí mi Bachillerato en Artes en Inglés y Francés en la Universidad Central de Quito, la capital del Ecuador. Vine a California en 1983 con la esperanza de convertirme en una profesora a nivel secundario y fui aceptada inmediatamente en la facultad de Regina Caeli High School / Queen of Angels Academy,colegio secundario Católico donde enseñé todos los níveles de lenguaje español incluyendo literatura avanzada, tanto como Inglés como segundo idioma, Francés, y Contabilidad y cursos a nivel universitario tales como Literatura en español. En 1987 recibí un Maestrado con honores en Educación, especializándome en Curriculum e Instrucción, en la Universidad de St. Thomas, St. Paul, Minnesota. El mismo año me casé y consecuentemente tuve cuatro hijos, Rey, Regina, David y Alexander Morales Izurieta que son mi razón de vivir.

Adicionalmente, fui llamada a traducir libros técnicos y manuales y a enseñar Inglés en una industria local. Durante mis estudios como asistente de abogado en la Corte Superior de Norwalk, California obtuve valiosa experiencia en procedimientos legales y el sistema al trabajar con profesionales de la corte bajo la valiosa supervisión del Señor Edward Hinz III, en ese tiempo Asistente Supervisor de la Corte de Norwalk.

Desde 1983 he tenido un importante papel integral en el sistema de las escuelas católicas de la Arquidiócesis de Los Angeles. Fui profesora en Regina Caeli High School/ Queen of Angels Academy, Cathedral High School, Junipero Serra High School, Poinciana High School (Florida), y Saint Matthias High School, En todas las escuelas secundarias mencionadas he enseñado Español en todos los níveles incluyendo AP Spanish Language and Literatura. En Regina Caeli/ Queen of Angeles Academy administrado por las Caritativas Hermanas de la Sagrada Familia de New Orleans también tuve la oportunidad de enseñar Introducción a las Leyes

Siento que he tenido una carrera exitosa y espero que este libro sea útil para todos.

Yolanda Izurieta
bilingual.legalguide@gmail.com

SUGGESTIONS ON HOW TO USE THIS LEGAL MANUAL SUGERENCIAS DE COMO UTILIZAR ESE MANUAL LEGAL

In order to be able to use the Spanish and English definitions of the different terms, a few tools on how to read those terms and understand why they were translated may be useful.

Some understanding of the Spanish alphabet and its sounds is helpful in understanding the definitions. Since Spanish is a phonetic language, nearly every sound is represented by the same letter, and nearly every letter represents the same sound.

Do not expect to find these terms to be translated word for word, just observe how they are translated. Knowledge of verb conjugations in Spanish in the different tenses is, of course, necessary for a person interested in learning or becoming familiar with the Spanish language itself.

I have included some basic information that should help you understand Spanish usage (see Spanish Pronunciation and Orthography).

A fin de poder utilizar las definiciones en español e inglés de los diferentes términos legales, algunas instrucciones de como leer esos términos y comprender porque fueron traducidos puede ser necesario.

Entender el alfabeto en español y sus sonidos es necesario para comprender sus definiciones. Como español es un idioma fonético, casi cada sonido se representa con la misma letra, y casi ninguna letra representa el mismo sonido.

No espere encontrar la definición de estos términos traducidos palabra por palabra, solo observe como son traducidos. El conocimiento de la conjugación de los verbos en los diferentes tiempos es, por supuesto, necesario para una persona que esté interesada en aprender o hacerse familiar con el idioma español. He incluído información básica que le debe ayudar a entender el uso del español.(vea pronunciación y ortografía en español)

How to Find the Law Definitions You Are Looking for in Spanish and English?

¿Cómo encontrar las definiciones legales que está buscando en español e inglés?

When looking for the term *mediation* under the area of law called Alternative Dispute Resolution, follow these steps:

First, find area 1, Alternative Dispute Resolution, and then look for the term *mediation* and its meaning.

Second, on the same area of law, and after terms, look for definitions of Alternative Dispute Resolution and look for *mediation*. You should find the English definition followed by the Spanish definition with no problem.

Al buscar por el término mediación en el area de leyes llamada Resolución Alternativa para disputas, se sigue los siguientes pasos:

Primero, encuentre el area, Alternative Dispute Resolution, y después busque por el término **mediación** y su significado.

Segundo, en la misma area de leyes, y después de los términos, busque por Resolución Alternativa para disputas y busque por **mediation.** Usted encontrará la definición en inglés seguida por la definición es español sin problema.

Important: Remember to copy the information and write the pages where you found the information. Try to read the definition aloud and learn the Spanish words, and possibly memorize the definition in Spanish.

Importante: recuerde de copiar la información y escribir las páginas donde encontró la información. Trate de leer la definición en voz alta y aprender las palabras en español, y posiblemente la definición en inglés.

Perhaps your purpose is not to learn Spanish but just to translate different law terms. If you follow my few instructions, you will learn sufficient technical Spanish words and terms that should help you understand when you are reading Spanish law articles, more definitions, law cases, books, or representing a client or yourself in court. Good luck in your endeavors.

If you have any suggestions, or if you find mistakes, please be so kind as to let us know by sending us an email which you will find it at the bottom of author's page.

Tal vez su propósito no es el de aprender español pero solamente traducir diferentes términos legales, Si usted sigue mis instrucciones, usted aprenderá suficientes palabras técnicas legales y términos que deben ayudarle a entender artículos en español, más definiciones, casos legales, libros, o a representar a un cliente o si se tiene que presentar en la corte lo puede hacer por sí mismo. Buena suerte al tratarlo.

Si tiene sugerencias, o si encuentra errores, por favor ser tan amable de dejármelo saber enviándome un correo eléctronico al correo que se verá en la página del autor.

Helpful websites for learning Spanish:
Sitios de la red electrónica que puede ayudarle a aprender español:
www.studyspanish.com (grammar) (gramática)
www.conjuguemos.com (grammar) (gramática)
www.quizlet.com (Spanish, English)
www.el rincón del vago.com (Literatura)
www.youtube.com

SPANISH PRONUNCIATION AND ORTOGRAPHY

SPANISH PRONUNCIATION AND ORTHOGRAPHY

Orthography is the art of writing words with the proper letters according to standard usage. Although no letter in the Spanish alphabet has exactly the same pronunciation as in English, both the sounds and the spellings for Spanish are simple. There are few exceptions in the Spanish language, where each letter corresponds to only one sound. Compared with English, Spanish spelling is almost phonetic: nearly every sound is represented by the same letter, and nearly every letter represents the same sound. Words are spelled the way they are pronounced, and words are pronounced the way they are spelled.

Comparisons between the familiar English sounds and the unfamiliar Spanish ones have a practical end: they offer a working approximation to help the beginning student learn Spanish. Of course, even though most of the Spanish sounds have like sounds in English, or sounds so similar that are easy to learn, the pronunciation of any foreign language is acquired principally through imitation and practice.

PRONUNCIATION Y ORTOGRAFIA EN ESPAÑOL

La ortografía es el arte de escribir palabras correctamente de acuerdo al uso común. Sin embargo no hay letras en el alfabeto en español que tenga la misma pronunciación como en inglés, ambos, los sonidos y como se deletrea en español es simple. Hay pocas excepciones en el idioma español, donde cada letra corresponde a un solo sonido. Comparado con inglés, la escritura en español es fonética; casi cada sonido es representado por la misma letra, y casi cada letra representada por el mismo sonido. Las palabras se escriben de la misma manera que se pronuncian, y las palabras son pronunciadas de la misma manera que son escritas.

Las comparaciones entre el inglés común y las palabras que no son comunes tienen un término práctico: ofrecen un aproximado significado que ayuda a las alumnas principiantes que estén aprendiendo español. Por supuesto, aunque la mayoría de los sonidos en español tienen sonidos que se parecen al inglés, o sonidos similares que son faciles de aprender, la pronunciación de cualquier idioma extranjero es adquirido principalmente a travez de imitacióy y práctica.

THE SPANISH ALPHABET
/ EL ALFABETO ESPAÑOL

Spanish uses practically the same alphabet as English. The Spanish alphabet consists of thirty letters. The names of the letters are feminine: *la be*, (the) *b*; *la eme*, (the) *m*; *la jota*, (the) *j*; etc.

El español usa practicamente el mismo alfabeto que el inglès. El alfabeto en español consiste de treinta letras. Los nombres de las letras son femeninos: la be, la eme, la jota, etc.

LETTER	NAME	PRONUNCIATION
a	a	ah
b	be (grande)	bay
c	ce	say
ch	che	chay
d	de	day
e	e	ay
f	efe	ai'fay
g	ge	hay
h	hache	ah'chay
i	i	ee
j	jota	ho'tah
k	ka	kah
l	ele	ai'lay
ll	elle	ai'yay
m	eme	ai'may
n	ene	ai'nay
ñ	eñe	ain'yay
o	o	oh
p	pe	pay
q	cu	koo
r	ere	ai'ray
rr	erre	air'ray

s	ese	ai'say
t	te	tay
u	u	oo
v	ve (chica); ve	bay
w	doble ve	do'blay vay
x	equis	ai'kees
y	i griega	ee greeay'gah
z	zeta	say'tah

Notice:

That in addition to the twenty-six letters of the English alphabet, the Spanish alphabet includes *ch*, *ll*, *ñ*, and *rr*.

That the compound letters *ch*, *ll*, and *rr* represent single sounds and are treated as one letter—that is, they are never divided.

That the *ñ* is treated as a separate letter.

That in vocabulary lists and dictionaries, words which begin with *ch*, *ll*, and *ñ* follow words that begin with *c*, *l*, and *n*—while the compound letter *rr*, which never begins a word, is alphabetized as in English.

That the letters *k* and *w* are used only in words of foreign origin.

That since *b* and *v* sound alike, Spanish speakers distinguish between the two as *be grande* (big *b*) and *be chica* (small *b*).

That in general, the Spanish vowels are clearer, and the Spanish consonants are softer than those in English.

NOTE:

Que además de las veinte y seis letras del alfabeto inglès, el alfabeto español incluye ch, ll, ñ, y rr.

Here is the complete Spanish alphabet with approximate English sounds, remarks, and illustrative words:

Aquí está el alfabeto en español complete con sonidos que se parecen al inglès, notas y ejemplos:

a   like *a* in father: *mano, alta, cama, Ana*

b   like *b* in *boy* at the beginning of a word, and after *m* or *n*: *bien*, *buenas, también, un baile*; otherwise like the *b* sound above, except that the lips are not quite closed: *saber, Cuba, libro, muy bien*

Note: The letters *b* and *v* are pronounced exactly alike in Spanish.

c   like *s* in *sent* before *e* or *i*: *nación, decir, ciencia, fácil*; otherwise like *c* in *cat*: *campo, oscuro, clase, actor*
ch   like *ch* in *church*: *mucho, noche, muchacho, coche*
d   like *d* in *dull*: *del, día, cuando, saldré*; between vowels and at the end of a word like *th* in *they*: *nada, todo, estado, usted*
e   like *e* in *they*: *mesa, leer, señor, eso*; if followed by a consonant in the same syllable, like *e* in *set*: *cerca, verdad, ochenta, viven*
f   pronounced exactly like the English *f*
g   like hard *g* in *go*: *pagar, agosto, grande, vengo*; before *e* or *i* like *h* in *halt*: *general, ligero, página, region*
h   in Spanish, *h* is always silent—that is, it has no sound at all: *hacer, ahora, hablo, hoy*
i   like *i* in *machine*: *ir, libre, principal, Francisco*
j   like *h* in *hey* or *hawk*: *jardín, julio, lejos, Juan*
k   like *k* in *kill*: *kilómetro, kilo, Kodak, kilociclo*

Note: In Spanish, the letter *k* occurs only in words borrowed from another language.

l   like *l* in *love*: *lista, algo, possible, final*
ll   like *y* in *yes*: *llegar, ella, amarillo, calle*
m   like *m* in *man*: *mano, tomar, momento, mismo*
n   like *n* in *name*: *noche, junio, nunca, pan*
ñ   like *ni* in *onion*: *niño, cañón, mañana, año* .
o   like *o* in *go*: *como, moreno, oigo, doctor*
p   like *p* in *pan*: *Pedro, papá, peso, papel*
q   like *c* in *can*—always followed by *ue* or *ui*, and the *u* is always silent: *que, aquí, química, aquel*
r   like Spanish *rr* at the beginning of a word or after *l, n*, or *s*: *Rafael, alrededor, un rato, Israel*; otherwise, only a slight trill: *América, oro, mirar, preferir*
rr   with a strong trill in any position: *arroz, cierren, perro, ferrocarril*

s	like *s* in *sit*: *seso, vision, Rosa, presidente*
t	like *t* in *to*: *fruta, tinta, Tomás, tiempo*
u	like *u* in *rule*: *uno, escuchar, jugo, nunca*
v	like Spanish *b* in all its positions: *vivo, volver, llave, tranvía*
w	usually pronounced like Spanish *b*, *v*, or like an English *v*, or kept as English: *Washington, water, welter, wolfram*

Note: In Spanish, the letter *w* occurs only in words borrowed from another language.

x	like *s* in *sir* when followed by a consonant: *explicar, extranjero, extremo, extensión*; between vowels like *x* (ks) in *extra* or like *x* (gs) in *examine*: *éxito, próximo, exactamente, existir*
y	like *y* in *year*: *yo, ayer, ayudar, leyó*; when *y* serves as a vowel, like *i* in *machine*: *hay, hoy, doy, estoy*; the conjugation *y* is pronounced like the English *i* in *machine*
z	like *c* in certain instances: *zapato, vez, Zaragoza, azul*

Vowels
Las vocales

The letters *a, e, i, o, u* are vowels.

a	like *a* in *ah*
e	like *a* in *hay*
i	like *ee* in *bee*
o	like *o* in *no*
u	like *oo* in *moon*

Y is a vowel only when standing alone, as in *y* (and), or at the end of a word, as in *ley* (law).

The strong vowels are *a*, *e*, and *o*.
The weak vowels are *i* and *u*.

Spanish vowels are generally open and clear. While the five basic vowel sounds sometimes vary slightly according to position or stress, they always retain the same character of sound.

Las vocales en español son generalmente abiertas y claras. Mientras las cinco vocals básicas pueden varian un poco de acuerdo a su posición o acento, ellas siempre retienen el mismo sonido.

Diphthongs

A diphthong is a combination, in either order, of a strong (*a, e, o*) and a weak (*i, u*) vowel, or of two weak vowels.

The following is a list of diphthongs and their approximate pronunciations. They need not be memorized.

Los diptongos

Un diptongo es una combinación, ya sea en una orden u otra, de un sonido (a, e, o) y una vocal débil (i, u) o de dos vocals débiles.

Los siguiente es una lista de diptongos con su pronunciación. No se tienen que memorizar.

ai, ay	like *i* in *line*: *aire, hay*
au	like *ou* in *sound*: *causa, autor*
oi, oy	like *oy* in *boy*: *oiga, soy*
ei, ey	like *ay* in *day*: *reina, ley*
eu	like *eh* plus *oo*: *Europa, deuda*
iu	like the word *you*: *ciudad, viuda*
ia	like *ya* in *yarda*: *media, seria*
ua	like *wa* in *want*: *cuando, agua*
io	like *yo* in *yoga*: *medio, patio*
uo	like *uo* in *quota*: *cuota, continuo*
ie	like *ye* in *yet*: *miel, tiene*
ue	like *wa* in *wait*: *puede, luego*
ui, uy	like *wee* in *week*: *cuidado, muy*

A dipthong forms one syllable and cannot be separated in speech or in writing.

When a diphthong consists of a strong and a weak vowel, the strong vowel receives the stress in pronunciation: *autor*.

When a diphthong consists of two weak vowels, the second vowel receives the stress in pronunciation: *viuda*.

Un diptongo forma una sílaba y no puede estar separado ni al hablarlo ni al escribirlo.

Cuando un diptongo consiste de una vocal debil y una fuerte, la vocal fuerte tiene el acento en la pronunciación: autor

Cuando un diptongo consiste de dos vocals débiles, la segunda vocal tiene el acento en la pronunciación: viuda

Thripthongs

A triphthong is the combination, in a single syllable, of a stressed strong vowel between two weak vowels. Only four combinations exist in Spanish: *iai*, *iei*, *uai* (uay), and *uei* (uey).

Triptongos

Un triptongo es una combinación, en una sola sílaba, de una vocal fuerte acentuada entre dos vocales débiles. Solamente hay cuatro combinaciones que existen en español: iai, iei, uai, y uei.

Division of Words into Syllables

A syllable is the part of a word that can be pronounced with a single impulse of the voice. In Spanish, it always contains a vowel sound and may, in addition, contain one or more consonant sounds. The vowel sound may consist of a single vowel, a diphthong, or a tripthong The most basic Spanish syllable consists of a consonant followed by a vowel or diphthong.

Devision de palabras en sílabas

Una sílaba es la parte de la palabra que puede ser pronunciada con un solo impulse de la voz. En español, siempre contiene un sonido vocalic y puede, ademáas, contener una o más consonants. El sonido vocalic puede consistir de una sola voca., un diptongo, o un triptongo. La sílaba más básica en español consiste de una consonante seguida de una vocal o un diptongo.

se-ño-ra   Cu-ba   fue-go

Notice:

That the fundamental principle is to make syllables end in a vowel as far as possible.

That a single consonant (including *ch*, *ll*, *rr*) goes with the vowel or diphthong that follows it:

lle-ga-mos   de-re-cho   co-rren

That combinations of two consonants are usually separated:

car-ta   fuen-te   rom-per   cuar-to   es-tá

That if the second consonant is *l* or *r*, the combination is, as a rule, inseparable:

a-brir   te-a-tro   pue-blo   in-fluen-cia

That more than two consonants are so divided that the last consonant goes with the following vowel, except if there is an inseparable combination involving *l* or *r*:

ins-tan-te   in-glés   en-tra

That two strong vowels are always written in separate syllables:

re-al   le-er   to-a- lla   cre-e

That a written accent mark (') on the weak (*i*, *u*) vowel of a diphthong BREAKS the diphthong and creates two separate syllables:

dí-a   le-í- do   pa-ís   Ra-úl

AN ACCENT MARK ON A STRONG VOWEL MERELY INDICATES STRESS.

Un acento marcado en una vocal fuerte demuestra acentuación.

diá-lo-go   tam- bién

That a word in Spanish usually has as many syllables as it has vowels.
Que una palabra en español usualmente tiene tantas sílabas como vocales.

Accentuation: Word Stress and the Written Accent Mark

The words *stress* and *accent* are often used with the same meaning. For our purposes, we will define *stress* as the emphasis given to a syllable which increases its relative loudness. The word *accent*, on the other hand, will refer only to the written accent mark over a vowel.

Las palabras <u>acentuación</u> y el <u>acento</u> tienen usualmente el mismo significado. Por nuestro propósito, definiremos acentuación como el enfasís dado a una sílaba la que hace aumentar el sonido de la sílaba. La palabra acento, por otro lado, se refiere solamente al acento marcado sobre la vocal.

The problem is to determine whether or not any Spanish word should be accented—that is, carry a written accent mark. Fortunately, Spanish words are stressed according to specific rules. Once these general rules are learned, there is very little difficulty in knowing where to stress a word in pronunciation or where to place the accent mark in writing. The only written accent generally used in Spanish is the acute ('). ONLY VOWELS TAKE AN ACCENT MARK.

<u>El problema es el de determiner si las palabras en español debe tener acento- lo que significa, poner un acento marcado. Afortunadamente, las palabras en español son acentuadas de acuerdo a reglas específicas. Cuando se haya aprendido esas reglas, no habrá dificultad al saber si hay que poner acento o en que lugar poner el acento al escribirlo. El único acento escrito de una palabra generalmente usado en español es el grave. (') SOLAMENTE LAS VOCALES TIENEN ACENTO MARCADO.</u>

Remember, the stressed syllable of a word is the syllable which is emphasized. In Spanish, there are three simple rules by means of which you can tell which syllable of a word is stressed, and whether or not a written accent mark is required. They are as follows:

Recuerden, las sílabas acentuadas de una palabra en la sílaba que tiene más sonido. En español, hay tres simples reglas por medio de las cuales usted puede decider cual sílaba o palabra está acentuada, y si un acento escrito se require. Las reglas son las siguientes:

1. Words ending in a vowel, or in the consonants *n* or *s*, are stressed on the next to the last syllable and require no written accent.
2. Las palabras que terminan en una vocal o en las consonantes n or s, tienen el enfasís en la penúltima sílaba y no requieren acento escrito.
3. Words ending in a consonant, except *n* or *s*, are stressed on the last syllable and take no written accent.
4. Las palabras que terminan en consonante, excepto n o s, tienen el enfasís en la última sílaba y no requieren acento escrito.
5. Words which are not stressed according to these two rules must have a written accent on the syllable that is stressed in pronunciation.
6. Las palabras que no tienen enfasís de acuerdo a estas dos reglas deben tener un acento escrito en la sílaba donde hay enfasís al pronunciarla.

The following are examples illustrating each rule:
Los siguientes ejemplos ilustran estas reglas:

1.	som-**bre**-ro	a-ve-**ni**-da	**sie**-te	**ha**-blan
2.	us-**ted**	I-sa-**bel**	es-pa-**ñol**	es-**toy**
3.	**sá**-ba-do	**Gó**-mez	ja-**bón**	au-to-**mó**-vil

Note: Final *y*, although sounded as a vowel, is considered a consonant for the purposes of accentuation.

vi-*rrey*   es-*toy*

In addition to being used to indicate an exceptional stress (as in rule 3 above), the accent mark is also used to indicate the separation of two vowels which otherwise constitute a diphthong—as we have seen in the section Division of Words Into—to distinguish certain words, as for example all interrogative pronouns and adjectives, demonstrative pronouns, accented forms of the adjective compounded to form an adverb in -*mente*; to distinguish between two words spelled alike but different in meaning (*si, if, sí, yes; el, the, él, he; mi, my, mí, me*; etc.).

Linking of Words

In reading or speaking Spanish, words are linked together, as in English, so that two or more may sound as one long word. The following few examples will illustrate some of the general principles of linking.

Palabras unidas

Al leer las palabras en español, las palabras se juntan, como en inglès, de modo que dos o más sonidos pueden sonar como si fuese uno. Los siguients son pocos ejemplos de palabras unidas.

In speaking, a final consonant is linked with an initial vowel:
Es-un-amigo   con-el hombre

Two identical vowels are pronounced as one:
De-español   lo-oído

Two identical consonants are pronounced as one:
el-lobo   al-lado

The final vowel of one word is linked with the initial vowel of the following word to form one spoken syllable:
todo-el día   su-amigo

La última vocal de la palabra se une con la vocal inicial de la siguiente palabra para formar una sola sílaba.

Punctuation

Spanish punctuation, in general, is the same as English punctuation. Note these differences, however:

Spanish begins questions and exclamations with their respective punctuation marks inverted (in addition to the usual sign at the end). They are placed at the actual beginning of the question or exclamation, not necessarily at the beginning of the sentence.

ç Cómo está usted?	How are you?
Í Qué muchacha más bonita!	What a pretty girl!
Tú aprendes francés, ç verdad?	You're learning French, right?

In Spanish, the dash is generally used instead of quotation marks to denote a change of speaker in dialogue. It is, however, omitted at the end of the sentence.

> ç No viene usted con nosotros-me preguntó Miguel.
> "Aren't you coming with us?" Michael asked me.

La puntuación

La puntuación es español, en general, es la misma puntuación que en inglés. Note estas diferencias, sin embargo:

Las preguntas y exclamaciones en español empiezan con los signos de puntuación invertidos (además del signo usual que se escribe al final). Son colocadas al principio de la pregunta o exclamación, no necesariamente al principio de la oración.

ç Cómo está usted?	How are you?
Í Qué muchacha más bonita!	What a pretty girl!
Tú aprendes francés, ç verdad?	You're learning French, right?

En español, el guión es generalmente usado en vez de puntos de exclamación o denotan un cambio de hablante en un diálogo. Es sin embargo, omitido al final de la oración. ç

> No viene usted con nosotros-me preguntó Miguel.
> "Aren't you coming with us?" Michael asked me.

Capitalization

The use of capital letters is less extensive in Spanish than in English.
The pronoun *yo* (I) is written with a small letter, except at the beginning of a sentence.

The names of languages, days of the week, and months of the year are written with small letters. Nouns and adjectives of nationality and religion are written with small letters. Titles (unless abbreviated) are not capitalized.

el español—Spanish
lunes—Monday
enero—January
los españoles—the Spaniards
una ciudad mexicana—a Mexican city
un católico—a Catholic
Buenas tardes, señor (Sr.) Ortiz!—Good afternoon, Mr. Ortiz.

Capitalización

El uso de letras mayúsculas es menos extensa en inglés que en español. El pronombre yo (I) es escrito con una letra minuscula except al principio de una oración.

Los nombres de los lenguajes, días de la semana, y meses del año son escritos con letras minúsculas. Los sustantivos y adjetivos de nacionalidad y religion son escritos con letras minúsculas. Los títulos (a menos que sean abreviados) no llevan mayúsculas.

el español—Spanish
lunes—Monday
enero—January
los españoles—the Spaniards
una ciudad mexicana—a Mexican city
un católico—a Catholic
Buenas tardes, señor (Sr.) Ortiz!—Good afternoon, Mr. Ortiz.

THE BILL OF RIGHTS

CARTA O DECLARACION DE DERECHOS

THE BILL OF RIGHTS

CARTA O DECLARACION DE DERECHOS
AMENDMENTS OF THE CONSTITUTION OF
THE UNITED STATES I-XIV
MODIFICACION I-XIV DE LA CONSTITUCION
DE LOS ESTADOS UNIDOS

AMENDMENT I (1791)

CONGRESS shall make no law respecting an establishment of religion, or prohibiting or religion, or prohibiting the free exercise thereof; or abridging the freedom of speech, or of the press; or the right of the people peaceably to assemble, and to petition the Government for a redress of grievances.

ENMIENDA I (1791)

Econgreso no debe decidir leyes que tengan que ver con el establecimiento de religión, o prohibición de la religión, o la prohibición del ejercicio libre, o la privación de la libertad de palabra, o la prensa; o el derecho de las personas de tener una asamblea en paz, y la petición al Gobierno de la reparación de agravios.

AMENDMENT II (1791)

A well regulated Militia, being necessary to the security of a free state, the right of the people to keep and bear arms, shall not be infringed.

ENMIENDA II (1791)

La intervención de los guardianes nacionales bien regulada, que sea necesaria para la seguridad de un estado libre, el derecho de la gente para poseer armas, no debe ser restringido.

AMENDMENT III (1791)

No Soldier shall, in time of peace be quartered in any house, without the consent of the Owner, nor in time of war, but in a manner to be prescribed by law.

ENMIENDA III (1791)

Ningún soldado, en tiempos pacíficos puede esconderse en ninguna casa, sin el consentimiento del dueño, ni tampoco en el tiempo de guerra, solamente de manera prescrita por la ley.

AMENDMENT IV (1791)

The right of the people to be secure in their persons, houses, papers, and effects, against unreasonable searches and seizures, shall not be violated, and no Warrants shall issue, but upon probable cause, supported by Oath or affirmation, and particularly describing the place to be searched, and the persons or things to be seized.

ENMIENDA IV (1791

El derecho de las personas, casas, papeles y efectos, contra la investigación y captura irracionales, no deben ser violadas, y ningunas garantías deben ser otorgadas, sin causa razonable, apoyada por un juramento o afirmación, y particularmente describiendo el lugar que va a ser investigado, y las personas o cosas que van a ser capturadas.

AMENDMENT V (1791)

No person shall be held to answer for a capital, or otherwise infamous crime, unless on a presentment or indictment of a Grand Jury, except in cases arising in the land of naval forces, or in the Militia, when in actual service in time of War or public danger; nor shall any person be subject for the same offense to be twice put in jeopardy of life or limb; nor shall be compelled in any criminal case to be a witness against himself, nor be deprived of life, liberty, or property, without due process of law; nor shall private property be taken for public use, without just compensation.

ENMIENDA V (1791)

Ninguna persona debe ser responsable de contestar a una pena capital u otro crimen infame, a menos que sea al dar la información a un Gran Jurado, excepto en casos que tengan que ver con las fuerzas armadas, o el cuerpo militar, cuando en servicio actual en tiempo de guerra o peligro público; ni tampoco ninguna persona puede estar sujeta a la misma ofensa de ser culpado dos veces por el mísmo crimen en peligro de cadena perpetua; no puede ser puesto en un caso criminal como testigo de sí mísmo, tampoco ser abolido de vida, libertad, o propiedad, sin el debido proceso legal; tampoco la propiedad privada debe ser tomada para el uso del público sin compensación.

AMENDMENT VI (1791)

In all criminal prosecutions, the accused shall enjoy the right to a speedy and public trial, by an impartial jury of the State and district wherein the crime shall have been committed, which district shall have been previously ascertained by law, and to be informed of the nature and cause of the accusation; to be confronted with the witness against him; to have compulsory process for obtaining witnesses in his favor, and to have the Assistance of Counsel for his defense.

ENMIENDA VI (1791)

En todas las persecuciones criminales, el acusado debe gozar del derecho de un juicio rápido y público, ante un jurado imparcial del Estado y distrito donde sea que el crimen se haya cometido, cuyo distrito haya sido previamente previsto por la ley, y deben ser informados de la naturaleza de la causa de la acusación; de ser confrontado con los testigos que estén contra él; para tener un proceso obligatorio para obtener testigos a su favor, y para tener la asistencia de un abogado para su defensa.

AMENDMENT VII (1791)

In Suits at common law, where the value in controversy shall exceed twenty dollars, the right of trial by jury shall be preserved, and no fact tried by a jury, shall be otherwise re-examined in any Court of the United States, than according to the rules of the common law.

ENMIENDA VII (1791)

En demandas de la ley común, donde el valor en controversia; debe exceder veinte dólares, el derecho al juicio con jurado debe ser mantenido, y ningún hecho tratado por un jurado, debe ser re-examinado en cualquier corte de Los Estados Unidos, a menos que sea de acuerdo a la ley común.

AMENDMENT VIII (1791)

Excessive bail shall not be required, nor excessive fines imposed, nor cruel and unusual punishments inflicted.

ENMIENDA VIII (1791)

Multas excesivas no deben ser requeridas, ni multas excesivas impuestas, tampoco castigos inhumanos.

AMENDMENT IX (1791)

The enumeration in the Constitution, of certain rights, shall not be construed to deny or disparage others retained by the people.

ENMIENDA IX (1791)

La enumeración en la Constitución, de ciertos derechos, no deben ser construídos para negar o disparejar otros retenidos por la gente.

AMENDMENT X (1791)

The powers not delegated to the United States by the Constitution, nor prohibited by it to the States, are reserved to the States respectively, or to the people.

ENMIENDA X (1791)

Las fuerzas no delegadas a la Constitución de los Estados Unidos, que no se prohiben por los Estados, son reservados a los Estados respectivamente, o a su gente.

AMENDMENT XI (1798)

The judicial power of the United States shall not be construed to extend to any suit in law or equity, commenced or prosecuted against one of the United States by Citizens of another State, or by Citizens by Subjects of any Foreign State.

ENMIENDA XI (1798)

La fuerza judicial de los Estados Unidos no debe ser construída para extender cualquier demanda o derecho equitativo, comenzar o perseguir a uno de los ciudadanos de los Estados Unidos de otro Estado, o por ciudadanos o materias de otro Estado.

AMENDMENT XII (1791)

The electors shall meet in their respective states and vote by ballot for President and Vice-President, one of whom, at least, shall not be an inhabitant of the same state with themselves; they shall name in their ballots the person voted for as President, and in distinct ballots the person voted for as Vice-President, and they shall make distinct list of all persons voted for as President, and of all persons voted for as Vice-President, and of the number of votes for each, which list they shall sign and certify, and transmit sealed to the seat of the government of the United States, directed to the President of the Senate;—The President of the Senate shall, in the presence of the Senate and House of Representatives, open all the certificates and the votes shall be counted;—The person having the greatest number of votes for President, shall be the President, if such number be a majority of the whole number of Electors appointed; and if no person have such majority, then from the persons having the highest numbers not exceeding three on the list of those voted for as President, the House of Representatives shall choose immediately, by ballot, the

President. But in choosing the President, the votes shall be taken by states, the representation from each state having one vote; a quorum of this purpose shall consist of a member or members from two-thirds of the states and a majority of all the states shall be necessary to a choice. And if the House of Representatives shall not choose a President whenever the right of choice shall devolve upon them, before the fourth day of March next following, then the Vice-President shall act as President, as in the case of the death or other constitutional disability of the President, is such number be a majority of the whole number of Electors appointed, and if no person have a majority, then from the two highest numbers on the list, the Senate shall choose the Vice-President; a quorum for the purpose shall consist of two-thirds of the whole number of Senators, and a majority of the whole number shall be necessary to a choice. But no person constitutionally ineligible to the office of President shall be eligible to that of Vice-President of the United States.

ENMIENDA XII (1804)

Los votantes deben encontrarse en sus respectivos estados para votar con boletas para Presidente y Vice-Presidente, uno de ellos, por lo menos no debe habitar en el mismo estado, ellos deben nombrar en sus boletas la persona que quieran para Presidente, y en diferentes boletas la persona por la que van a votar para Vice-Presidente, y hacer una lista distinta de personas nombradas para Presidente, y de todas las personas nombradas para Vice-Presidente, y del número de votos de cada uno, cuya lista debe ser firmada y certificada, y transmitida con sellos a la oficina del Gobernador de Los Estados Unidos, dirigida al Presidente del Senado, al Presidente del Senado en la presencia del Senado y la Cámara de Representantes, quienes abren todos los certificados y los votos que van a ser contados. La persona que tiene el mayor número de votos para Presidente, deberá ser el Presidente, si el tal número constituye el mayor número que no excedan tres en la lista de aquellos elegidos para el Presidente, los votos deben ser tomados por los Estados, la representación de cada Estado tiene un voto; un quorum con este propósito debe consistir de un miembro o miembros de dos tercios de los Estados, y una mayoría de todos los Estados son necesarios. Y si la Cámara de Representantes no debe escoger el Presidente a menos que ellos tengan el derecho

de hacerlo, antes del cuarto día de Marzo, para proseguir, entonces el Vice-Presidente actuará como Presidente, como en el caso de la muerte o algún hecho constitucional que cometa el Presidente incapacitado, si tal número consiste en la mayoría del número de la lista, el Senado escogerá al Vice-Presidente; un quorum que consistirá de dos tercios del número entero de los Senadores, y una mayoría del número entero que será necesario de escoger. Pero, ninguna persona que no sea elegible para la Oficina de Presidente debe ser elegible para ser electo Vice-presidente de los Estados Unidos.

AMENDMENT XIII (1865)

Section 1   Neither slavery nor involuntarily servitude, except as a punishment for crime whereof the party shall have been duty convicted, shall exist within the United States, or any place subject to their jurisdiction.

Section 2   Congress shall have power to enforce this article by appropriate legislation.

ENMIENDA XIII (1865)

Seccion 1   Ni la esclavitud aunque sea voluntaria, excepto comocastigo por un crimen para la persona que ha sido culpable, debe existir dentro de los Estados Unidos, o ningún lugar sujeto a está jurisdicción.

Sección 2   El Congreso tendrá poder para reenforzar esteartículo aplicando la apropiada legislación.

AMENDMENT XIV (1868)

Section 1   All persons born or naturalized in the United States and subject to the jurisdiction thereof, are citizens of the United States and of the State wherein they reside. No state shall make or enforce any law which shall abridge the privileges for immunities of citizens of the United States; nor shall any State deprive any person of life, liberty, or property, without due process of law; nor deny to any person within its jurisdiction the equal protection of the laws.

Section 2   Representatives shall be apportioned among the several States according to their respective numbers, counting the whole number of persons in each State, excluding Indian not taxed. But when the right to vote at any election for the choice of electors for President and Vice-President of the United States, Representatives in Congress, the Executive and Judicial officers of a State, or the members of the Legislature thereof, is denied to any of the male inhabitants of such State, being twenty-one years of age, and citizens of the United States, or in any way abridged, except por participation in rebellion, or other crime, the basis of representation therein shall be reduced in the proportion with the number of male citizens shall bear to the whole number of male citizens twenty-one years of age in such State.

Section 3   No person shall be a Senator or Representative in Congress, or elector of President and Vice-President, or hold any office, civil or military, under the United States, or under any State, who, having previously taken an oath, as a member of Congress, or as an officer of the United States, or as a member of any State Legislature, or as an executive or judicial officer of any State, to support the Constitution of the United States, shall have engaged in insurrection or rebellion against the same, or given aid or comfort to the enemies thereof. But Congress may by a vote of two-thirds of each House, remove such disability.

Section 4   The vadility of the public debt of the United States, authorized by law, including debts incurred for payment of pensions and bounties for services in suppressing insurrection or rebellion, shall not be questioned. But neither the United States nor any State shall assume or pay any debt or obligation incurred in aid of insurrection or rebellion against the United States, or any claim for the loss of emancipation of any slave; but all such debts, obligations and claims shall be held illegal and void.

Section 5   The Congress shall have power to enforce, by appropriate legislation, the provisions of this article.

ENMIENDA XIV (1868)

Sección 1   **Todas las personas nacidas o naturalizadas en los Estados Unidos y sujetas a su jurisdicción, son ciudadanos de los Estados Unidos y del Estado donde viven. Ningún estado debe hacer o enforzar ninguna ley que prive a los ciudadanos de los Estados Unidos de las inmunidades; ni tampoco ningún Estado debe privar a ninguna persona de la vida, libertad, o propiedad, sin el debido procedimiento legal, tampoco negar a ninguna persona dentro de su jurisdicción de los derechos de protección iguales de acuerdo a las leyes.**

Sección 2   **Los representantes deben ser escogidos de entre los diferentes Estados de acuerdo a sus respectivos números, contando desde el número de personas de cada Estado, excluyendo los Indios que no pagan impuestos. Pero cuando el derecho de votar en una elección para ser elegidos Presidente y Vice-Presidente de los Estados Unidos, los representantes del Congreso, el poder Ejecutivo y los Oficiales Judiciales del Estado, o los miembros de la Legislatura, es negada a cualquiera de los habitantes de tal Estado, al tener veinte y un años y ser ciudadano de Los Estados Unidos, o de alguna manera reducido, de participar en huelgas, u otros crimenes, las bases de representación debe ser reducida de acuerdo a la cantidad de habitantes varones y relacionadas con la cantidad de varones de veinte y un años de edad en tal Estado.**

Sección 3   **Ninguna persona debe ser Senador o Representante del Congreso, o elegido Presidente y Vice-Presidente,** o mantener una oficina, civil o militar, en los Estados Unidos, o en un Estado, quien habiendo jurado, como miembro del Congreso, como oficial de los Estados Unidos, o como miembro de la Legislación del Estado, o como un ejecutivo u oficial judicial de cualquier Estado, de apoyar la Constitución de Los Estados Unidos, debe inmiscuirse en insurección o rebelión en contra del mísmo, o dar ayuda o alivio a los enemigos del mísmo. Pero el Congreso puede al votar y si hay dos tercios de la Cámara remover esta incapacidad.

Sección 4   La validez de la deuda pública de los Estados Unidos, autorizada por la ley, que incluye las deudas incurridas por pagos de pensiones y bonificaciones para servicios de insurección o rebelión, no debe ser un tema. Pero tampoco los Estados Unidos ni ningún Estado debe asumir o pagar ninguna deuda u obligación incurrida al querer apoyar para insurección o rebelión contra los Estados Unidos, o reclamar por la pérdida de emancipación de cualquier esclavo; pero todas esas deudas, obligaciones y reclamos serán declarados ilegales e inválidos.

Sección 5   El Congreso tiene el poder de reenforzar, por su propia legislación, las provisiones de este artículo.

ADR
ALTERNATIVE
DISPUTE
RESOLUTION

OPCION ALTERNATIVA EN CASO DE DISPUTA

ADR
ALTERNATIVE DISPUTE RESOLUTION
KEY TERMS
RESOLUCION ALTERNATIVA DE DISPUTA
TERMINOS LEGALES

ADR	Opción alternativa en caso de disputa
Agreeing to negotiate	Estar de acuerdo para negociar
Proposing negotiations	Proponer negociaciones o acuerdos
Planning negotiations	Planeando negociaciones
Negotiation	Negociación
Voluntary	Voluntaria
Nonbinding	No obligatoria
Settlement negotiations vs. other types of negotiations	Negociaciones de acuerdo vs. otros tipos de negociaciones
Negotiating style	Estilos de negociación
Mediation	Mediación
Neutral fact-finding	Soluciones neutras de hechos
Voluntary settlement conferences	Conferencias voluntarias en acuerdo
Mini-trial	Juicio corto
Contractual arbitration	Arbitraje con contrato
Private judging	Juicio en privado
Early neutral evaluation	Evaluación temprana neutral
Mandatory settlement conferences	Conferencias obligatorias en acuerdo
Summary jury trials	Juicios sumarios
Judicial arbitration	Arbitraje judicial
Facilitative ("classic") mediation	Mediación clásica facilitativa
Mediators	Mediadores
Hostility level	El nivel de hostilidad

Master the file	Conocer y organizar muy bien el archivo
Determine client's goals	Determinar las metas del cliente
Client's willingness to "roll the dice"	La disposición del cliente de arriesgarse emocionalmente y financialmente
Arriving at "bottom line"	Llegar al punto final
Risk of professional liability	Riesgo de Responsabilidad profesional
Face to face	Cara a cara
Listen—really listen to opposing counsel	Escuchar- realmente escuchar a la parte contraria
Appear receptive	Parecer receptivo
Active listening	Escuchar activamente
Pay attention to words	Poner atención a cada palabra
Observe while listening	Observar mientras se escucha
Responding without confrontation	Responder sin confrontar
Ask leading questions	Hacer preguntas que se refieren a su entendimiento del problema
Avoid calling names	Evitar insultos
Listen actively	Escuchar activamente
Stay focused	Mantenerse enfocado
Remain patient	Mantenerse paciente
Attorney fees	Honorarios del abogado
First, convince yourself	Primero, convénzase usted mismo
Be prepared for rejection	Prepárese para el rechazo
Don't make "take it or leave it" offers	No hacer ofertas de "tómalo o déjalo"
Keep negotiations open	Mantener las negociaciones abiertas
Wrapping up settlement	Resumiendo un acuerdo
Put in writing immediately	Escribir inmediatamente cualquier decisión

MARITAL SETTLEMENT NEGOTIATIONS
KEY TERMS
NEGOCIACIONES DE ACUERDOS MARITALES
TERMINOS LEGALES

Complexity and Length	Dificultad y lentitud
Economics	Economía
Motivation and Leverage	Motivación y balance
Disclosure Requirements	Requisitos de declaración
Fault as Factor	La culpa como factor
Valuation of Assets	Evaluación de bienes
Realistic Assessment of Client's Position	Evaluación realística de la posición del cliente
Explore Alternatives	Explorando alternativas
Interim Arrangements	Arreglos temporales
Permanent Arrangements	Arreglos permanentes
Use of MediaSettlement Judge	Uso de un mediador, un juez retirado
Property Distributions; Tax Consequences	Distribución de propiedad; consecuencias de los impuestos
Support Payments	Pagos de soporte
Effect of Child Support Guidelines	Efectos del soporte de la regla establecida para soporte de niños
Custody, Visitation Issues	Custodia, temas de visita
In-kind Division (Fungible Assets)	División de una clase (bienes tangibles)
Trade-off Division	Acuerdo de traspaso
"Piece of Cake" Method	Método llamado "pedazo de pastel"
One sets value, other chooses	Uno escoge el valor, el otro escoge
"You take it or I'll take it."	"Usted lo toma o lo tomo yo."
Appraisal and Alternate Selection	Apreciar y alternar la selección
Sale	Venta
Sealed Bid	Apuesta sellada

Interspousal Auction	Remate entre los esposos
Arbitration	Arbitraje
Mediation	Mediación
Alternatives for Real Property	Alternativas para bienes y raíces
Settlement in Court	Acuerdo en Corte

MEDIATION AND OTHER NONADJUDICATORY METHODS
MEDIACION Y OTROS METODOS QUE NO SON JUDICIALES

Voluntary settlement conference	Conferencia voluntaria de acuerdos
Binding mediation	Mediación obligatoria
Anticipated disputes	Disputas anticipadas
Prelawsuit	Demanda anticipada
Parties' participation	Participación de las partes
Confidentiality	Confidencia
Parties choose mediator	Las partes escogen al mediador
Creative solutions possible	Soluciones creativas posibles
Preservation of amicable relations	Preservación de relaciones amigables
Narrowing dispute	Enfocándose en la disputa
Disputes Suitable to Mediation	Disputas que se pueden negociar
Ongoing relationships between parties	Relaciones permanentes entre la pareja
Hostility or emotional barriers to settlement	Barreras emocionales y de hostilidad en un acuerdo
Multiparty disputes	Disputas de varios casos
Mediator's Role	La responsabilidad del mediador
Separate "Caucus" with Each Party	Reunión privada con cada una de las partes
Closing the "Deal"	Sellando el acuerdo
"Baseball" mediation/arbitration	Mediación/ Arbitraje "béisbol"
"Night baseball" mediation/ arbitration	Mediación/ Arbitraje "Noche de béisbol"
Advisory (Nonbinding Arbitration)	Arbitraje de consejos (no obligatorios)
Limited scope of mediation	Aspectos limitados de mediación
Mediation process	Proceso de mediación
Initial consultation	Consulta inicial

Information gathering	Reuniendo información
Scheduling	Haciendo el horario
Written mediation statements	Decisiones de mediación escritas
Timing	Tiempo establecido
Appearance	Apariencia
Conduct of proceedings	Forma de procedimiento
Bankruptcy mediation program	Programa de mediación en caso de bancarrota

CONTRACTUAL ARBITRATION
ARBITRAJE POR CONTRATO

Essential attributes	Requisitos esenciales
Judicial Arbitration	Arbitraje judicial
Contract considerations	Consideraciones de contrato
Written vs. oral agreements	Acuerdos escritos vs. orales
Arbitrator selection	Selección del árbitro
Partial agreement to arbitrate	Acuerdo parcial de arbitraje
Common law arbitral immunity	Ley común de arbitraje
Failure to Read or Understand Arbitration Clause	La falla de leer o comprender claúsulas de arbitraje
Attorney-client fees / cost disputes	Honorarios del cliente y costo de la disputa establecida por el abogado
Effect of failure to give notice	Efecto de fallar al no notificar
Burden of proof	Peso de la prueba
"Illegal" contracts	Contratos ilegales
Disqualification	Descalificación
Reasonable time	Tiempo razonable
Defendant's answering	Respuesta del demandado
Time for completion	Tiempo determinado para completar el caso
Mediator's Report to Court	Reporte del mediador a la Corte
Mandatory Settlement Conferences	Conferencias obligatorias para acuerdos
Trial de novo	Juicio Nuevo
Oath and cross-examination	Juramento y preguntas de la parte opuesta
Personal Jurisdiction	Jurisdicción en persona
Initiation of proceedings	Iniciación de los procedimientos
Discovery	Descubrimiento
Witness fees and mileage	Honorario de los testigos y millaje
Motion to quash	Moción para cancelar

Effect of Arbitrator's Death or Incapacity	Efecto de la muerte o incapacidad de un árbitro
Remedies	Ganancias
Reformation of Contract	Reforma del contrato
Lack of subject matter jurisdiction	Falla en la jurisdicción de la materia
"Undue means" Duty to investigate	Inmoral, no es legal Responsabilidad de investigar

PRIVATE JUDGING
JUEZ PRIVADO

Private judge	Juez privado
Temporary judges	Jueces temporales
Juvenile delinquency hearings	Audiencias de delincuentes juveniles
Filing of oath	Archivo del juramento
Contempt	Desobediencia
Judicial Immunity	Inmunidad judicial
Exhibits	Exhibiciones
Hearing dates	Fechas de las audiencias
Court reporter	Reportero de la corte
Discovery disputes	Descubrimiento de las disputas
Sanctions	Sanciones
Complex litigation	Litigación compleja
Ability to pay	Capacidad de pago
Place of hearing	Lugar de la audiencia

DISCLOSURE AND DISQUALIFICATION
DESCUBRIMIENTO Y DESCALIFICACION

"Conflict of interest"	"Conflicto de intereses"
Parties may waive	Las partes pueden renunciar o cancelar el caso
Avoiding appearance of partiality	Evitar apariencia de parcialidad
Binding Mediation	Mediación obligatoria
Attorney-client relationship	Relación entre abogado y cliente
Other significant relationships	Otras relaciones significativas
Time for disclosure and disqualification	Tiempo para descubrimiento y descalificación
Manner of disclosure	Manera de descubrimiento
Time for disclosure	Tiempo para el descubrimiento
Personal knowledge of disputed facts	Conocimiento personal de los hechos relacionados a la disputa
Financial interest	Interés financiero
"Interest of justice"	Interés de hacer justicia
Evident partiality	Parcialidad evidente

ALTERNATIVE DISPUTE RESOLUTIONS-DEFINITIONS
DEFINICIONES DE OPCIONES ALTERNATIVAS EN CASOS DE DISPUTA -

ADR	Altenative dispute resolution (ADR) is a term covering the full range of techniques designed to resolve disputes short of trial in the public courts.
ADR	**Opciones alternativas en caso de disputa ("ADR") es un término que cubre una variedad de técnicas diseñadas para resolver disputas en juicios fuera de las cortes públicas.**
Agreeing to negotiate	The first step to get the parties'commitment to attempt settlement through negotiations. Each party must come to believe the dispute can be settled through negotiations and that he or she has more to gain than to lose by settling.
Estar de acuerdo a negociar	**El primer paso de tomar para que las partes lleguen a un acuerdo negociando. Cada parte debe llegar a creer que la disputa puede ser resuelta llegando a un acuerdo y que se gana más que se pierde de esa manera.**
Proposing negotiations— "Breaking the Ice"	Even when negotiations would be proper, some parties or counsel are reluctant to propose settlement for fear it will be interpreted as a sign of weakness. There are ways, however, to assuage such concerns.

Proponiendo negociaciones— "Rompiendo el hielo"	**Aunque las negociaciones sean propias, algunas partes o abogados se resisten a proponer acuerdos por miedo de que sean interpretados como una señal de debilidad. Siempre hay maneras, sin embargo de ensuavisar esas preocupaciones.**
Planning negotiations	The last step in prenegotiation preparation is planning strategies to follow in conducting the negotiations.
Planeando negociaciones	**El último paso en la prenegociación es planear estrategias de seguir al conducir las negociaciones.**
Negotiation	Negotiations are the most common method of dispute resolution and should be the first step in the settlement process.
Negociación	**Negociaciones son los métodos más comunes de disputa y debe ser el primer paso en un proceso de acuerdos.**
Voluntary	Settlement negotiations are almost voluntary. However, some dispute resolution agreements may require negotiations before litigation, or other ADR procedures may be invoked.
Voluntaria	**Los acuerdos de negociaciones son casi voluntarios. Sin embargo, algunos acuerdos de resoluciones pueden requerir negociaciones antes de litigación u otros procedimientos de ADR pueden ser tomados en cuenta.**

Nonbinding	An agreement to negotiate does not assure settlement. It demonstrates only the parties' willingness to exchange views on settlement.
No obligatorio	**Un acuerdo de negociar no asegura un acuerdo. Solamente demuestra que las partes están de acuerdo de intercambiar puntos de vista para resolver sus problemas.**
Settlement Negotiations vs. other types of negotiations	The purpose of settlement negotiations is to determine how much will be paid by one party to another to resolve the dispute (although sometimes money is not the only consideration).
Acuerdos de negociaciones vs.otros tipos de negociaciones	**El próposito de acordar negociaciones es de determinar cuanto dinero será pagado por una parte a la otra para resolver la disputa (aunque solamente dinero no es la única consideración).**
Negotiating style	The way you conduct negotiations is a matter of personal style.
Estilo de negociaciones	**La manera en que se conducen las negociaciones es un estilo personal.**

Mediation	Mediation is the next step beyond direct negotiations. It involves a neutral third party who attempts to "facilitate" settlement negotiations between the disputing parties. Mediation means a process in which a neutral person or persons facilitate communication between the disputants to assist them in reaching a mutually acceptable agreement.
Mediación	**Mediación es el próximo paso hacia negociaciones directas. Envuelve una tercera parte que intenta "facilitar" negociaciones de acuerdo entre las partes que sostienen la disputa.— Mediación significa un proceso en el cual una persona neutral o personas facilitan comunicación entre los que disputan y ayudan a alcanzar un acuerdo aceptable mutuo.**
Neutral fact-finding	Where a key issue involves an appraisal or analysis of data by an expert, the parties may agree to appoint a neutral expert to evaluate and report on the matter.
Investigador neutral de hechos	**Cuando un tema necesita un apreciador de analísis de información hecho por un experto, las partes pueden acordar de escoger un experto neutral que evalue y reporte en el tema.**

Voluntary Settlement Conferences	The term "mediation" also applies to voluntary settlement conferences before a retired judge or other experienced litigator. Here, attorneys usually represent the parties and make their presentations. The mediator takes a much more active role in attempting to settle the case and often expresses an opinion as to its merits and settlement value, but is usually not authorized to render a binding decision.
Conferencias Voluntarias de acuerdos	**El término "mediación" se aplica también a las conferencias voluntarias de acuerdos en frente de un juez retirado o un litigador experimentado. Aquí, los abogados usualmente representan a las partes y hacen sus presentaciones. El mediador toma un papel activo al tratar de resolver el caso, y a menudo expresa una opinión acerca de los fundamentos y el valor del acuerdo pero no está autorizado a rendir una decisión obligatoria.**

Mini-trial	The inaptly-named "mini-trial" is a form of mediation sometimes used in disputes between large corporations. Instead of the attorneys presenting their positions to a mediator; the presentations are made to a panel consisting of each side's decision-makers. A neutral mediator is present to facilitate the presentations. The decision-makers then meet privately and attempt to negotiate a settlement.
Mini-Juicios	**El inepto-nombre de "mini-juicio" es una forma de mediación a veces usado en disputas en grandes corporaciones en vez de que los abogados presenten sus posiciones al mediador; las presentaciones son hechas a un panel que consiste de personas que deciden para cada parte. Los que deciden entonces se reúnen privadamente y tratan de negociar un acuerdo.**
"Judicial arbitration"	California law requires that certain actions (e.g., superior court actions where the amount in controversy is $50,000 or less) be diverted before trial to arbitration, although there is no preexisting agreement to arbitrate. The big difference between contractual arbitration is that judicial arbitration award is not binding on the parties: i.e., either party may demand a trial de novo in court.

"Arbitraje judicial"	**La ley de California require que ciertas acciones (ejemplo: la corte superior donde la cantidad en controversia es $50,000 o menos) se haya cambiado antes del juicio y arbitraje, aunque no haya habido acuerdo de arbitraje. La gran diferencia que existe entre el arbitraje hecho por contrato con el judicial es que el arbitraje judicial no es obligatorio para las partes: cualquier parte puede solicitar un nuevo juicio en la corte.**
Private judging	"Private Judging" refers broadly to the adjudication of cases outside the court system by third-party neutrals selected and compensated by the parties, and appointed by a court to serve as temporary judges under Cal. Const. Art. VI, SS21.
Juez privado	**"Juez Privado" se refiere por entero a la adjudicación de casos fuera del sistema de corte hecho por terceras personas neutrales seleccionadas por las partes, y escogidas por la corte donde van a servir como jueces temporales bajo Cal. Const. Art. VI. SS 21.**
Early neutral evaluation	"Early Neutral Evaluation" is a court-annexed settlement program utilized in a number of federal district courts.
Evaluación neutral temprana	**"Evaluación neutral temprana" es un programa de acuerdo anexo de la corte utilizado en un número de cortes federales del distrito.**

Mandatory Settlement conferences	A voluntary settlement conference is similar to the mandatory settlement conference, which may be required in some superior court actions. However, unlike an MSC, a voluntary settlement conference may be held at any time, even before a lawsuit is filed. In addition, the parties get to select the settlement officer.
Conferencias de acuerdo obligatorias	**Una conferencia voluntaria de acuerdo es similar a la conferencia de acuerdos obligatorios requeridos por algunas acciones de la corte superior. Sin embargo, a diferencia de la MSC, la conferencia de acuerdos voluntaria puede ser mantenida en cualquier momento, aún antes de que un juicio sea archivado. Además, las partes pueden elegir al oficial que se encarga de la conferencia.**
Summary jury trials	To be distinguished from a mini-trial, the summary jury trial is a court-annexed settlement program in which the case is argued to a mock jury (rather than corporate decision makers).
Juicios sumarios con jurado	**Se distinguen de un Mini-Juicio, en que es un programa de acuerdo anexo a la corte en que el caso es discutido frente a un jurado fingido (en vez de las personas que toman decisión en una corporación.)**

Facilitative ("classic") mediation	In "classic" mediation, the mediator meets directly with the parties (attorneys generally not involved) and attempts to facilitate settlement negotiations. The mediator's primary function is to help the parties evaluate their positions realistically so they can move toward settlement on their own. The mediator usually plays a passive role and does not express any judgment or opinion on the merits of either side's position. (Typical examples: Mediation of labor-management grievances; child-custody disputes)
Mediación ("clásica") facilativa	**En una mediación "clásica", el mediador se encuentra directamente con las partes (los abogados generalmente son incluídos) e intentan negociar o facilitar un trato entre ellos. La primera función del mediador es el de ayudar a las partes a evaluar sus posiciones realisticamente para que puedan decidir un acuerdo entre sí. El mediador usualmente tiene un papel pasivo, y no juzga u opina por ninguna de las partes (Ejemplos típicos: mediadores de trabajo- manejo de prejuicios; disputas de custodia de niños)**
Full appellate review	A case reviewed fully by the appellate court.
Revisión completa de apelación	**Un caso revisado completamente por la corte de apelación.**

Mediators	Neutrals functioning in the traditional role of mediators are not empowered to exercise what are essentially judicial functions.
Mediadores	**Personas neutrales que funcionan en un papel tradicional de mediadores no tienen poder para ejercer lo que son funciones judiciales.**
Hostility level	The more antagonistic the parties, the more difficult it will be to negotiate a settlement. Hostility levels are often highest at the outset of a dispute. Later, after having engaged counsel and incurred legal fees, parties may be more amenable to settlement negotiations.
Nivel de hostilidad	**Mientras más antagonistas las partes, es más difícil negociar un trato. Los niveles de hostilidad son a menudo mayores al principio de la disputa. Más tarde, después de que se haya hablado de los honorarios de los abogados, las partes pueden ser más capaces de llegar a negociar.**
Master the file	A successful negotiator must have a grasp of the entire file. In complicated matters, the data must be arranged to be easily accessible during the course of negotiations.
Conocer bien el archivo	**Un negociador exitoso debe conocer bien el archivo. En materias complicadas, la información debe ser arreglada de tal manera que sea accessible durante el curso de las negociaciones.**

Active listening	Before discussing settlement with the opposing party, you must know your client's goals.
Determinar las metas del cliente	**Antes de discutir el trato con la parte opuesta, usted debe saber las metas del cliente.**
Observe while listening	You need to know how much risk the client is willing to take emotionally and how much risk he or she is able to take financially.
La disposición del cliente de "jugar con los dados"	**Usted necesita saber cuanto se quiere arriesgar el cliente en cuanto a lo emocional, y cuanto riesgo quiere tomar en cuanto a lo financiero.**
Arriving at "bottom line"	The client's "bottom line" is the amount he or she regards as the best that can presently be obtained through negotiations. Each party may attempt to settle at a better figure but, ultimately, will usually authorize settlement at the "bottom line."
Llegando a "ultimo trato"	**El último trato del cliente es la cantidad que presenta como la mejor que puede ser obtenida a través de las negociaciones. Cada parte puede intentar de conseguir una mejor cantidad, pero ultimamente se autorizará el trato "más éxacto"**
Face to face	Settlement negotiations should be held face to face wherever possible.
Cara a cara	**Negociaciones de trato deben darse cara a cara cuando sea posible.**
Listen—Really listen to Opposing Counsel	Listen—really listen to opposing counsel.

Escuche- realmente escuche al abogado opuesto	Escuche - realmente escuche al abogado contrario
Appear receptive	The more relaxed and receptive you appear, the more likely opposing counsel is to continue.
Aparezca receptivo	**Mientras más relajado y receptivo usted se vea, el abogado opuesto con más seguridad va a continuar.**
Active listening	Careful, active listening to your opponent may prompt helpful disclosures and "tip-offs" to your opponent's settlement position.
Escuchar activamente	**Con cuidado, escuchar activamente a su oponente puede dar a conocer descubrimientos necesarios y "señas" de la posición del trato de su oponente.**
Pay attention to words	Words used by opposing counsel may be a "tip-off" to his or her settlement position.
Poner atención a las palabras	**Las palabras usadas por el abogado opuesto pueden ser una "seña" de su posición en el trato.**
Observe while listening	Watch opposing counsel's body language, particularly when talking settlement figures: If opposing counsel breaks eye contact or changes facial expression while making a settlement offer, it may reflect lack of conviction in what is being said. Likewise, if while you are speaking opposing counsel averts his or her gaze, it may reflect his or her realization that what you are saying has scored a point!

Observar mientra se escucha	**Mirar el language corporal del abogado opuesto, particularmente cuando se habla de tratos de dinero: Si el abogado opuesto deja de mirar directamente o hace cambios de expresión facial al hacer la oferta, puede reflejar falta de convicción en lo que se dice. Al mismo tiempo, si mientras el abogado habla advierte su gesto, puede reflejar que con lo que está usted diciendo ha ganado puntos!**
Evaluative mediation	When it comes time to present your side of the case, do so in a manner that does not directly challenge what opposing counsel has said. Choose language that is nonconfrontational and deferential.
Responder sin confrontar	**Cuando sea el tiempo de presentar su caso, hágalo de tal manera que no rete directamente el argumento de lo que dice el abogado opuesto. Escoja un lenguaje que no sea agresivo y diferencial.**
	Instead of directly challenging your opponent's statements, ask questions that present your side of the case as well.
Hacer preguntas de su caso	**En vez de directamente retar los argumentos de su oponente, haga preguntas que presenten su lado del caso también.**

Master the file	Accusing the opponent of "bad faith" or lying is a sure way to cut off negotiations. Wherever possible, respond with different information that leads to a contrary conclusion.
Evite insultos	**Acusar al oponente de "tener mala fé" o de mentir es una manera segura de romper negociaciones. Donde sea posible, responda con una información diferente que conduzca a una conclusión contraria.**
Listen actively	Focus on hearing every word your opponent is saying. Look your opponent directly in the eyes and nod your head to show that you are listening to his or her position.
Escuchar activamente	**Escuche con atención cada palabra que su oponente está diciendo. Mire a su oponente directamente a los ojos y mueva su cabeza para demostrar que está escuchando su argumento.**
Remain focused	If your opponent intends to find fault in your argument, change it to another argument to keep the offer or complaint.
Manténgase enfocado	**Si su oponente intenta encontrar falta en un argumento cambie a otro para mantener su oferta o demanda del trato.**
Remain patient	Again, such maneuvering takes time. Early offers and counteroffers may be out of the settlement "ballpark." It may take several hours or several rounds of negotiations to get within range.

Manténgase paciente	Otra vez, tales técnicas toman tiempo. Ofertas tempranas y contra ofertas toman varias horas o tiempo para negociar a tiempo.
Attorney fees	Demands for attorney fees are likely to be raised wherever such fees are awardable under statute or contract authorizing "reasonable" fees to the prevailing party.
Honorarios del abogado	La demanda de los honorarios de los abogados se pueden subir cuando estos honorarios son fijados por la ley o por un contrato autorizando honorarios "razonables" a la parte opuesta.
First, convince yourself	You have to be able to "sell" your case to opposing counsel. This is easier to do when you strongly believe in what you are saying. Thus, start off by convincing yourself as to the fairness of your proposal.
Primero, convénzase usted mísmo	Usted tiene que tener la capacidad de "vender" su caso al abogado opuesto. Esto es más facil cuando usted realmente cree en lo que está diciendo. Así, empiece convenciéndose usted de lo justo de su propuesta.
Avoid calling names	Don't expect your opponent to capitulate. Expect him or her to reject whatever figure you propose (and even, perhaps, to redicule it). The important thing is to keep negotiations going.

Esté preparado para el rechazo	**No espere que su oponente lo repita. Espere un rechazo de la figura que usted propone (y aún que se burle de ésta). Lo importante es mantenerse negociando.**
Stay focused	There is usually no reason to foreclose further negotiations by making a "take it or leave it" offer. Moreover, such offers often prove embarrassing. Opposing counsel may take you seriously and leave! If you later want to reopen negotiations and are willing to discuss a different figure, you lose credibililty.
No hacer ofertas "tómalo o déjalo"	**No hay siempre razón de cerrar negociaciones futuras al hacer una oferta de "tómalo o déjalo". Aún más, a veces pueden avergonzarle. El abogado contrario puede tomarlo seriamente y dejarlo! Si usted desea reabrir negociaciones y está dispuesto a discutir una figura diferente, usted pierde credibilidad.**
Attorney fees	Not every settlement negotiation will be successful. Often, a deal cannot be made at the present time. But new developments or information may bring the parties closer. Thus, rather than break off negotiations, try to keep them open.

Mantenga las negociaciones abiertas	**No todas los tratos van a ser un éxito. A menudo un trato no puede ser hecho en el tiempo presente. Pero nuevos avances o información puede hacer que las partes se entiendan mejor. Así, en vez de romper el trato, lo tratan de mantener abierto.**
Wrapping up settlement	Assuming counsel is able to negotiate a settlement, the final step is formalizing the agreement reached.
LLegando a un acuerdo	**El asumir que los abogados son capaces de negociar un trato, el último paso del acuerdo es formalizado.**
Put it in writing immediately	Shaking hands is not the best way to settle a case. Even if a more formal settlement agreement is contemplated, counsel should make an immediate record of the essential points agreed upon—handwritten, if necessary—and both counsels should sign this writing to reflect their agreement. (If the clients are present, they too should sign the writing.)
Escribirlo inmediatamente	**Estrecharse las manos no es la mejor manera de negociar un caso. Aún si un negocio formal es contemplado, el abogado debe hacer un archivo inmediato de los puntos esenciales acordados por escrito, si es necesario y ambos abogados deben firmar para reflejar este acuerdo. (si los clientes están presentes, ellos también deben firmar)**

Complexity and Length	Whereas lawsuit settlements are often concluded in a matter of hours or days, marital settlement negotiations often take much longer to conclude. Complex issues of property division, family support, child custody, and visitation may have to be negotiated separately and may require repeated settlement efforts.
Complejidad y lentitud	**Cuando los tratos de juicios a menudo concluyen en horas o días, las negociaciones de tratos maritales a menudo toman mucho más tiempo para concluir. Temas complejos de división de propiedad, soporte de familia, custodia de niños y visita puede ser negociada separadamente y puede requerir esfuerzos repetidos para llegar a un trato.**
Economics	In most marital dissolutions, the parties have only limited assets and funds available to pay attorneys to litigate their claims. This makes settlement negotiations particularly important.
Economía	**En la mayoría de separaciones maritales, las partes están limitadas a ciertos bienes y fondos disponible para pagar a los abogados para litigar sus quejas. Esto hace que las negociaciones de trato sean particularmente importantes.**

Motivation and Leverage	One spouse often wants to end the marriage more than the other (e.g., because of a new relationship). Understanding each spouse's motivation helps put the problems involved into perspective and may also provide leverage in settlement negotiations.
Motivación y Control	**Un esposo a menudo desea terminar el matrimonio más que la pareja (ejemplo: por una nueva relación.) El comprender la motivación de cada esposo ayuda a poner los problemas en perspectiva y puede proveer control al negociar un trato.**
Fault as Factor	Under California law, spouses owe each other fiduciary duties of good faith and fair dealing in management control of community property.
Culpa como factor	**Bajo la ley de California, los esposas se deben el uno al otro responsabilidad fiduciaria de buena fé y trato justo en el control de manejo de la propiedad común.**
Valuation of Assets	Where marital assets are difficult to value (e.g., real property or a closely held business), counsel should attempt to agree upon a method of valuation (jointly hearing an expert). Otherwise, separate valuations will have to be obtained.

Evaluación de bienes	**Cuando los bienes maritales son difíciles de evaluar (ejemplo propiedad o un negocio), el abogado debe de intentar ponerse de acuerdo acerca de un método de evaluación (ambos escuchan a un experto) o, evaluaciones separadas serán obtenidas.**
Realistic Assessment of Client's Position	First of all, the lawyer needs to make a realistic assessment of the client's needs, abilities, emotional stability, and long-range goals.
Posición realística evaluativa del cliente	**Primero que todo, el abogado necesita hacer una evaluación realista de las necesidades del cliente, sus habilidades, su estabilidad emocional, y sus metas del futuro.**
Explore Alternatives	Sometimes, the client realizes dissolution is not what he or she really wants. Therefore, before negotiating a marital settlement, counsels needs to discuss with the client whether a dissolution is still desired and, if not, what other alternatives (mediation, counseling, etc.) should be explored.
Explorando alternativas	**A veces, el cliente se da cuenta que el divorcio no es lo que él o ella quiere. Por lo consiguiente, antes de negociar un juicio final marital, el abogado necesita discutir con el cliente si un divorcio todavía se desea, si no, que otras alternativas (mediación, consejería, etc.) debe ser explorado.**

Interim Arrangements	Temporary support arrangements are often negotiated on the basis of incomplete financial information. If a petition for marital dissolution has been filed, the lawyers will have the financial disclosures contained in the petition, although these may be incomplete. Other records may be available to one spouse or the other (tax returns, bank account balances, etc.).
Arreglos temporales	**Arreglos temporales de soporte son a menudo negociados en base de la información fianciera incompleta. Si una petición de divorcio ha sido archivada, los abogados tendrán los descubrimientos financieros contenidos en la petición, aunque sean incompletos. Otros archivos pueden estar a la disposición de una esposa o del otro (devolución de impuestos, balances de cuenta bancaria, etc.)**
Permanent Arrangements	After interim support and custody arrangements have been made, the attorney needs to consider a division of property and longer-term arrangements for support and custody.
Arreglos permanents	**Después de los arreglos de soporte y custodia temporales que se hayan hecho, el abogado necesita considerar una división de propiedad de arreglos a término indefinido de custodia y soporte.**

Use of mediador, settlement judge	It may be helpful to engage a neutral third party, such as a retired judge, to be present at this meeting. The neutral can often help the parties reach agreement on settlement procedures and may help "educate" the parties as to the costs likely to be incurred through litigation.
Uso del mediador, un juez negociante de tratos	**Puede ayudar tener una tercera persona neutral, tal como un juez retirado, que esté presente en la reunión. El neutral puede a menudo ayudar a las partes a alcanzar un acuerdo de procedimiento de tratos y puede "educar" a las partes acerca del costo que van a incurrir durante el litigio.**
Property Distributions, Tax Consequences	Where extensive property holdings are involved, complex tax planning may be required to minimize the impact of marital settlement distributions. Reaching agreement on the methodology to be utilized, a desired result is usually the essential first step.
Distribución de la propiedad; consecuencias de impuestos	**Cuando hay propiedad extensa envuelta, planes de impuestos complejos, puede ser requerido miniminizar el impacto de las distribuciones de tratos maritales. Al llegar a un acuerdo en la metodología que se va a utilizar para conseguir el resultado deseado es usualmente la primera étapa.**

Support Payments	The cash available for settlement purposes can often be enhanced by creating orders that minimize the tax impact. (For example, characterizing a payment as "child support" or "spousal support" often affects the cash available to assist in support computations.)
Pagos de soporte	**El dinero disponible para propósitos de tratos pueden a menudo subir al crear órdenes que disminuyan el impacto de los impuestos. For ejemplo, un pago como "soporte de niños" o "soporte de esposa" a menudo afecta el dinero disponible para ayudar a la computación del soporte.)**
Effect of Child Support Guidelines	Child support payments must ne negotiated within the mandatory statewide child support guideline.
Efecto de la guía de soporte de niños	**Los pagos de soporte de niños debe ser negociados dentro de la guía estatal mandatoria de soporte de niños.**
Custody, Visitation issues	A case involving disputes (re: child custody, visitation rights, religious upbringing, etc.) must be referred to the "conciliation court," which is a form of compulsory mediation.
Custodia, temas de visita	**Un caso que tenga que ver con disputas de custodia de niños, derechos de visita, costumbres religiosas, etc. debe ser referido a la "corte de conciliación" la que de una manera es considerada como una mediación obligatoria.**

In-kind division (fungible assets)	The parties can agree to split fungible assets such as bank accounts, shares of stock in a corporation, etc.
División de una clase (bienes tangibles)	**Las partes pueden acordar de dividir bienes tangibles tales como las cuentas de banco, acciones de una corporación, etc**
Trade-off Division	The parties can agree that certain assets go to one spouse, and the other spouse takes other assets, with regard to value (e.g., one takes the house and furniture, the other takes the car).
División de intercambio	**Las partes pueden acordar que ciertos bienes van a un esposo y lo otro a la esposa, con relación al valor (e.g., Uno toma la casa y los muebles, el otro el carro.)**
"Piece of cake" Method	This method has the name of a situation where the children have a piece of cake that they are cutting in the middle. To avoid an argument about who gets the "biggest" piece, they agree that one will cut the cake and the other can choose the piece he wants.
El método "pedazo de pastel"	**Este método toma el nombre de una situación donde los niños tienen un pedazo de pastel que van partiendo en mitad. Para evitar el argumento acerca de quien agarra el pedazo "más" grande, se acuerda de que uno cortará el pastel y el otro puede escoger el pedazo que quiere.**

One sets value, other chooses	Under this method, one spouse places a value on each item of community property in dispute, and the other spouse chooses those items he or she will take at their stated value (up to one-half of the total value). Items not chosen go to the spouse who set the price at their stated value, with an equalization payment in cash to the other spouse if necessary.
Uno da un valor, el otro escoje	**Bajo este método, un esposo pone valor a cada artículo de comunidad adjunta en disputa, y el otro escoje los artículos que va a tomar al precio establecido (hasta la mitad del valor total). Los artículos que no se hayan escogido, pertenecen a la esposa/o que ha establecido el precio, con un pago igual al contado al otro esposo si es necesario.**
"You take it or I'll take it."	Here, one spouse places a value on an asset at which he or she is willing to let it be awarded to the other spouse. If the other spouse declines, it will be awarded to the first spouse at that value.
"Déjalo o Tómalo."	**Aquí, un esposo pone valor a un bien que está dispuesto a dar a la esposa, si el esposo declina, se le dará a la esposa el bien por ese valor.**

Appraisal and Alternate selection	An appraiser is selected by stipulation to value each of the items in question. The parties then choose items alternately until all items are taken. The one to make the first choice can be designated by the flip of a coin.
Aprecio y selección alternada	**Un apreciador es seleccionado por estipulación para valorar cada artículo en disputa. Las partes pueden escoger artículos alternadamente hasta que los artículos sean llevados. El que empiece escogiendo pueden ser designado con una apuesta de moneda.**
Sale	The parties agree that the items in question be sold at a public sale or to a particular buyer, with the proceeds divided equally or in whatever other proportion is necessary to accomplish a satisfactory or equal division, considering the other marital assets or obligations each is receiving.
Venta	**Las partes acuerdan que los artículos en disputa se vendan en una venta pública o a un comprador en particular y que las ganancias sean iguales, o cualquier proporción sea necesaria para lograr una división igual, considerando los bienes maritales u obligaciones que cada uno está recibiendo.**

Sealed Bid	Each spouse submits a sealed bid on each item of property in dispute, using the same list. The bids are opened simultaneously, and the item goes to the spouse who made the higher bid at the price bid. If necessary, an equalizing payment in cash must be made to the other spouse.
Apuesta sellada	**Cada esposo submite una apuesta sellada por cada artículo de propiedad en disputa, usando la misma lista. Las apuesta son abiertas simultaneamente y los artículos van a la esposa que hizo la apuesta más alta. Si es necesario, un pago al contado igual debe ser hecho al otro esposo.**
Interspousal Auction	This is a straight auction between the parties. A minimum increase over the last bid should be agreed upon in advance. The high bidder gets the asset at the amount bid, with an equalizing payment in cash to the other spouse if necessary. If major assets are involved (e.g., the family business or large real estate holdings), the parties may agree to have advisors present during the bidding.

Venta directa entre esposos	**Es una venta directa hecha entre esposos. Un pequeño aumento de la última oferta debe ser hecha de acuerdo con anticipación. La apuesta más alta recibe el bien de la cantidad apostada, con un pago igual al contado a la otra esposa si es necesario. Si hay bienes mayores incluídos (e.g., Negocios de familia, o bienes y raíces), las partes pueden acordar de tener consejeros presentes durante la oferta.**
Arbitration	The spouses stipulate that the value and division of the community property in question be determined by an arbitrator whom they select.
Arbitraje	**Las esposas estipulan que el valor y la división de la propiedad comunitaria en disputa sea determinada por un árbitro que ellos hayan escogido.**
Altenatives for Real Property	Where both spouses want community real property, one of the foregoing methods (e.g., sealed bid, auction, arbitration, etc.) can be used. If neither spouse wants it, it can be listed for sale with a broker stipulated to by the parties at a listing price recommended by the broker.

Alternativas para Bienes y Raíces	**Donde los dos esposos desean la comunidad común, uno de los métodos deben ser usados (e. g., apuesta sellada, venta pública, arbitraje, etc.) pueden ser usados. Si ningún esposo lo desea, puede ser puesto a la venta con un vendedor estipulado por las partes al precio recomendado por el vendedor profesional.**
Settlement in Court	Negotiations and settlements on the day of the trial, or even during trial, are not uncommon. The judge's presence and the parties' realization that the judge has the power to "seal their fate" often lead to a last-minute compromise.
Acuerdo en Corte	**Las negociaciones y acuerdos en el día de juicio, o aún durante el juicio son comunes. La presencia del juez y el hecho que las partes saben que el juez tiene un poder para "sellar su fortuna," a menudo conduce a un compromiso de último minuto.**
Voluntary settlement conference	A voluntary settlement conference is similar to the "classic" mediation format above. However, unlike classic mediation, there is no concerted attempt to get the parties to focus on their respective interests, attack the underlying problem, and come up with their own solution. Instead, a VSC is more focused on settlement of litigation.

Conferencia voluntaria para acuerdos	**Una conferencia voluntaria de acuerdos es similar a la mediación clásica. Sin embargo, a diferencia de la clásica no hay intento de que las partes se enfoquen en sus intereses respectivos, ataquen el problema subrayado, y salgan con su propia solución, en vez de VSC que se enfoca más en arreglos de litigación.**
Binding mediation	Parties sometimes authorize the mediator to render a binding decision in the event an impasse is declared with respect to settlement negotiations. This provides a fast, inexpensive way to overcome deadlock where the remaining alternatives are arbitration or trial, which are more formal and time-consuming proceedings.
Mediación obligatoria	**Las partes a veces autorizan al mediador que decida en el evento de una negociación con respecto a acuerdos. Esto provee una manera rápida, barata para combatir la mala suerte en las alternativas restantes que son arbitraje o juicio, que son procedimientos formales y de pérdida de tiempo.**
Prelawsuit	Mediation can be used at any stage of a dispute. The parties can agree to mediate before or after a lawsuit has been filed.

Disputas anticipadas	La mediación puede ser usada en cualquier momento de una disputa. Las partes pueden llegar a un acuerdo antes o después de que el juicio haya sido archivado.
Prelawsuit	Early mediation works better in some cases than others. Mediation may be successful before litigation or formal discovery has taken place.
Juicios anticipados	Una mediación temprana trabaja mejor en algunos casos que en otros. La mediación puede ser exitosa antes de que se haya llevado a cabo el juicio o descubrimiento formal

Parties' participation	Another advantage of mediation over litigation is that the parties participate in resolving their dispute. Instead of having lawyers report back what happened in a courtroom, the parties sit in the same room and hear what the other side has to say. (And in classic mediation, the parties rather than the lawyers do the negotiating; see 3:113.)
	The parties are the ones who know what really happened to cause the dispute. Hearing the other side's version may provide a clearer focus on the problem.
	Also, by actively participating, the parties are able to vent their emotions and to feel they have "had their day in court."
	Placing the power to settle directly in the hands of the parties gives them a personal stake in the outcome. It also removes any concern about the lawyers perpetuating the dispute unnecessarily. Settlements reached through mediation are less likely to unravel because they are not imposed upon the parties by someone else.

Participación de las partes	Otra ventaja de mediación en vez de litigación es que las partes participen en la resolución de la pelea. En vez de que los abogados reporten los resultados en la oficina privada del juez; las partes se sientan en el mismo cuarto y escuchan lo que la otra parte tiene que decir. (Y en mediación "clásica" las partes son las que negocean Ver 3:133.) Las partes son las que saben porque realmente pasó la disputa. Al escuchar la otra versión puede ayudar a aclarar la base del problema. También, al participar activamente las partes pueden desahogarse de sus emociones y sentir que han estado en "un día de corte" Al colocar la responsabilidad del acuerdo en las partes directamente les da un resultado en el que tuvieron que decidir personalmente. También remueve cualquier preocupación acerca de abogados que están a cargo de la disputa sin necesidad. Acuerdos que se hacen por medio de mediación son menos reveladores porque no son impuestos a las partes por alguien más.

Confidentiality	The agreement must provide for strict confidentiality as to all aspects of the mini-trial proceeding, and preclude its discoverability in litigation and admission at trial.
Confianza	**El acuerdo debe ser provisto con confianza estricta en todos los aspectos de los procedimientos del mini-juicio, e impedir su descubrimiento en litigación y admisión en juicio.**
Parties choose mediator	Unless the parties stipulate to a mediator, the mediator will be appointed from a panel maintained by the court in consultation with local bar associations and ADR providers.
Las partes escogen un mediador	**A menos que las parte estipulen de tener un mediador, el mediador será escogido de un panel mantenido por la corte en consulta con las asociaciones locales de abogados y proveedores de ADR.**

Creative solutions possible	Lawsuits involve legal issues and can be resolved only by predefined legal remedies (e.g., money damages or an injuction, rescission, restitution, etc.). The parties are forced to define their positions in light of legal doctrines, causes of action, and defenses. In contrast, mediation allows the parties to look beyond the legal issues and determine their underlying interests in the dispute. From that perspective, they may devise solutions that advance each of their respective interests. The possibility that mediation can result in a "win-win" solution for both parties is one of its most attractive aspects.
Soluciones creativas posibles	**Los juicios están relacionados con temas legales y pueden ser resueltos solamente con soluciones legales pre definidas, por ejemplo, con dinero, o un paro de cierto comportamiento, devolución, restitución, etc. Las partes están forzadas a definir sus posiciones en luz de doctrinas legales, causas de acción y defensas. Por otro lado; la mediación permite que las partes miren más allá de los temas legales y determinen sus intereses propios en la disputa. De la perspectiva, pueden divisar soluciones que mejoren cada uno de sus intereses respectivamente. La posibilidad de que la mediación pueda resultar en un "gane-gane" para ambas partes es uno de los aspectos más atractivos.**

Preservation of amicable relations	The animosity and distrust engendered by litigation usually destroys any chance for the disputants to resume a normal relationship. Mediation, on the other hand, is a cooperative process. The parties, with the help of the mediator, work together to fashion a mutually acceptable resolution. The process of mediation fosters an atmosphere conducive to maintaining and furthering relationships rather than destroying them.
Preservación de relaciones amigables	**La enemistad y enojo engendrado por una pelea usualmente destruye la oportunidad de que los disputantes vuelvan a tener una relación normal. La mediación, por otro lado, es un proceso de cooperación. Las partes con la ayuda del mediador trabajan juntos para escoger una resolución mutua aceptable. El proceso de mediación genera una atmósfera que conduce a mantener una relación duradera en vez de destruirla.**
Narrowing dispute	Even when a settlement is not reached, mediation can be useful. Mediation tends to force the attorneys and parties to analyze their positions more carefully and thus possibly narrow their dispute, focusing on the essential issues which must be decided.

Simplificando las disputas	**Aún cuando un acuerdo no ha sido establecido, el mediador puede ser útil. El mediador tiende a forzar a los abogados y a las partes a analizar las posiciones con mucho cuidado y así posiblemente simplificar la disputa; enfocándose en los temas esenciales que van a decidir.**
Ongoing relationships between parties	"Classic mediation" is particularly helpful in disputes involving ongoing relationships between the disputing parties. Because mediation encourages the parties to work together to find a mutually acceptable solution, it fosters an atmosphere conducive to maintaining and furthering relationships rather than destroying them.
Relación continua de las partes	**"Mediación clásica" es particularmente un beneficio para las disputas en la relación continua de las partes. Porque la mediación hace que las partes trabajen juntas para encontrar una solución aceptable mutua, asegura una atmósfera que conduce a mantener relaciones duraderas en vez de destruirlas.**
Hostility or emotional barriers to settlement	Mediation is a good choice when a high level of hostility or emotional issues makes it difficult or impossible for the parties to negotiate with each other directly.

Hostillidad y barreras emocionales en tratos	La mediación es una buena opción cuando un nivel alto de hostilidad o problemas emocionales hacen que sea difícil para que las partes negoceen juntos directamente.
Multiparty disputes	Mediation often works best in complex multiparty cases. Direct negotiations are difficult where there are numerous parties; a mediator is better able to fashion a process that allows all parties to reach agreement. Also, the parties and their representatives in such cases are usually sophisticated enough to understand the advantages of mediation over litigation—particularly the cost savings to everyone involved and avoidance of delay (complex multiparty cases may take months or years to litigate).
Disputas de partes- múltiples	La mediación a menudo trabaja mejor en casos múltiples y complejos. Las negociaciones directas son dificiles donde hay partes numerosas; un mediador de mejor manera conoce el proceso para que las partes lleguen a un acuerdo. También las partes y sus representates en tales casos son usualmente sofisticadas para comprender las ventajas de mediación a litigación, particularmente; el costo para todos y la menos tardanza (de casos complejos, múltiples que pueden tomar años o meses para litigar)

Mediator's Role	Discuss the mediator's role as an unbiased advisor who sometimes acts as devil's advocate to help each side focus on weaknesses in its position. Discuss the informality of the proceedings, the possibility of the proceedings, the possibility that the mediator will have confidential conferences with one side or the other (or both), and the fact that the mediator will not render a decision.
El papel de mediador	**Discutiendo el papel del mediador como un consejero neutral que a veces actua como el abogado del diablo ayudando a cada lado en sus puntos débiles. Discutir la informalidad de los procedimientos, la posibilidad de que el mediador tendrá conferencias confidenciales con un lado u otro, o ambos, y el hecho es que el mediador no decidirá.**
Separate "Caucus" with each Party	After each side has thoroughly set forth his or her position and there has been some discussion of claims and assessments of case worth, settlement conference mediators usually meet separately with each side. This is where the mediator evaluates the case and more intense settlement discussions commence.

"Entrevista Privada" separada con cada parte	**Después de que cada lado ha determinado su posición y ha habido discusión de quejas y asesorias del valor del caso, los mediadores en conferencias de acuerdos se encuentran separadamente con cada parte. Aquí es donde el mediador evalua el caso y comienza la discusión más intensa.**
Closing the "Deal"	If settlement is reached, most mediators attempt toget the basic terms in writing and signed by the parties immediately. Often, a more elaborate and formal settlement agreement is contemplated and necessary to implement the settlement—e.g., formal releases, assignments, deeds, etc.
Sellando el "trato"	**Si se llega a un acuerdo, la mayoría de los mediadores intentan conseguir los términos básicos escritos y firmados por las partes inmediatamente. A menudo un arreglo formal y elaborado es contemplado y necesario para implementar el acuerdo, e. g., liberación escrita formal, tareas, escrituras, etc.**
"Baseball" mediation/arbitration	Here, each party submits its final settlement offer to the mediator/ arbitrator, who is instructed to "hit" (award) one figure or the other after hearing the evidence.

Mediación/arbitraje "béisbol"	Aquí, cada parte submite su oferta final para el arreglo al mediador/árbitro, quien está instruido de "decidir" (la ganancia) una figura o la otra después de oír la evidencia.
"Night baseball" mediation/ arbitration	A variation on the above is where the parties do not tell the mediator/ arbitrator their last settlement offers or demands. They simply stipulate to settle for whichever offer is closest to the mediator/ arbitrator's award. Only if the award is exactly in the middle will it be paid. (This is sometimes called "golf" mediation/ arbitration.)
Mediación/Arbitraje "Noche de béisbol"	Una variación de la otra es cuando las partes no le dicen al mediador/ árbitro su última oferta o demanda. Ellos simplemente estipulan de acordar que cualquier oferta es más cercana a la del mediador/árbitro. Solamente si la asignación está exactamente en el medio será pagada. (Esto es a veces llamado mediación/ arbitraje "golf").
Advisory (Nonbinding Arbitration)	An arbitration that is not mandated to the parties.
Arbitraje que no es mandatorio	Un arbitraje que no es obligatorio para las partes.
Limited scope of mediation	The mediation has the duty to "assess" the children's needs and interests. But only the custody and visitation issues are mediated— not support or property division.

Mediación limitada	**La mediación tiene la obligación de "analizar" las necesidades e intereses de los niños. Pero solamente la custodia y temas de visita son mediados, no el soporte ni la division de la propiedad.**
Mediation process	The proceedings are similar to mediation proceedings, generally, except that the focus is often on sensitive noneconomic issues. Indeed, the main advantage of domestic relations mediation is thinning out the issues to those which are the real sticking points.
Proceso de mediación	**Los procedimientos son similares a los procedimientos de mediación generalmente excepto que el punto principal se enfoca a menudo en temas sensibles y no económicos. En verdad la mayor ventaja de las relaciones domésticas de mediación es el de escoger los temas que son los que sobresalen.**
Initial consultation	During the initial consultation, a divorce mediator makes fee arrangements with the parties and explains such matters as the following: - mediator's role, - the voluntary nature of the proceedings, - confidentiality, - importance of full disclosure, and - llimitations on mediator's ability to advise the parties as to their legal rights and obligations.

	Durante la consulta inicial, un mediador de divorcio hace arreglos de honorarios con las partes, y explica aquellos asuntos como: **El papel del mediador** **La naturaleza de los procedimientos** **Confidencialidad** **Importancia de descubrimiento completo;** **Limitaciones de la habilidad del mediador** **Aconseja a las partes de los derechos legales y obligaciones.**
Scheduling	If an MSC is ordered, it may be held at any time before trial. The former rule required that it be held 3 weeks before trial.
Horario	**Si un MSC es ordenado, puede ser llevado a cabo antes de presentarse en la corte. La regla formal es de 3 semanas antes de presentarse en corte.**
Written arbitration statements	A written arbitration statement must be submitted and served on all parties no later than 10 days before the arbitration hearing. The statement is to summarize the claims and defenses; brief the significant factual and legal issues; identify proposed witnesses; and identify, by name and status, the person(s) with decision-making authority who, in addition to counsel, will attend the hearing as the representative of a party.

Declaraciones escritas de arbitración	Una declaración escrita debe ser submitida y servida a las partes no más tarde que en 10 días antes de la audiencia de arbitraje. La declaración es para resumir los reclamos y defensas, resumir los hechos reales y los temas legales; identificar los testigos propuestos, y sus identidades, por su nombre y su estado, la persona (s) con la autoridad de tomar una decisión que además de aconsejar, asistirá a la audiencia como representante de la parte.
Timing	The parties must select and participate in one of the authorized settlement procedures no later than 45 days before the pretrial conference.
Tiempo	Las partes deben seleccionar y participar en uno de los procedimientos autorizados para negociar no más tarde de los 45 días antes de la conferencia anticipada al día de corte.
Time selected for an audience with an arbitrator	The audience established to be heard by an arbitrator must be done before 20 days and no more than 120 days after the selection of an arbitrator.
Tiempo para audiencia de arbitraje	La audiencia para el arbitraje debe ser hecha no antes que los 20 días y no más que 120 días después de la selección del árbitro.

Appearance	The party or a representative with authority to settle the case must be present at the conference. Parties who reside outside the district may appear by telephone.
Apariencia	**La parte del representante con autoridad para cerrar el caso debe estar presente en la conferencia. Las partes que residen fuera del districto pueden aparecer por teléfono.**
Conduct of proceedings	The settlement officer may require an opening statement, the presentation of testimony, a summary of testimony, or a report of expert witnesses, and/or a closing argument from counsel.
Conducta de procedimiento	**El oficial encargado del caso puede requerir una introducción, la presentación del testimonio, un resumen del testimonio, o un reporte de testigos expertos; y/ o un argumento de conclusión del abogado.**
Bankruptcy mediation program	The Central District has established a court-ordered mediation program for resolution of adversary proceedings, contested matters, or other disputes in bankruptcy cases.
Programa de mediación en casos de bancarrota	**El distrito central ha establecido un programa de mediación ordenada por la corte para solucionar procedimientos adversarios, problemas difíciles, u otras disputas en casos de bancarrota.**

Essential attributes	Although arbitration may take many procedural forms, a dispute resolution mechanics is not arbitration unless it has all of the following attributes.
Requisitos esenciales	**Aunque el arbitraje puede tomar formas de procedimiento, un mecanismo de opción en caso de disputa no es un arbitraje a menos que tenga todos los requisitos**
Judicial Arbitration	California law requires that certain actions (e.g., superior court actions where the amount in controversy is $50,000 or less) be diverted before trial to "judicial arbitration."
Arbitraje Judicial	**La ley de California requiere que ciertas acciones (e.g. las accciones de la corte superior en la que la cantidad en controversia es de $50,000 o menos) sea cambiada antes del juicio de "arbitraje judicial."**
Contract considerations	The first consideration in connection with contractual arbitration is to determine the existence and scope of the agreement to arbitrate.
Consideraciones en contratos	**La primera consideración en connección con arbitraje de contratos es de determinar la existencia y el alcance del acuerdo que se va a arbitrar.**

Arbitrator selection	One of the main advantages of contractual arbitration is that it allows the parties to designate a single arbitrator, or a panel, and to specify the qualifications the arbitrator(s) must possess. But failure to designate an arbitrator (or a procedure for selection of the arbitrator) does not render an arbitration agreement unenforceable. If necessary, an arbitrator will be appointed by the court.
Selección de árbitro	**Una de las principales ventajas de arbitraje de contratos es que permite que las partes designen un solo árbitro o un panel y específique los requisitos que el árbitro (s) debe poseer. Pero al fallar de designar un árbitro (o un procedimiento para la selección del árbitro) no hace que el acuerdo del árbitro sea obligatorio, si es necesario, un árbitro será escogido por la corte.**
Partial agreement to arbitrate	The parties may agree to arbitrate some but not all disputes arising between them.
Acuerdos parciales de tratos	**Las partes pueden acordar de arbitrar algunas pero no todas las disputas que tengan.**

Common law arbitral immunity	A common law immunity for arbitrator existed prior to the enactment and repeal of CCP §1280.1. This common law immunity apparently still proctects arbitrators from civil liability for actions taken in their quasi-judicial capacity.
Inmunidad de arbitraje Derecho Común	**El derecho común de inmunidad de arbitraje antes de la aparición y derogación de CCP § 1280.1. Esta inmunidad de derecho común aparentemente aún protege a los árbitros de acciones de responsabilidad civil por acciones tomadas en capacidad quasi-judicial.**
Failure to Read or Understand	As stated above, a party can resist arbitration on the ground he or she never agreed to the underlying contract containing the arbitration clause. But failure to read or understand the arbitration clause is generally no defense.
La falta de leer o comprender	**Como se ha dicho, una parte que se resista a arbitrar con la excusa de no haber acordado el contrato escrito contenido en la cláusula de arbitraje. Pero la falta de leer o comprender la cláusula de artbitraje es generalmente no defensa.**
Attorney-client fees / cost disputes	An attorney's clients are entitled to notice of their right to arbitrate a fees/cost dispute "prior to" or "at the time" the attorney files a complaint to collect unpaid fees or costs.

Disputas de costos entre Abogados—clientes	**Los abogados del cliente tienen el derecho de discutir el costo de disputa de arbitraje "antes" de o a tiempo en que el abogado archive la queja para colectar pagos no hechos, honorarios y costos.**
Effect of failure to give notice	If the attorney fails to give the clients notice, the complaint for uncollected fees/costs may be dismissed. Also, absent such notice, the clients may file a response to the complaint without waiving their right to later request arbitration.
El efecto de fallar al notificar	**Si el abogado falla de notificar a los clientes, la queja de los honorarios y los pagos no hechos deben ser retirados. También tal noticia ausente, los clientes pueden archivar una respuesta a la queja sin renunciar su derecho de pedir arbitraje más tarde.**
Burden of proof	The petitioner (seeking to compel arbitration) bears the burden of proving the existence of an arbitration agreement by a preponderance of the evidence. The party claiming fraud bears the same burden as to the fraud defense.
Peso de prueba	**El demandante (que pide arbitraje) tiene la responsabilidad de probar la existencia de un acuerdo de arbitraje con la evidencia preponderante. La parte que se queje de fraude tiene que probar la defensa del fraude.**

"Illegal" contracts	Contracts contrary to express statutes or to the policy of express statutes are illegal. Such illegality voids the entire contract, including the arbitration clause.
Contratos "ilegales"	**Los contratos contrarios a las leyes expresadas o las reglas de las leyes expresadas son ilegales. Tal ilegalidad anula un contrato entero, incluyendo las cláusulas de arbitraje.**
Disqualification	Arbitrators are subject to disqualification on the same grounds as judges; and a close relationship with a party or lawyer of financial interest in the proceedings is ground for such qualification.
Descalificación	**Los árbitros están sujetos a descalificación igual que los jueces; y por una relación muy cercana con una parte o abogado con interés financiero en los procedimientos es razón para descalificación.**
Reasonable time	What constitutes a "reasonable time" is a question of fact depending on the situation of the parties, the nature of the transaction, and the facts of the particular case. Among the facts a court may consider is any prejudice the opposing party suffered because of the delay.

Tiempo razonable	**Lo que constituye "tiempo razonable" es una pregunta de hecho dependiendo en la situación de las partes, la naturaleza de la transacción, y los hechos del caso en particular. Entre los hechos una corte puede considerar que puede haber prejuicio en la parte contraria que ha sufrido por la tardanza.**
Defendant's answering	Nor does defendant's answering the complaint (without seeking a stay) per se waive its right to demand arbitration later.
La respuesta del demandado	**Ni la respuesta del demandado de la queja (sin buscar permanencia) en sí renuncia su derecho de demandar arbitraje más tarde.**
Time for completion	Most lawyers are familiar with mandatory settlement conferences. This must be held three weeks before trial in most superior cases.
Tiempo para terminar	**La mayoría de los abogados tienen conocimiento de las conferencia de trato mandatorias las cuales deben ser mantenidas por tres semanas antes del juicio en la mayoría de los grandes casos.**
Mediator's Report to Court	The mediator must report to court.
El mediador reporta a la corte	**El mediador debe reportarse a la corte.**

Mandatory Settlement Conferences	Most lawyers are familiar with mandatory settlement conferences, which must be held three weeks before trial in most superior court cases. Voluntary Settlement Conferences are similar, except that a VSC may be held at any time, even before a lawsuit is filed; and the parties select the VSC settlement officer (rather than having a judge assigned to them in court).
Conferencias mandatorias de acuerdos	**La mayoría de los abogados saben acerca de estas conferencias obligatorias de acuerdos, las que se deben hacer tres semanas antes del juicio en los casos de las cortes superiores. Las conferencias voluntarias de acuerdos son similares, excepto que un VSC debe hacerse en cualquier momento, aún antes de que un juicio sea archivado; y las partes elijan el oficial para el acuerdo de VSC (en vez de tener un juez asignado para ellos en corte).**
Trial de novo	Each party's absolute rights: After entry of the arbitration award, any party may demand a trial de novo, both as to the law and the facts. The right must be timely exercised, but otherwise is absolute. "Good cause" or justification for the demand is not required.

Juicio Nuevo	**El derecho absoluto de las partes: Después de entrar en arbitraje, cualquier parte puede demandar un nuevo juicio, tanto legal y de hechos. El derecho debe ser ejercido a tiempo, pero de otro modo es absoluto por una "Buena causa" o justificación para la demanda no es requerido.**
Oath and cross-examination	
Juramento y declaración	**Juramento y declaración hecha por el abogado opuesto.**
Personal Jurisdiction	If the agreement is made in California and provides for arbitration to be held within California, the parties are deemed to consent to personal jurisdiction of California courts in proceedings to enforce arbitration and judgment on an award.
Jurisdicción personal	**Si el acuerdo es hecho en California y provee que el arbitraje tome lugar en California, las partes tienen derecho de tener jurisdicción personal en las cortes de California en procedimientos para enfozar arbitraje y juicio.**
Initiation of proceedings	Arbitration proceedings are normally commenced by one party simply sending to the other a demand for arbitration in compliance with other rules incorporated into the agreement.

Iniciación de procedimientos	Los procedimientos de arbitraje son normalmente comenzados por una parte simplemente enviando a la otra una demanda de arbitraje en conjunto con las reglas incorporadas en el acuerdo.
Discovery	The parties need enough information about each other's position to evaluate the case. Therefore, at least minimal discovery should be completed before the mediation session. (Parties often agree to an expedited discovery schedule in the mediation agreement.)
Descubrimiento	Las partes necesitan bastante información acerca de la posición de cada una las mísmas para poder evaluar el caso. Sin embargo, por lo menos el descubrimiento mínimo debe ser completo antes de la sesión de mediación (Las partes a menudo acuerdan de hacer un horario de descubrimiento rápido en el acuerdo de mediación.)
Witness fees and mileage	Fees paid to witnesses and miles driven.
Honorarios pagados a testigos y por millas recorridas.	Honorarios pagados a testigos y por millas recorridas.
Motion to quash	Motion or process that one of the parties takes to court in order to end a case due to a mistake based on the law.
Petición para parar un caso	Petición o proceso que una de las partes lleva a corte a fin de terminar un caso por un error basado en la ley.

Effect of Arbitrator's Death or Incapacity	Consequences after the death of an arbitrator or for his incapacity.
Efecto al morir el árbitro o por su incapacidad	**Las consecuencias después de la muerte del árbitro o por su incapacidad.**
Remedies	Legal solutions, remedies, ways, resources, rights and actions; satisfaction; to rectify, to find a solution. With this term are known the ways, resources, or procedures that the law has to apply for the satisfaction of the law or for solutions of the same, which the defendant normally petitions from the court.
Solución juridical	**Solución jurídica, remedios, medios, recursos, derechos y acciones; satisfacción; rectificar, superar, subsanar. Con este término se ayudaa los medios, recursos, o procedimientos, con que cuenta el derecho para la aplicación de una ley, para el amparo de derechos o para la recuperación de los mismos, que el demandante normalmente solicita de los tribunales.**
Reformation of Contract	**Reformación de contrato**
Lack of subject matter jurisdiction	Falta de derecho para caso de jurisdiccióm
"Undue means"	This term means behavior that is "immoral, if not illegal . . . . something wrong, according to the standards of moral which the law enforces." Offering a meritless defense is not "undue means." (If it were, awards would be regularly overturned.)

"Undue significa"	Este término significa que el comportamiento es "inmoral, sino ilegal….algo equivocado, de acuerdo a las normas de moralidad que la ley enforza," ofrecer una defensa sin méritos no "significa undue" (si fuese así, el fallo regularmente sería revocado.
Duty to investigate	Obligación de investigar
Private judge	"Private judge" means a nonjudicial officer who exercises judicial power and is selected and compensated by the parties. (Because of the compensation arrangements, the process is frequently called "rent a judge.")
Juez privado	"Juez privado" significa un oficial no judicial que ejerce poder judicial y es electo y compensado por las partes. (Por los arreglos de compensación el proceso es frecuentemente llamado "alquilando un juez"
Temporary judges	"Temporary judge" means a member of the State Bar appointed pursuant to Article VI, SS21 of the California Constitution and the California Rules of Court.
Jueces temporales	"Juez temporal" significa un miembro de la escuela de abogados elegido de acuerdo al Art. VI, SS 21 de las reglas de la corte de California y de la Constitución.

Juvenile delinquency hearings	By statute, a written stipulation by all parties is required to confer jurisdiction on a juvenile court referee to act as a temporary judge in juvenile delinquency hearings under Welf. & Inst.C. SS 602.
Audiencias para jóvenes delincuentes	**Por ley, una estipulación escrita por todas las partes es requerida para conferir jurisdicción en una corte juvenil referente para actuar como un juez temporario en audiencias para delincuentes juveniles bajo Welf. & Ins. C. SS 602.**
Filing of oath	Where the judge has taken and subscribed the oath for the particular case in which he or she is appointed. "It shall be attached to the stipulation and order of designation."
Archivando un juramento	**Cuando el juez ha tomado y ha suscrito un juramento para un caso en particular en el cual ha sido electo debe ser incluido en la estipulación y orden de designación."**
Contempt	A contemporary judge has the power of any judge to punish summarily for "acts committed in the immediate view and presence of the court or of the judge at chambers."
Desobediencia	**Un juez temporal tiene el poder de cualquier juez de castigar seriamente por "actos cometidos en la vista inmediata y presencia de la corte o del juez en su oficina."**

Judicial Immunity	Common law immunity protects judges from civil liability in all aspects of their decision-making.
Inmunidad judicial	**La ley común de inmunidad proteje a los jueces de responsabilidad civil en todos los aspectos al tomar decisiones.**
Exhibits	Exhibits introduced in proceedings conducted outside a court facility are retained by the temporary judge during the proceedings. In addition, any exhibits previously introduced in a court proceeding will be delivered by the court clerk upon request of the temporary judge.
Exhibiciones	**Las exhibiciones presentadas en los procedimientos conducidos en las cortes son retenidas por el juez temporal durante los procedimientos. Además, cualquier exhibición previamente introducida en un procedimiento de la corte debe ser deliberada al secretario del juez cuando el juez temporal lo requiera.**
Hearing dates	Normally, the times and dates for hearings are scheduled by agreement among the parties and the private judge.
Fechas de las audiencias	**Normalmente, el tiempo y las fechas para las audiencias son hechas de acuerdo a las partes y el juez privado.**

Court reporter	There is no requirement that a court reporter be used. If the parties want a record of the proceedings, they must arrange for the services of a reporter.
Reportera de la corte	**No hay requisito de que una reportera de la corte se utilice, si las partes desean un archivo de los procedimientos, ellos pueden solicitar los servicios de una reportera.**
Discovery disputes	"When the court in any pending action (or special proceeding) determines, in its discretion, that it is necessary . . . to appoint a referee to hear and determine . . . discovery motions and disputes relevant to discovery, and to report findings and make a recommendation thereon."
Descubrimientos en disputas	**"Cuando la corte en una acción pendiente (o procedimiento especial) determina en su discreción que es necesario-elegir un árbitro o referee para oír y determinar nociones de descubrimiento y disputas relacionadas al descubrimiento.y para reportar descubrimientos y hacer una recomendación desde entonces."**

Sanctions	Arbitrators may impose sanctions for bad-faith actions or dilatory conduct only if such awards fall within the scope of the arbitrator's authority as set forth in the arbitration agreement. "Simply put, when parties have agreed in writing to binding arbitration and to confer upon their arbitration the power to grant any remedy or relief to which a party is entitled under California law; we presume they meant what they said . . . they will be held to those words."
Sanciones	**Los árbitros pueden imponer sanciones por mala fé o conducta dilatoria solamente si está dentro de la autoridad del árbitro y el contrato escrito "Solamente cuando las partes han acordado por escrito a tener un árbitro obligatorio y han puesto en las manos del árbitro el poder para que otorgue cualquier consecuencia o remedio que la parte tiene que cumplir bajo la Ley de California, presumimos que lo que dicen lo cumplen.**
Complex litigation	Litigations that take longer to be resolved due to the many issues the parties may have.
Litigaciones complejas	**Juicios que toman mucho tiempo debido a los muchos problemas que las partes puedan tener.**
Ability to pay	When a party has the ability to pay to court or to the lawyer or mediator handling their case.

Habilidad para pagar	**Cuando una parte tiene la habilidad de pagar a la corte o al abogado o mediador que está manejando el caso.**
Place of hearing	In a case, the hearing could take place at the mediator's office or in court.
Lugar donde toma lugar la audiencia	**En un caso, la audiencia puede tomar lugar en la oficina del mediador o en la corte.**
"Conflict of interest"	For purposes of disclosure, a "conflict of interest" is defined as a "dealing or relationship that might create an impression of possible bias."
Conflicto de intereses	**Con propósito de descubrimiento, un "conflicto de intereses" es definido como una relación que puede crear una impresión que tiene doble sentido."**
Parties may waive	If all parties agree to mediate after being informed of a possible conflict of interest, the mediator may proceed unless the conflict casts "serious doubt" on the integrity of the process.
Las partes pueden evitar ciertos pagos	**Si las partes acuerdan de llegar a un acuerdo después de estar informados de un posible conflicto de intereses, el mediador puede proceder a menos que el conflicto sostenga "una duda seria" en la integridad del proceso.**

Attorney-client relationship	Mediators also must avoid the appearance of partiality toward one of the parties. In particular, a mediator should guard against partiality or prejudice based on the parties'personal characteristics, background, or performance at the mediation
Evitando apariencia de parcialidad	**Los mediadores también evitan la apariencia de parcialidad hacia una de las partes, en particular, un mediador debe estar atento contra parcialidad o prejuicio basado en las características personales de las partes, contacto o actuación en la mediación.**
"Binding Mediation"	The parties may empower the mediator to render a binding decision in the event of deadlock (i.e., "binding mediation," see &3:12, 1). In such cases, the mediator neutrally assumes much greater importance.
Mediación Obligatoria	**Las partes pueden dar fuerza al mediador de que rinda una decisión obligatoria en el evento de mala suerte (por e.g., "mediación obligatoria", ver &3:12, 1) En tales casos, el mediador neutralmente asume gran importancia.**
Attorney-client relationship	Any attorney-client relationship that the proposed neutral has had with any party or lawyer for a party to the present proceeding.

Relación entre el cliente y el abogado	**Cualquier relación entre el cliente y el abogado que el propuestro neutral ha tenido con una parte o abogado de la parte sigue el procedimiento presente.**
"Interest of justice"	Any professional or "significant" personal relationship that the proposed neutral or his or her spouse or minor child living at home has had with any party or lawyer for a party to the present proceeding.
Otras relaciones significativas	**Cualquier profesional o relación "significativa" que el propuesto neutral o su esposa o esposo o niño menor que vive en casa y haya tenido con la parte o el abogado durante los procedimientos actuales.**
Time for discovery and disclosure	The information must be disclosed to all parties within 10 calendar days after service on the proposed neutral of notice of his or her nomination or appointment.
Tiempo para descubrimiento y descalificación	**La información debe ser puesta a la vista de las partes dentro de los 10 días de calendario después del servicio a la persona neutral de la noticia de su nominación o cita.**

Manner of disclosure	The statute does not prescribe any particular manner of disclosure. Therefore, presumably, the arbitrator could disclose the requisite matters either in writing or orally. As a practical matter, most arbitrators will make such disclosures in writing in order to provide a record.
Manera de descubrimiento	**La ley no prescribe ninguna manera particular de descubrimiento. Por lo consiguiente, presuntamente los árbitros pueden descubrir los asuntos requeridos ya sea por escrito u oralmente. Como un asunto práctico, la mayoría de los árbitros harán esos descubrimientos por escrito a fin de proveer un archivo.**
Time for disclosure	The information must be disclosed "within 15 days." Comment: Neither the starting date from which the 15-day period is not to be measured nor the manner in which the disclosure is to be made is set forth in &1297, 121. The statute will probably be interpreted to require that such disclosures be made in writing and within 15 days from the date of nomination (if known to the proposed arbitrator) or designation, whichever comes first.

Tiempo de descubrimiento	La información debe ser daba a conocer "dentro de 15 días," Comentario: Ni la fecha del comienzo de los 15 días debe ser medido ni la manera en la cual el descubrimiento es hecho de acuerdo a &1297, 121. La ley probablemente sera interpretada de requerir que tales descubrimientos sean hechos por escrito y dentro de los 15 días de la nominación (si se conoce al propuesto árbitro) o designado, el que venga primero.
Personal knowledge of disputed facts	"The judge has personal knowledge of disputed evidentiary facts concerning the proceedings."
Conocimientos personales de hechos en disputa	**"El juez tiene conocimiento de los hechos que se disputan con evidencia que tienen que ver con los procedimientos.**
Financial interest	"The judge has a financial interest in the subject matter in a proceeding or in a party to the proceeding."
Interés financiero	**"El juez tiene un interés financiero en el tema en un procedimiento o en una parte al procedimiento"**
"Interest of justice"	Finally, there is a catch-all ground for disqualification where "For any reason, the judge believes his or her recusal would further the interests of justice . . . ." This is not an objective test. The judge alone must decide whether recusal would be in the "interests of justice."

'Interés de justicia"	Finalmente, hay un manera de descalificación donde "Por alguna razón, el juez crea que se tenga que retirar del caso por "interés de justicia."
Evident partiality	"Evident partiality" is present when undisclosed facts show "a reasonable impression of partiality." Parties can choose their arbitrators intelligently only when facts showing potential partiality are disclosed.
Parcialidad evidente	"Evidencia parcial" es presente cuando los hechos que no se han dado a conocer demuestran "una impresión de parcialidad,"—las partes pueden escoger a sus árbitros inteligentemente solamente cuando los hechos que demuestran parcialidad potencial son descubiertos.

BANKRUPTCY
BANCARROTA
SECTION

BANKRUPTCY KEY TERMS
TERMINOS LEGALES DE BANCARROTA

ENGLISH	SPANISH
Arrangement with creditors	Acuerdos con acreedores
Assets	Bienes, patrimonio
Bankrupt	Quebrado, insolvente
Bankruptcy	Quiebra, bancarrota
Code	Código
Bankruptcy court	Tribunal de quiebras
Bankruptcy estate	Quiebra de todos los bienes
Bankruptcy judge	Juez de bancarrota
Bankruptcy proceedings	Procedimientos jurídicos de bancarrota
Bankruptcy trustee	Consignatario de bancarrota
Composition with creditors	Arreglos con acreedores
Creditor	Acreedor
Debtee	Deudor
Debtor	Deudor prestatario
Debtor in possession	Deudor sujeto a un proceso concursal
Discharge in bankruptcy	Anulamiento de la bancarrota
Dismissal	Destitución
Exemptions	exento, libre de carga u obligación
Fraudulent preference	Fraudulencia, estafa con preferencia, priviligiada
Homestead exemption	Excepción de embargo, privilegio
Involuntary bankruptcy	Quiebra involuntaria
Liquidation	Liquidación
Moratorium	Aplazamiento
Nondischargable debt	Deuda que no se puede anular
Petition in bankruptcy	Petición de bancarrota
Petitioner	La persona que hace la petición
Petitioning creditor	El acreedor que hace la petición

Preference	Privilegio
Preferential assignment	Trato priviligiado
Preferential debts	Deudas preferentes
Preferential transfer	Transferencia preferencial
Priority	Prioridad
Proof of claim	Prueba de un reclamo
Receiver	depositario, administrador concursal, síndico, Recaudador, receptor
Receivership	Sindicatura, receptoría
Schedule in bankruptcy	Plan, cuadro, horario, lista de bancarrota
Stay	Suspensión
Trustee in bankruptcy	Síndico de una quiebra
Voidable preference	Privilegio anulable
Voluntary bankruptcy	Quiebra voluntaria
Wage earner's plan	Plan de salario del cobrador

BANKRUPTCY DEFINITIONS
DEFINICIONES DE BANCARROTA

Arrangement with creditor	A proceeding—also called a composition—by which a debtor who is not insolvent may have his/her failing finances rehabilitated by a bankruptcy court under an agreement with his/her creditors.
Acuerdo con los acreedores	**Un procedimiento, también llamado arreglo, por el cual el deudor que no es solvente puede solucionar sus deudas financieras en un tribunal de quiebras bajo un acuerdo con sus acreedores**
Bankrupt	A person who is unable to pay his/her debts as they come due; an insolvent person.
Insolvente, quebrado	**Una persona que no puede pagar sus deudas cuando es tiempo de hacerlo, una persona insolvente.**
Bankruptcy code	Federal bankruptcy legislation. There have been five major statutes, enacted respectively in 1800, 1841, 1867, 1898, and 1970. The last of these is the present bankruptcy code, as amended.
Código de bancarrota	**La legislación Federal de bancarrota. Han habido cinco leyes máximas, creadas respectivamente en 1800, 1841, 1867, 1898, y 1978. La última de ésta es el Código presente de bancarrota, que ha sido revisado.**

Bankruptcy courts	Federal courts that hear and determinate only bankruptcy cases.
Cortes de bancarrota	**Las cortes Federales que oyen y determinan solamente casos de bancarrota.**
Bankruptcy estate	All of the property of the debtor at the time the petition for bankruptcy is filed.
Bancarrota de todos los bienes	**Toda la propiedad del deudor en el momento en que la petición se registre.**
Bankruptcy judge	A judge of a bankruptcy court.
Juez especializado en bancarrota	**Un juez de una corte de quiebra.**
Bankruptcy proceedings	Any proceedings under the bankruptcy code; any proceedings relating to bankruptcy.
Procedimientos de bancarrota	**Cualquier procedimiento bajo el código de bancarrota, cualquier procedimiento relacionado con bancarrota.**
Bankruptcy trustee	Same as trustee in bankruptcy.
Comisionado de bancarrota	**Igual que el comisionado de una bancarrota.**
Composition with creditors	An agreement between a debtor and his/her creditors under which an exchange for prompt payment is laid. The creditors agree to accept amounts less than those actually owed in satisfaction to their claims.

Arreglo con los acreedores	Un acuerdo entre un deudor y sus acreedores bajo el cual los acreedores aceptan hacer un intercambio del pago inmediato y se ponen de acuerdo de recibir una cantidad menor a la que deben para satisfacer sus reclamos.
Creditor	A person to whom a debt (secured by collateral or unsecured) is owed by a debtor.
Acreedor	Una persona a quien le debe (asegurada por una colateral o no asegurada) un deudor.
Creditor beneficiary	A creditor who is the beneficiary of a contract made between the debtor of a third person.
Acreedor beneficiario	Un acreedor que es el beneficiario de un contrato hecho entre el deudor de una tercera persona.
Creditors' meeting	The first meeting of creditors of a debtor, required for the purpose of allowing the claims of creditors questioning the debtor under oath, and electing a trustee in bankruptcy.
Reuniones de los Acreedores	El primer encuentro de los acreedores de un deudor, requerido con el propósito de permitir que los reclamos de los acreedores reclamen al deudor bajo juramento, y elijan un fideicomisario, consignatario de bancarrota.
Debtee	A person who lends to a debtor.
Deudora	Una persona que presta a un deudor.

Debtor	A person who owes person money.
Deudor	**Una persona que debe a otra persona dinero.**
Debtor in possession	A debtor who continues to operate his business while undergoing business reorganization under the jurisdiction of the bankruptcy court.
Deudor sujeto a un proceso concursal	**Un deudor que continua operando su negocio mientras la reorganización de un negocio se haga bajo la jurisdicción de una corte de bancarrota.**
Discharge in bankruptcy	The release of a debtor from an obligation to pay pursuant to a bankruptcy proceeding; a discharge in bankruptcy.
Rehabilitación de la bancarrota	**El descargo de una deuda debido a una obligación de pago relacionado con un procedimiento legal de bancarrota, una rehabilitación de bancarrota.**
Dismissal	The release of a debtor case in totality from protection and jurisdiction of the bankruptcy court.
Cese, destitución	**La renuncia de un caso de un deudor en totalidad de la protección de la corte de bancarrota.**
Exemptions	Earnings and property allowed to be retained by debtor free from claims of creditors in bankruptcy.
Exentos, libres de carga u obligación	**Las ganancias y propiedad que se permite retener del deudor sin que sea reclamada por los acreedores de la bancarrota.**

Fraudulent preference	The act of a debtor in making payment to one of his/her creditors by paying him/her with the intention of defrauding other creditors.
Privilegio fraudulento	**El acto de un deudor al hacer pagos a uno de los acreedores al pagarles con la intención de defraudar a otros acreedores.**
Garnishment	Attachment of debtor wages by creditor.
Sentencia u auto de embargo	**Auto de embargo del salario del deudor al acreedor.**
Homestead exemption	Under homestead exemption statutes, the immunity of real property for execution for debt provided the property is occupied by the debtor as the head of the family.
Excepción de embargo	**Bajo la ley de excepción de embargo, la inmunidad de la propiedad de la ejecución de la deuda con tal de que la propiedad sea ocupada por el deudor como jefe de familia.**
Involuntary bankruptcy	A bankruptcy initiated by one's creditors.
Bancarrota involuntaria	**Una bancarrota iniciada por el acreedor de uno.**
Lien	A claim on personal or real property for the payment of a debt or mortgage.
Embargo preventive	**Un reclamo de propiedad personal o real por el pago de una deuda o fianza hipotecaria.**
Liquidation	The extinguishment of a debt by payment or straight bankruptcy.

Liquidación	La terminación de una deuda por pago o una bancarrota entera.
Moratorium	A period in which a person, usually a debtor, has a legal right to postpone meeting an obligation. An individual creditor may declare a moratorium with respect to his/her debtor, or moratoriums may be imposed by legislation and applied to debtors as a class.
Moratoria	**Un período en el cual una persona usualmente un deudor tiene el derecho legal de posponer una obligación. Un acreedor individual puede declarar una moratoria con respeto a su deudor o moratoria tal vez impuesta por la ley que se aplica a los deudores en grupo.**
Nondischargeable debt	Any voidable or fraudulent preference, taxes, child support, or other debts that came out illegally discharged in bankruptcy.
Deuda que no se puede cancelar	**Cualquier privilegio anulable o fraudulento, los impuestos, manuntención de niños, u otras deudas que aparecieron ilegalmente anuladas en bancarrota.**
Petition in bankruptcy	A document filed in a bankruptcy court initiating bankruptcy proceedings.
Petición de declaración de bancarrota	**Un documento llenado en una corte de bancarrota iniciada en un procedimiento de bancarrota.**
Petitioner	A person seeking relief by a petition.

Demandante, peticionario, recurrente	**Una persona que busca alivio al llenar una petición.**
Petitioning creditor	A creditor who initiates proceedings against his debtor in a bankruptcy court.
Acreedor que hace la petición	**Un acreedor que inicia los procedimientos contra el deudor en una corte de bancarrota.**
Preference	The act of a debtor in paying one or more of his creditors without paying the others.
Privilegio	**El acto de un deudor al pagar a uno o más de sus acreedores sin pagar a los demás.**
Preferential assignment	An assignment for the benefit of creditors by which the assignor gives a preference to certain of her creditors.
Cesión con prioridades	**Una cesión por el beneficio de los acreedores por el cual el asignatario le da la preferencia para asegurar a sus acreedores.**
Preferential debts	Debts that, under bankruptcy code, are payable before all other debts.
Deudas priviligiadas	**Las deudas que, bajo el código de bancarrota, se deben pagar antes de las otras deudas.**
Priority	In bankruptcy law, the right of a secured creditor to receive satisfaction before an unsecured creditor.
Prioridad	**En la ley de bancarrota, el derecho de un acreedor asegurado de recibir pago antes de un acreedor que no está asegurado.**

Proof of claim	In bankruptcy, a statement in writing signed by a creditor setting forth the amount owed in the basis of the claim.
Prueba de un reclamo	**En bancarrota, un escrito firmado por un acreedor en la que esté la cantidad que se debe en el acuerdo de un reclamo.**
Receivership	A proceeding by which the property of an insolvent debtor, or property that is the subject of litigation, may be preserved and appropriately disposed of by a person known as a receiver, who is appointed and supervised by the court.
Depositario, Receptor	**Un procedimiento por el cual la propiedad de un deudor insolvente, o propiedad que está sujeta a litigación puede ser preservada y aproximadamente tomada por una persona conocida como un receptor, que es escogido y supervisado por la corte.**

Receiver	A person appointed by the court to take custody of property in a receivership. In the case of the assets or other property of an insolvent debtor, whether an individual or corporation, the duty of a receiver is to preserve the assets for sale and distribution to the creditor. In the case of assets or other property that is the subject of litigation, the duty of a receiver is to preserve the property or fund in litigation, receive its rent or profit, and apply or dispose of them as the court directs. Such a receiver is called a *pendente lite* receiver. If the property in dispute is a business, the receiver may have the additional responsibility of operating the business as a going concern.

Sindicatura	Una persona escogida por la corte para que se encargue de recibir una propiedad. En el caso de bienes u otras propiedade de un deudor insolvente ya sea una compañia o una corporación, la obligación del receptor es el de preservar los bienes de la venta y la distribución al acreedor. En el caso de los bienes u otra propiedad que está sujeta a litigación, la obligación de un receptor es la de preservar la propiedad o fondos en una disputa, recibir la renta o la ganancia, y aplicar o disponer de ellas como la corte lo decida. A tal receptor se le llama receptor *"pendent elite"*. Si la propiedad es disputa por un negocio, el receptor puede tener responsabilidad adicional de continuar operarando un negocio.
Schedule in bankruptcy	A schedule filed by a bankrupt listing among other things all of his property, its value, his creditors, and the nature of their claims.
Horario de bancarrota	Un horario completado por un insolvente listado en bancarrota entre otras cosas de su propiedad, sus valores, sus acreedores en la naturaleza de sus reclamos.

State	The bankruptcy code provides for automatic stops to further proceedings usually temporarily; to restrain; to hold back; to suspend foreclosures or executions on certain types of debts upon filing of bankruptcy petition.
Estado	**El código de bancarrota que provee para paros automáticos para proceder usualmente temporalmente, para restringir, sostener, para suspender cierres o ejecuciones de ciertos tipos de deudas al llenar una petición de declaración de bancarrota.**
Trustee in bankruptcy	A person appointed by a bankruptcy court to collect any amount owed the debtor, sell the debtor's property, and distribute the proceedings among the creditors.
Asignador de bancarrota	**Una persona asignada por una corte de bancarrota para colectar cualquier cantidad debida al deudor, para vender la propiedad del deudor y para distribuir los procedimientos entre los acreedores.**
Voidable preference	A preference is voidable if it takes place within a specified number of days before the filing of the petition in bankruptcy if it allows the creditor to obtain more than she will receive from the bankruptcy court.

Privilegio anulable	**Bajo el código de bancarrota un privilegio es anulable si toma lugar dentro de un número específico de días antes de llenar la petición de bancarrota si permite que el acreedor obtenga más de lo que recibirá de la corte de bancarrota.**
Voluntary bankruptcy	A bankruptcy that the creator himself initiates, as opposed to an involuntary bankruptcy.
La bancarrota voluntaria	**Una bancarrota que el creador mísmo inicia, al contrario de una bancarrota involuntaria.**
Wage earner's plan	Under Chapter 15 of the bankruptcy code, a debtor who is a wage earner and who files a repayment plan acceptable to his creditors and the court will be given additional time in which to meet his obligations.
El plan de salario de ganancia	**Bajo el capítulo 15 del código de bancarrota, un deudor que es el ganador de salario y que llena un plan de pago aceptable para los acreedores la corte le dará tiempo adicional en el cual cumpla sus obligaciones.**

BUSINESS LAW

LEYES DE NEGOCIOS

BUSINESS LAW LEGAL TERMS
LEYES DE NEGOCIOS TERMINOS LEGALES

ENGLISH	SPANISH
Abandoned property	Propiedad abandonada
Acceptance	Aceptación
Accord and Satisfacción	Un acuerdo
Adjudicate	Juzgar
Administrative agency	Agencia administrativa
Administrative Law Judge	Juez de derecho administrativo
Affirmative action	Acción afirmativa
Agreement	Acuerdo, convenio
Alternative Dispute Resolution	Resolución alternativa de disputas
Answer	Respuesta
Anticipatory repudiation	Renuncia anticipada
Arbitration clause	Cláusula de arbitraje
Assignment	Asignación
Award	Adjudicación
Assumption of risk	Asumo de riesgo
Bailment	Fianza
Bankruptcy Court	Tribunal de quiebras
Bearer	Portador
Bequest	Regalo
Bilateral Contract	Contrato bilateral
Bill of Rights	Declaración de derechos
Binding authority	Autoridad mandatoria
Breach of contract	Quebramiento de contrato
Brief	Expediente
Business Ethics	Eticas en los negocios
Case Law	Jurisprudencia
Cease and Desist Order	Order de parar o desistir
Check	Cheque
Civil Law System	Sistema de derecho civil
Clearinghouse	Cámara de compensación

Collateral	Garantía
Comity	Cortesía internacional
Common Law	Derecho consuetudinario
Community Property	Propiedad común
Comparative Negligence	Negligencia comparable
Compensatory Damages	Daños compensatorios
Complaint	Queja
Concurrent Jurisdiction	Jurisdicción Concurrente
Contractual capacity	Capacidad contractual
Contributory Negligence	Negligencia contributoria
Conversion	Canjear
Copyright	Derecho de autor
Corporation	Corporación
Counterclaim	Contrademanda
Counteroffer	Contraoferta
Cure	Rectificación
Deed	Título
Defense	Alegación
Delegation of Duties	Delegación de responsabilidades
Condition	Condición
Consent	Consentimiento
Consequential Damages	Agravios consecuentes
Consideration (value)	Consideración (el valor)
Consignment	Consignación
Contract	Contrato
Confiscation	Confiscación
Consequential damages	Daños consecutivos
Consignment	Envío, entrega
Consolidation	Consolidación
Constitutional Law	Leyes constitucionales
Constructive Eviction	Desalojamiento constructivo
Consumer	Consumidor
Conversion	Conversión
Conveyance	Transmisión de propiedad

Deceptive Advertising	Comerciales engañosos
Defamation	Difamación
Default	Falta
Default judgment	Juicio por incumplimiento
Defendant	Demandado
Defense	Defensa
Deficiency Judgment	Juicio deficiente
Delegation of Duties	Delegación de obligaciones
Depositary Bank	Banco de ahorros
Deposition	Deposición
Destination Contract	Contrato de expedición
Devise	Regalo de propiedad real
Devisee	Legario de bienes raíces
Disaffirmance	Renuncia, repudiación
Discharge	Anulación, exoneramiento
Disclosed principal	Principal conocido
Discovery	Descubrimiento
Dissolution	Disolución
Distribution Agreement	Acuerdo de entrega
Diversity of Citizenship	Diversidad de ciudadanos
Divesture	Despojamiento
Dividend	Dividendo
Estopped	Impedimento
Docket	Expediente de una causa
Document of Title	Título de propiedad
Domestic corporation	Corporación doméstica
Dominion	Dominio
Duress	Presión, dureza
Duty of care	Deber de precaución y diligencia
E-Commerce	E-Comercio
E-Contract	E- Contrato
Early Neutral Case Evaluation	Evaluación temprana neutral de un caso
Easement	Servidumbre

Eminent Domain	Dominio eminente
Employment at Will	Empleo por voluntad
Employment Discrimination	Discriminación de empleo
Enabling legislation	Legislación de habitación
Entrepreneur	Empresario
Environmental Impact Statement	Una póliza de impacto ambiental
Equal Dignity Rule	Regla digna de igualdad
Equitable Principles and Maxims	Máximas de equidad
Establishment Clause	Cláusula de establecimiento
Estate in Property	Propiedad del estado
Monopolization	Monopolización
Moral Rights	Derechos morales
Mortgagee	Acreedor hipotecario
Mortgagor	Deudor hipotecario
Motion for a New trial	Moción para que se abra un nuevo juicio
Motion for Judgment N.O.V.	Moción para un juicio N.O.V.
Motion for Judgment on the Pleadings	Moción para un juicio basado en un documento
Motion for Summary Judgment	Moción para resumir un juicio
Motion to Dismiss	Moción para que una demanda sea rechazada
Mutual Fund	Fondos de Inversión
National Law	Ley Nacional
Necessities	Necesidades
Negligence	Negligencia
Negligence per se	Negligencia en sí
Negotiation	Negociación
Specific performance	Un remedio justo
Summary Jury Trial	Juicio abreviado
Summons	Noticia de aparecer en corte
Supremacy clause	Cláusula suprema
Offer	Oferta
Offeree	Quien recibe la oferta
Order for relief	Orden de alivio

Output Contract	Contrato de rendimiento
Overdraft	Cheque sin fondos
Past Consideration	Consideración pasada
Payee	Portador
Penalty	Penalidad
Perfection	Perfección
Performance	Cumplimiento
Periodic Tenancy	Tenencia periódica
Persuasive authority	Autoridad persuasiva
Petition in Bankruptcy	Petición en caso de bancarrota
Plaintiff	Demandante
Policy	Póliza
Power of attorney	Documento notarizado de poder
Precedent	Precedente
Predatory Pricing	Precios desviados
Preemptive Rights	Derechos prioritarios
Premium	Prima
Presentment Warranties	Garantías presuntas
Prima Facie Case	Caso a primera vista
Principal	Persona a cargo
Privilege	Privilegio
Products Liability	Productos defectuosos
Profit	Ganancia
Promise	Promesa
Promisee	Prometedor
Promissory Estoppel	Impedimento por promesa
Promissory Note	Nota provisoria
Proximate cause	Causa aproximada
Proxi	Representante, o delegado
Puffery	Habladuría
Punitive damages	Daños punitivos
Quasi Contract	"Cuasi Contracto"
Quitclaim deed	Finiquito
Quorum	Quórum

Ratification	Ratificación
Reasonable Person Standard	El comportamiento de una persona razonable
Reformation	Reforma
Release	Liberación
Remainder	Residuo
Rule of four	Reglas de las cuatro justicias
Rulemaking	Formando reglas
Sale	Venta
Sale on approval	Venta sujeta a aprobación
Sale or Return	Venta a prueba
Search Warrant	Orden de registro
Secured Party	Parte asegurada
Secured Transaction	Transacción asegurada
Self-defense	Defensa propia
Self-Incrimination	Incriminación propia
Sexual harassment	Acoso sexual
Shipment contract	Contrato de envio
Signature	Firma
Slander	Calumnia oral
Sole proprietorship	Sociedad anónima
Specific Performance	Rendimiento específico
Stale check	Cheque caducado
Standing to Sue	Capacidad legal para demander
Stock	Acciones
Strict Suretyship	Afianzamiento
Sublease	Sub-arrendatario
Substantive Law	Ley substancial
Summons	Noticia de aparecer en corte
Supremacy clause	Cláusula suprema
Surety	Garante
Taking	Tomar
Tangible property	Propiedad Tangible
Technology Licensing	Licencia tecnólogica

Tenancy at Sufferance	Posesión por tolerancia
Tenancy at Will	Arrendamiento cancelable o sujeto a anulación en cualquier momento
Tenancy by the entirely	Comunidad conyugal
Tenancy for years	Arrendamiento a cierto plazo
Tenancy in Common	Codueño, Cotitular
Tender	Ofrecer
Tender offer	Hacer una oferta
Third-Party Beneficiary	Tercera parte beneficiaria
Tort	Agravio, daño legal, lesión juridical
Trade name	Marca registrada
Trespass to Land	Intromisión ilegítima
Trespass to Personal Property	Intromisión a una propiedad privada
U.S. Trustee	Fideicomisario de los Estados Unidos
Unconscionable Clause	Cláusula desmedida
Undisclosed principal	Principal desconocido
Unenforceable Contract	Contrato que no se puede legalizar
Unilateral Contract	Contrato unilateral
Unreasonable Dangerous Product	Productos peligrosos sin razón
Usury	Usurpar
Valid Contract	Contrato válido
Void Contract	Contrato nulo
Voidable Contract	Contrato cancelable, anulable
Warranty Deed	Título garantizado
White-Collar Crime	Crímenes de guante blanco
Winding Up	Liquidar, Resolver
Worker's Compensation Laws	Leyes de compensación del trabajador
Writ of Attachment	Mandato de embargo
Writ of Certiorari	Mandato de decisión
Writ of Execution	Mandato de ejecución
Wrongful Discharge	Descartamiento equivocado
Tortfeasor	Perpetrador de un cuasidelito

BUSINESS LAW DEFINITIONS
DEFINICIONES DE LEYES PARA NEGOCIOS

Abandoned property	Property with which the owner has voluntary parted, with no intention of recovering it.
Propiedad abandonada	**Propiedad que el dueño voluntariamente ha abandonado, con intención de no recobrarla.**
Acceptance	A voluntary act by the offeree that shows assent, or agreement, to the terms of an offer; may consist of words or conduct.
Aceptación	**Un acto voluntario hecho por el aceptador que demuestra consentimiento, con los términos de una oferta; y puede consistir de palabras o conducta.**
Accord and Satisfaction	A common means of settling a claim, in which a debtor offers to pay a lesser amount that the creditor purports to be owed. The creditor's acceptance of the offer creates an accord (agreement), and when the accord is executed, satisfaction occurs.
Arreglo de una disputa	**Una manera común de arreglar una disputa, en la cual un deudor ofrece una cantidad más pequeña al acreedor quien da a entender que se le debe. La aceptación de la oferta del acreedor se convierte en un acuerdo, y cuando el acuerdo es ejecutado, la satisfacción ocurre.**

Adjudicate	To render a judicial decision. In the administrative process, the proceeding in which an administrative law judge hears and decides on issues that arise when an administrative agency charges a person or a firm with violating a law or regulation enforced by the agency.
Juzgar	**Proveer una decisión judicial. En el proceso administrativo, el procedimiento en el cual un juez administrativo oye y decide en temas que tienen que ver cuando una agencia administrativa acusa a una persona o una firma de violar una ley o regla ejecutada por una agencia.**
Administrative agency	A federal or state government agency established to perform a specific function. Administrative agencies are authorized by legislative acts to make and enforce rules to administer and enforce the acts.
Agencia administrative	**Una agencia del gobierno o estado que establece como hacer una función específica. Las agencias administrativas son autorizadas por actos legislativos que hacen y reenforzan las reglas para administrar y regular los actos.**
Administrative Law Judge	One who presides over an administrative agency hearing and who has the power to administer oaths, take testimony, rule on questions of evidence, and make determinations of fact.

Juez de Derecho Administrativo	**El quien preside en una audiencia administrativa y que tiene el poder para que otros hagan juramentos, tomen testimonio, decidan sobre temas de evidencia, y hagan determinaciones de hechos.**
Affirmative action	Job-hiring policies that give special consideration to members of protected classes in an effort to overcome present effects of past discrimination.
Poliza de descriminación positiva	**Reglas de obtención de trabajo que dan consideraciones especiales a los miembros de clases especiales en un esfuerzo por sobreponer los efectos presentes de una descriminación pasada.**
Agreement	A meeting of two or more minds in regard to the terms of a contract; usually broken down in two events—an offer by one party to form a contract, and an acceptance of the offer by the person to whom the offer is made.
Acuerdo, convenio	**El acuerdo de dos o más mentes en relación a los términos de un contrato; usualmente separado en dos partes—una oferta hecha por una persona para formar un contrato, y una aceptación de la oferta por la persona a quien se le hace la oferta.**

Alternative Dispute Resolution (ADR)	The resolution of disputes in ways other than those involved in the traditional judicial process. Negotiation, mediation, and arbitration are examples of ADR methods.
Resolución alternativa de disputas	**La resolución de disputas de otro modo que las del proceso judicial tradicional. Negociación, mediación, y arbitraje son ejemplos de los métodos de ADR.**
Answer	Procedurally, a defendant's response to the plaintiff's complaint.
Respuesta	**De acuerdo al procedimiento, la respuesta del demandado a la queja del demandador.**
Anticipatory repudiation	An assertion or actions by a party indicating that he or she will not perform an obligation that the party is contractually obligated to perform at a future time.
Renuncia anticipada	**Una afirmacion o acción hecha por una persona que indica que esa persona no cumplirá con su obligación establecida en el contrato en el tiempo convenido.**
Arbitration Clause	A clause in a contract that provides that in case of a dispute, the parties will submit the dispute to arbitration rather than litigate the dispute in court.
Clausula de arbitraje	**Una cláusula en un contrato que, provee que en caso de una litigación, las personas se submitirán al arbitraje en vez de litigar la disputa en corte.**

Assignment	The act of transferring to another all or part of one's rights arising under a contract.
Asignación	**El hecho de transferir a otra persona toda o parte de las responsabilidades que existen en un contrato.**
Award	The amount of money awarded to a plaintiff in a civil lawsuit as damages.
Adjudicación	**La cantidad de dinero dada a un demandante en una demanda por gastos.**
Assumption of risk	A doctrine whereby a plaintiff may not recover for injuries suffered from risks he or she knows of and assents to. A defense against negligence that can be used when the plaintiff has knowledge of and appreciates a danger and voluntarily exposes himself or herself to the danger.
Asunción de riesgo	**Una doctrina en la cual el demandante no puede recobrarse por heridas o daños sufridos por los riesgos que él o ella conoce y consiente. Una defensa contra negligencia que puede ser usada cuando el demandante tiene sabe y se da cuenta del peligro y voluntariamente se expone al peligro.**
Bailment	A situation in which the personal property of one person (a bailor) is entrusted to another (a bailee), who is obligated to return the bailed property to the bailor or dispose of it as directed.

Fianza	**Una situación en la que la propiedad personal de una persona (un fiador judicial) se presta a otra (un fiador) quien está obligado a regresar la propiedad fiada al fiador o disponer de ella como se ha establecido.**
Bankruptcy Court	A federal court of limited jurisdiction that handles only bankruptcy proceedings. Bankruptcy proceedings are governed by federal bankruptcy law.
Tribunal de quiebras	**Una corte federal de jurisdicción limitada que se encarga de procesos de quiebra. Los procesos de quiebra son gobernados por la ley federal de quiebra.**
Bearer	A person in the possession of an instrument payable to bearer or endorsed in blank.
Portador	**Una persona que tiene la posesión de un instrumento por pagar al portador o endorsarlo en blanco.**
Bequest	A gift by will of personal property.
Regalo	**Un regalo voluntario de propiedad personal.**
Bilateral Contract	A type of contract that arises when a promise is given in exchange for a return promise.
Contrato bilateral (mutuo)	**Un tipo de contrato que se logra cuando una promesa es dada a cambio de otra promesa.**
Bill of Rights	The first ten amendments to the U.S. Constitution.

Declaración de derechos	Las diez primeras modificaciones de la Constitución de los Estados Unidos.
Binding Authority	Any source of law that a court must follow when deciding a case. Binding authorities include constitutions, statures, and regulations that govern the issue being decided, as well as court decisions that are controlling precedents within the jurisdiction.
Autoridad mandatoria	Cualquier fuente de leyes que una corte debe seguir al decidir un caso. Las autoridades mandatorias incluyen constituciones, estatuas, y reglas que gobiernan el caso decidido así como decisiones de la corte que son precedentes que gobiernan dentro de la jurisdicción.
Breach of Contract	The failure, without legal excuse, of a promisor to perform the obligations of a contract.
Quebramiento de contrato	El fallo, sin excusa legal, de una persona que promete cumplir con las obligaciones de un contrato.
Brief	A formal legal document submitted by the attorney for the appellant or the appellee (in answer to the appellant's brief) to an appellate court when the case is appealed. The appellant's brief outlines the facts and issues of the case, the judge's ruling and jury's findings that should be reserved are modified, the applicable law, and the arguments on the client's behalf.

Expediente	**Un documento legal submitido por el abogado que representa al apelante o la parte apelada (en respuesta al escrito de la parte apelada) a una corte superior donde el caso ha sido apelado. Las anotaciones del apelante subraya los hechos y temas del caso, la decisión del juez y panel deben ser reservados, son modificados, la ley aplicable, y los argumentos de los clientes.**
Business Ethics	Ethics in a business context; a consensus of what constitutes right or wrong behavior in the world of business and the application of moral principles to situations that arise in a business setting.
Eticas en los negocios	**Etica en el contexto de un negocio; un concenso de lo que constituye un comportamiento correcto o incorrecto en el mundo de los negocios y la aplicación de los principios morales de acuerdo a las situaciones que se presentan en los negocios.**
Case Law	The rules of law announced in court decisions. Case law includes the aggregate of reported cases that interpret judicial precedents, statutes, regulations, and constitutional provisions.

Jurisprudencia	**Las reglas legislativas anunciadas de acuerdo a las decisiones de la corte. Jurisprudencia incluye otros casos reportados que interpretan precedentes judiciales, ley parlamentaria, reglas, y provisiones de la constitución.**
Cease and Desist Order	An administrative or judicial order prohibiting a person or business firm from conducing activities that an agency or court has deemed illegal.
Order de parar o desistir	**Una orden judicial o administrativa que prohibe que una persona o negocio que conduzca actividades de una agencia o corte se considere ilegal.**
Check	A draft drawn by a drawer ordering the drawee bank or financial institution to pay a fixed amount of money to the holder on demand.
Cheque	**Una letra de cambio escrita por un girador que ordena que el banco o institución financiera gire una cantidad de dinero al portador que la solicite.**
Civil Law System	A system of law derived from the Roman Empire and based on a code rather than case law; the predominant system of law in the nations of continental Europe and Louisiana, because of its historical ties to France, has in part a civil law system.

Sistema del Derecho Civil	Un sistema de ley derivada del Imperio Romano y basada en códigos en vez de ley parlamentaria; el sistema de ley predominante en las naciones del continente de Europa y Louisiana, por sus lazos históricos unidos a Francia, que tiene un sistema de derecho civil.
Clearinghouse	A system where banks exchange checks and drafts drawn on each other and settle daily balances.
Cámara de Compensación	Un sistema en que los bancos intercambian cheques y letras de cambios girados entre sí, y mantienen balances diarios.
Collateral	Under Article 9 of the UCC, the property subject to a security interest, including accounts and chattel paper that have been sold.
Garantía	Bajo el Artículo 9 de UCC, la propiedad sujeta a garantías de seguridad, que incluye cuentas y bienes personales que han sido vendidos.
Comity	A deference by which one nation gives effect to the laws and judicial decrees of another nation. This recognition is based primarily on respect.
Cortesía Internacional	Una referencia por la cual una nación respeta las leyes y decretos judiciales de las otras naciones. Este reconocimiento se basa principalmente en el respeto.

Common Law	That body of law developed from custom or judicial decisions in England and U.S. Courts, not attributable to a legislature.
Derecho consuetudinario	**La parte de leyes que viene de las costumbres o decisiones judiciales en las cortes de Inglaterra y en los Estados Unidos, que no se atribuyen a la legislatura.**
Community Property	A form of concurrent ownership in which each spouse technically owns an undivided one-half interest in property acquired during the marriage. This form of joint occurs only in nine states in Puerto Rico.
Propiedad Común	**Una forma de posesión concurrente en la cual cada conyuge tecnicamente posee la mitad de interés de la propiedad sin divisiones durante su matrimonio. Esta forma de reconocimiento ocurre solamente en nueve Estados y en Puerto Rico.**
Comparative Negligence	A theory in tort law under which the liability for injuries resulting from negligence acts is shared by all persons who were guilty of negligence (including the injured party), on the basis of each person's proportionate carelessness.

Negligencia comparable	**Una teoría en la ley de agravío ilícito es la responsabilidad de heridas resultadas por actos de negligencia que son compartidos por todos áquellos que fueron culpables de negligencia (incluyendo la persona herida) basado en el descuido proporcionado de cada una de las personas.**
Compensatory Damages	A money award equivalent to the actual value of injuries or damages sustained by the aggrieved party.
Daños compensables	**Una recompenza de dinero equivalente al valor actual por las heridas o daños causados por la parte lastimada.**
Complaint	The pleading made by a plaintiff alleging wrongdoing on the part of the defendant; the document that, when filed with a court, initiates a court suit.
Queja	**El escrito hecho por un demandante alegando un acto ilícito hecho por el demandado; el documento que, al archivarlo en corte, inicia una demanda.**
Concurrent Jurisdiction	Jurisdiction that exists when two different courts have the power to hear a case.
Jurisdicción Concurrente	**Jurisdicción que existe cuando dos cortes diferentes tienen el poder para oír un caso.**
Condition	A qualification, provision, or clause is a contractual agreement, the occurrence of which creates, suspends, or terminates the obligations of the contracting parties.

Condición	**Una calificación, provisión, o clausula en un acuerdo de negocios, la ocurrencia de quien crea, suspende, o termina las obligaciones de las partes que formaron el contrato.**
Consent	Voluntary agreement to a proposition or an act of another.
Consentimiento	**Acuerdo voluntario de una proposición o un acto de otro.**
Consequential Damages	Special damages that compensate for a loss that does not directly or immediately result from the breach. The special damages must have been reasonably foreseeable at the time the breach or injury occurred in the promisor.
Agravios consecuentes	**Agravios especiales que compensan por una pérdida que no resulta directamente o inmediatamente de una violación. Los agravios deben ser razonablemente vistos al momento en que la violación o la herida ocurrió al prometedor.**
Consideration	Generally, the value given in return for a promise. The consideration, which must be present to make the contract legally binding, must result in a detriment to the promisee (something of legally sufficient value and bargained for) or a benefit to the promisor.

Consideración	Generalmente, el valor dado a cambio de una promesa. La consideración, la que debe ser presente para hacer el contrato legal obligatorio, debe resultar en un quebranto para el prometedor (algo de valor legalmente suficiente y por acuerdo) o un beneficio al prometedor.
Consignment	A transaction in which an owner of goods (the consignor) delivers the goods to another (the consignee) for the consignee to sell. The consignee pays the consignor only for the goods that are sold by the consignee.
Consignación	Una transacción en la cual el dueño de los artículos (el expedidor) entrega los artículos a otro (el destinatario) para que el destinatario lo venda. El destinatario paga al expedidor solamente por los artículos que son vendidos por el destinatario.
Contract	An agreement that can be enforced in court; formed by two or more competent parties who agree, for consideration, to perform or to refrain from performing some legal act now or in the future.
Contrato	Un acuerdo que puede ser forzado en corte, formado por dos o más personas competentes quienes están de acuerdo, por consideración, para cumplir o frenarse de cumplir un acto legal ahora o en el futuro.

Contractual Capacity	The threshold mental capacity required by law for a party who enters into a contract to be bound by that contract.
Capacidad contractual	**La capacidad mental necesaria requerida por la ley para que una persona haga un contrato que sea legal.**
Contributory Negligence	A theory in tort law under which a complaining party's own negligence contributed to or caused his or her injuries. Contributory negligence is an absolute bar to recovery in a minority of jurisdictions.
Negligencia contributoria	**Una teoría en la ley de acto elícito civil bajo la cual la parte afectada se queja de su propia negligencia contribuida o causada por sus propias heridas. La negligencia contributoria es un verdadero obstáculo para ganar en un grupo de jurisdicciones.**
Conversion	The wrongful taking or retaining possession of a person's personal property and placing it in the service of another.
Canjear	**El tomar, retener o poseer ilegalmente la propiedad personal de una persona y ponerla al servicio de otra.**

Copyright	The exclusive rights of "authors" to publish, print, or sell an intellectual production for a statutory period of time. A copyright has the same monopolistic nature as a patent or trademark, but it differs in that it applies exclusively to works of art, literature, and other works of authorship (including computer programs).
Derecho de autor	**El derecho exclusivo de "autores" para publicar, imprimir, o vender una producción intelectual por un período legal de tiempo. El derecho del autor tiene como naturaleza única su patente o marca registrada, pero difiere en que aplica exclusivamente a trabajos de arte, literatura, y otros trabajos de autores. (incluyendo programas de computadoras)**
Corporation	A legal entity formed in compliance with statutory requirements. The entity is distinct from its shareholder-owners.
Sociedad mercantile	**Una entidad legal formada adjunta a los requisitos legislativos. La entidad es distinta de áquellos que poseen acciones.**
Counterclaim	A claim made by a defendant in a civil lawsuit against the plaintiff. In effect, the defendant is suing the plaintiff.

Contrademanda	**Una queja por un demandado en una demanda civil contra el demandante. En efecto, el demandado demanda al demandante.**
Counteroffer	An offeree's response to an offer in which the offeree rejects the original offer and at the same time makes a new offer.
Contraoferta	**Una respuesta de quien acepta la respuesta a una oferta en la cual el que acepta la oferta rechaza la oferta original y al mismo tiempo hace una nueva oferta.**
Cure	The right of a party who tenders nonconforming performance to correct his or her performance within the contract period.
Rectificación	**El derecho de una persona quien ofrece un servicio que no está conforme de corregir su servicio dentro del período del contrato.**
Deed	A document by which title to property (usually real property) is passed.
Título	**Un documento por el cual un título de propiedad (usualmente propiedad real) se pasa.**
Defense	That which a defendant offers and alleges in an action or suit as a reason why the plaintiff should not recover or establish what he or she seeks.
Alegación	**Lo que un demandado ofrece y alega en una acción o demanda como razón de porque el demandante no debe recobrar o establecer lo que pide.**

Delegation of Duties	The act of transferring to another all or part of one's duties arising under a contract.
Delegación de responsabilidades	**El hecho de transferir a otro, todo o parte de las responsabilidades que están establecidas en un contrato.**
Depositary bank	The first bank to receive a check for payment.
Banco de ahorros	**El primer banco que recibe un cheque por pago.**
Deposition	The testimony of a party to a lawsuit or a witness taken under oath before a trial.
Deposición	**El testimonio de una parte de una demanda o un testigo tomado en juramento.**
Destination Contract	A contract for the sale of goods in which the seller is required or authorized to ship the goods by carrier and tender delivery of the goods at a particular destination. The seller assumes liability for any losses or damage to the goods until they are tendered at the destination specified in the contract.
Contrato de expedicion	**Un contrato por la venta de artículos en la cual el vendedor es requerido o autorizado de enviar los artículos por transporte y haciendo una entrega completa de los artículos a un lugar en particular. El vendedor asume la responsabilidad de cualquier pérdida o daño de los artículos hasta que ellos sean entregados por completo en el lugar específico determinado en el contrato.**

Devise	To make a gift of real property by will.
Regalo de propiedad en un testamento	**Hacer un regalo de propiedad real en un testamento.**
Devisee	One designated in a will to receive a gift of real property.
La persona designada de recibir el regalo de propiedad	**Una persona designada en un testamento para que reciba un regalo de propiedad.**
Dissafirmance	The legal avoidance or setting aside, of a contractual obligation.
Renuncia, repudiación	**La renuncia legal, o el desplazamiento, de una obligación contractual.**
Discharge	The termination of an obligation. In contract law, discharge occurs when the parties have fully performed their contractual obligations or when events, conduct of the parties, or operation of the law releases the parties from performance. In bankruptcy, the extinction of the debtor's dischargeable debts.
Anulación, exoneramiento	**La terminación de una obligación. En un contrato legal, la anulación ocurre cuando las partes tienen una obligación plena de actuar o cuando hay eventos y conducta de las partes, u operación de la ley que desvanece a las partes de sus actos. En bancarrota, la extensión de las deudas descartables de los deudores.**
Disclosed Principal	A principal whose identity is known to a third party at the time the agent makes a contract with the third party.

Principal revelado	El principal cuya entidad es conocida como una parte tercera a la vez que el agente hace un contrato con la tercera parte.
Discovery	A phase in the litigation process during which the opposing parties may obtain information from each other and from third parties prior to trial.
Descubrimiento	Una face en el procedimiento de litigación durante la cual la parte contraria puede obtener información de la otra y de terceras partes antes del juicio.
Dissolution	The formal disbanding of a partnership or a corporation. It can take place by (1) acts of the partners, of the shareholders, and board of directors; (2) the death of a partner; (3) the expiration of a time period stated in a partnership agreement or a certificate or incorporation; or (4) judicial decree.
Disolución	La separación formal de una corporación. Puede tomar lugar por (1) actos de los miembros, de los dueños y junta de directores; (2) la muerte de un socio; (3) la expiración por un período de tiempo establecido de un acuerdo de una sociedad o en un certíficado o incorporación; o (4) orden judicial.
Distribution Agreement	A contract between a seller and a distributor of the seller's product setting out the terms and conditions of the distributorship.

Acuerdo de entrega	Un contrato entre el vendedor y el distribuidor de los productos vendidos en el que establecen los términos y condiciones de la distribución.
Diversity of Citizenship	Under Article III, Section 2, of the Constitution, a basis for federal district court jurisdiction over a lawsuit between (1) citizens of different states, (2) a foreign country and citizens of a state or of different states, or (3) citizens of a state and citizens or subjects of a foreign country. The amount in controversy must be more than $75,000 before a federal district court can take jurisdiction in such cases.
Diversidad de ciudadanos	Bajo el artículo III, Sección 2, de la Constitución, una base de jurisdicción del distrito federal para una demanda entre (1) los ciudadanos de diferentes estados, (2) un país extranjero y ciudadanos de un estado o diferentes estados, o (3) ciudadanos de un estado y ciudadano o sujetos de un país extranjero. La cantidad en controversia debe ser de más de $75,000 para que una corte del distrito federal tenga jurisdicción en tales casos.
Divestiture	The act of selling one or more of a company's parts, such as a subsidiary or plant; often mandated by the courts in merger or monopolization cases.

Despojamiento	**El hecho de vender una o más de las partes de la compañia, tal como un subsidiario o planta, a menudo ordenado por las cortes en combinación o monopolización de los casos.**
Dividend	A distribution to corporate shareholders of corporate profits or income, disbursed in proportion to the number of shares held.
Dividendo	**Una distribución de los accionistas de corporaciones de ganancias o ingresos, distribuidos en proporción al número de acciones que mantienen.**
Docket	The list of cases entered on a court's calendar and thus scheduled to be heard by the court.
Expediente de un caso	**La lista de los casos abiertos en un calendario de la corte y así determinado para ser oído en la corte.**
Document of Title	Paper exchanged in the regular course of business that evidences the right to possession of goods (for example, a bill of lading or a warehouse receipt).
Título de propiedad	**Un documento de intercambio en un curso regular de negocios que demuestra el derecho de la posesión de (por ejemplo, conocimiento de embarque o un recibo de depósito).**
Domestic corporation	In a given state, a corporation that does business in and is organized under the law of that state.

Corporación doméstica	**En un estado elegido, una corporación que hace el negocio, y es organizado bajo la ley de ese estado.**
Dominion	Ownership rights in property, including the right to possess and control the property.
Dominio	**Los derechos de los dueños de una propiedad, incluyendo el derecho de poseer y controlar la propiedad.**
Duress	Unlawful pressure brought to bear on a person, causing the person to perform an act that he or she would not otherwise perform.
Presión	**La presión illegal que se hace a una persona, causando que esa persona haga un acto que de otro modo no lo haría.**
Duty of care	The duty of all persons, as established by tort law, to exercise a reasonable amount of care int their dealings with others. Failure to exercise due care, which is normally determined by the "reasonable person standard" constitutes the tort of negligence.
Deber de precaución y diligencia	**La obligación de las personas, como se ha establecido por la ley jurídica, para ejercer una cantidad razonable de cuidado en la relación con otros. La falla de ejercer un acto con precaución y diligencia, lo que es determinado por la persona "razonable", que constituye el daño de negligencia.**
E- Commerce	Business transacted in cyberspace.
E- Comercio	**Transacción comercial satellite.**

E- Contract	A contract that is entered into in cyberspace and is evidenced only by electronic impulses (such as those that make up a computer's memory), rather than, for example, a typewriter form.
E- Contrato	**Un contrato que entra por satélite y es evidente solamente por impulsos eléctronicos, (tales como los de la memoria de la computadora), en vez de, por ejemplo, en máquina de escribir.**
Early Neutral Case Evaluation	A form of alternative dispute resolution in which a neutral third party evaluates the strengths and weaknesses of the disrupting parties' positions; the evaluator's opinion forms the basis for negotiating a settlement.
Evaluación temprana neutral de un caso	**Una forma de resolución alternativa de disputa en la cual una tercera parte neutral evalua los valores y debilidades de la posición de las partes; la forma de la opinión del evaluador son la base para negociar un acuerdo.**
Easement	A nonpossessory right to use another's property in a manner established by either expresses or implies agreement.
Servidumbre	**Un derecho de no poseer la propiedad de otro de una manera que sea establecida por un acuerdo ya sea expreso o por conducta.**

Eminent Domain	The power of a government to take land for public use from private citizens for just compensation.
Dominio eminente	**El poder del gobierno de tomar tierras del uso público de los ciudadanos comunes por compensación solamente.**
Employment at Will	A common law doctrine under which either may terminate an employment relationship at any time for any reason, unless a contract specifies otherwise.
Empleo por voluntad	**Una doctrina de la ley común bajo la cual cualquiera de las partes puede terminar con la relación de empleo en cualquier momento por cualquier razón, a menos que un contrato específique algo diferente.**
Employment discrimination	Treating employees or job applicants unequally on the basis of race, color, national origin, religion, gender, age, unless a contract specifies otherwise.
Descriminación por empleo	**El trato a los empleados o aplicantes de trabajo sin igualdad en bases de su raza, su color, nacionalidad, religión, género, edad, a menos que el contrato así lo específique.**
Enabling Legislation	A statute enacted by Congress that authorizes the creation of an administrative agency that specifies the name, composition, purpose, and powers of the agency being created.

Legislación de habitación	Una ley establecida por el Congreso que autoriza la creación de una agencia administrativa que especifica el nombre, la composición, el propósito, y el poder de la agencia que se ha creado.
Entrepreneur	One who initiates and assumes the financial risks of a new enterprise and undertakes to provide or control its management.
Empresario	**Alguien que inicia y asume los riesgos financieros de una empresa y se obliga a proveer y controlar su manejo.**
Environmental Impact Statement (EIS)	A statement required by the National Environmental Policy Act for any major federal action that will significantly affect the quality of the environment and explore alternative actions that might be taken.
Una poliza de impacto ambiental	**Una poliza que require que el Acto Nacional del ambiente establecido por cualquier acción federal afectará significativamente la calidad del ambiente y explorará acciones alternadas que pudieran ser tomadas.**
Equal dignity Rule	In most states, a rule stating that express authority given to an agent must be in writing if the contract to be made on behalf of the principal is required to be in writing.

Regla digna de igualdad	**En la mayoría de los estados, una regla que expresa la autoridad que se da a un agente que debe ser escrito si el contrato que se va a efectuar se requiere que esté escrito.**
Equitable Principles and Maxims	General proposiciones en general o principios legales que tienen que ver con justicia. (igualdad)
Máximas de equidad	**Las proposiciones en general o principios legales que tienen que ver con justicia. (igualdad)**
Establishment Clause	The provision in the First Amendment to the Constitution that prohibits Congress from creating any law "respecting an establishment of religion."
Clausula de establecimiento	**La provisión de la Primera Enmienda a la Constitución que prohibe que el Congreso cree cualquier ley "con respecto a un establecimiento de religión."**
Estate in Property	In bankruptcy proceedings, all of the debtor's legal and equitable interests in property presently held, wherever located, together with certain jointly owned property, property transferred in transactions voidable by the trustee, proceeds and profits from the property of the estate, and certain property interests to which the debtor becomes entitled within 180 days after filing for bankcrupcy.

Arrendamiento de propiedad	En procedimientos de bancarrota, todos los intereses legales del deudor e iguales de la propiedad mantenida, no importa donde sea localizada, juntos con cierta propiedad adjunta, la propiedad transferida en transacciones puede ser abolida y por el propietario del título, procede y gana del arrendamiento de la propiedad, y ciertos intereses de la propiedad a la cual el deudor toma poder dentro de los 180 días después de haberse ido en bancarrota.
Estopped	Barred, impeded, or precluded.
Impedimento	**Obstáculo, impedimento, o preclusión.**
Ethics	Moral principles and values applied to social behavior.
Etica	**Principios morales y valores que se aplican a un comportamiento social.**
Eviction	A landlord's act of depriving a tenant of possession of the leased premises.
Desalojamiento	**El acto de un arrendador de privar a un arrendatario de la posesión de unas premisas rentadas.**
Exclusionary Rule	In criminal procedure, a rule under which any evience that is obtained in violation of the accused's constitutional rights guaranteed by the Fourth, Fifth, and Sixth Amendments, as well as any evidence derived from illegally obtained evidence, will not be admissible in court.

Regla de exclusion	**En procedimiento penal, una regla bajo la que cualquier evidencia que es obtenida en violación de los derechos constitucionales del acusado garantizados por las Enmiendas Cuarta, Quinta, y Sexta, tanto como cualquier evidencia derivada de la evidencia ilegal obtenida, que no sea admisible en la corte.**
Exclusive-Dealing Contract	An agreement under which a seller forbids a buyer to purchase products from the seller's competitors.
Contrato exclusive de acuerdo	**Un acuerdo bajo el cual un vendedor prohibe a un comprador de comprar productos de los vendedores competentes.**
Exclusive Distributorship	A distributor in which the seller and distributor of the seller's products agree that the distributor has the exclusive right to distribute the seller's products in a certain geographic area.
Distribuidor exclusive	**Un distribuidor en el cual el vendedor y distribuidor de los productos del vendedor acuerda que el distribuidor tiene el derecho exclusivo de distribuir los productos del vendedor en una area geográfica.**

Monopolization	The possession of monopoly power in the relevant market and the willful acquisition or maintenance of the power, as distinguished from growth or development as a consequence of a superior product, business acumen, or historic accident.
Monopolización	**La posesión del poder de monopolio en el Mercado y la adquisición voluntaria o mantenimiento del poder, distinguido del crecimiento o desarrollo como consecuencia de un producto mejor, sagacidad para los negocios, o incidente histórico.**
Moral Rights	The rights of an author to proclaim or disclaim authorship and to object to any change to the author's work that would injure his or her reputation. These rights are personal to the author and cannot be taken away or abridged.
Derechos morales	**Los derechos de un autor de proclamar o renunciar el derecho de autor, y de objetar a cualquier cambio que se quiera hacer del trabajo del autor que pudiera hacer daño a su reputación. Estos derechos son personales del autor y no pueden ser quitados o restringidos.**
Mortgagee	Under a mortgage agreement, the creditor who takes a security interest in the debtor's real property.

Acreedor hipotecario	**Bajo un contrato de fianza, el acreedor que toma el interés de seguridad de la propiedad del autor.**
Mortgagor	Under a mortgage agreement, the debtor who gives the creditor a security interest in the debtor's real property in return for a mortgage loan.
Deudor hipotecario	**Bajo el acuerdo de fianza, el deudor que da al acreedor un interés de seguridad de la propiedad del deudor a cambio de un préstamo hipotecario.**
Motion for a New Trial	A motion asserting that the trial was so fundamentally flawed (because of error, newly discovered evidence, prejudice, or other reason) that a new trial is necessary to prevent a miscarriage of justice.
Moción para que se abra un Nuevo juicio	**Una moción confirmada que el juicio fue fundamentalmente defectuoso (por error, nueva evidencia descubierta, prejuicio, u otra razón) [por lo que un nuevo juicio es necesario para prevenir error judicial.**
Motion for Judgment N.O.V.	A motion requesting the court to grant judgment in favor of the party making the motion on the ground that the jury verdict against him was unreasonable and erroneous.

Moción para un juicio N.O.V.	Una moción que require que la corte otorge el juicio a favor de una parte haciendo que la moción en base del veredicto del jurado contra él fue irracional y erróneo.
Motion for Judgment on the Pleadings	A motion by either party to a lawsuit at the close of the pleadings requesting the court to decide the issue solely on the pleadings and will be granted only if no facts are in dispute.
Moción para una juicio basado en el documento	Una moción hecha por cualquier parte en una demanda para que al registrar los documentos se pida que la corte decida los temas solamente basados en los documentos y sea otorgado solamente si no hay cuestiones en litigio que resolver.
Motion for Summary Judgment	A motion requesting the court to enter a judgment without proceeding to trial. The motion can be based on evidence outside the pleadings and will be granted only if no facts are in dispute.
Moción para resumir un juicio	Una moción que requiere que la corte entre en juicio sin tener que asistir a un juicio. La petición puede ser basada en la evidencia de los documentos y será otorgada con tal de que no hayan puntos de litigio en disputa.

Motion to Dismiss	A pleading in which a defendant asserts that the plaintiff's claim fails to state a cause of action (that is, has no basis in law) or that there are other grounds on which a suit should be dismissed.
Moción para que una demanda sea rechazada	**Un documento en el cual un demandado confirma que el demandante falló de determinar la causa de la acción (eso es, que no hay bases legales) o que hay otros fundamentos por los cuales la demanda debe ser rechazada.**
Mutual Fund	A specific type of investment company that continually buys or sells to investors shares of ownership in a portfolio.
Fondos de inversion	**Un tipo específico de una campaña inversionista que continuamente compra o vende acciones a inversionistas en un portafolio.**
National Law	Law that pertains to a particular nation (as opposed to international law).
Ley nacional	**La ley que pertenece a una nación en particular (opuesto a la ley internacional)**
Natural Law	The belief that government and the legal system should reflect universal, moral, and ethical principles that are inherited in human nature. The natural law school is the oldest and one of the most significant schools of legal thought.

Ley Natural	**La creencia de que el gobierno y el sistema legal debe reflejar la moralidad universal y los principios éticos que son reflejados en la naturaleza humana. La escuela de la ley natural es la más Antigua y una de las más significativas del pensamiento filósofico.**
Necessities	Necessities required for life—such as food, shelter, clothing, and medical attention; may include whatever is believed to be necessary to maintain a person's standard of living or financial and social status.
Necesidades	**Las necesidades requeridas en la vida, tales como comida, casa, ropa, y atención médica; puede incluir en lo que se cree necesario para que se mantenga una persona en un nivel social y económico de vida.**
Negligence	The failure to exercise the standard of care that a reasonable person would exercise in similar circumstances.
Negligencia	**El fallo de ejercer el cuidado normal que una persona razonable ejercería en circunstancias similares.**
Negligence Per Se	An action or failure to act in violation of a statutory requirement.
Negligencia en Sí	**Una acción o falla de actuar en violación de un requisito de la ley parlamentaria.**

Negotiation	A process in which parties attempt to settle their dispute informally, with or without attorneys to represent them. The transfer of an instrument in such form that the transferee (the person to whom the instrument is transferred) becomes a holder.
Negociación	**Un proceso por el cual las partes tratan de negociar sus disputas informalmente, con o sin abogados para que los represente. La transferencia de un instrumento de tal forma que la persona que recibe la transferencia (la persona a quien el documento es transferido) se convierte en el portador.**
Nominal Damages	A small monetary award (often one dollar) granted to a plaintiff when no actual damage was suffered.
Daños Nominales	**Una compensación pequeña (a menudo un dólar otorgado a un demandante cuando no ha sufrido un daño actual)**
Novation	The substitution, by agreement, of a new contract for an old one, with the rights under the old one being terminated. Typically, there is a substitution of a new person who is responsible for the contract and the removal or the original party's rights and duties under the contract.

Delegación	**La sustitución, por acuerdo, de un contrato Nuevo por un viejo, con los derechos de que el anterior está terminado. Típicamente, hay una substitución de una persona nueva la que es responsable en el contrato de remover los derechos de la parte original y sus obligaciones que existían en el contrato.**
Objective Theory of Contracts	A theory under which the intent to form a contract will be judged by outward, objective facts (what the party said when entering into the contract; how the party acted, appeared; and the circumstances surrounding the transaction) as interpreted by a reasonable person, rather than by the party's own secret, subjective intentions.
Teoría Objetiva de Contratos	**Una teoría bajo la cual el intento de formar un contrato será juzgado como visto, los hechos factuales, (de lo que dijo la parte cuando aceptó el contrato, como actuaba la parte, apareció, y las circunstancias que circundaban la transacción) interpretada por una persona razonable, en vez de secretos e intenciones subjetivas de la parte.**
Offer	A promise or commitment to perform or refrain from performing some specified act in the future.
Oferta	**Una promesa o acuerdo de hacer o de dejar de hacer algún hecho específico en el futuro.**

Offeree	A person to whom an offer is made.
Aceptador	**Una persona a quien se le hace la oferta.**
Offeror	A person who makes an offer.
El que hace la oferta	**Una persona que hace la oferta.**
Operating Agreement	In a limited liability company, an agreement in which the members set forth the details of how the business will be managed and operated. State statutes typically give the members wide latitude in deciding for themselves the rules that will govern their organization.
Acuerdo de operaciones	**En una compañia límitada responsable, un acuerdo en el cual los miembros preparan los detalles de como los negocios serán manejados y operados. Las leyes parlamentarias del estado tipicamente dan a los miembros gran latitud para que decidan las reglas que gobernarán su organización.**
Order for relief	A court's grant of assistance to a complainant. In bankruptcy proceedings, the order relieves the debtor of the immediate obligation to pay the debts listed in the bankruptcy petition.
Orden de alivio	**Una corte otorga la asistencia de un demandado. En los procedimientos de bancarrota, la orden que da al deudor la obligación inmediata de pagar las deudas alistadas en la petición de bancarrota.**

Output Contract	An agreement in which a seller agrees to sell and a buyer agrees to buy all or up to stated amount of what the seller produces.
Contrato de rendimiento	**Un acuerdo en el que un vendedor se pone de acuerdo para vender y el comprador acuerda de comprar todo o parte de una cantidad de lo que el vendedor produce.**
Overdraft	A check that is written on a checking account in which there are insufficient funds to cover the check and that is paid by the bank.
Cheque sin fondos	**Un cheque que ha sido girado en una cuenta de cheques que no tiene fondos para cubrir el cheque y eso es pagado por el banco.**
Past Consideration	An act done before the contract is made; this, ordinarily by itself, cannot be consideration for a later promise to pay for the act.
Consideración pasada	**Un acto hecho antes de que el contrato se haya hecho, el cual ordinariamente, por sí mísmo, no puede tener valor como una promesa futura de pagar por el acto.**
Payee	A person to whom an instrument is made payable.
Portador	**Una persona a quien se le paga la letra.**

Penalty	A sum inserted into a contract, not as a measure of compensation for its breach but rather as punishment for a default. The agreement as to the amount will not be enforced, and recovery will be limited to actual damages.
Penalidad	**Una suma que está en un contrato, no como medida de compensación por un incumplimiento sino como castigo por incumplimiento. El acuerdo acerca de la cantidad no será enforzado, y la recuperación será limitada a los daños actuales.**
Perfection	The legal process by which secured parties protect themselves against the claims of third parties who may wish to have their debts satisfied out of the same collateral; usually accomplished by the filing of a financing statement with the appropriate government official.
Perfección	**El proceso legal por el cual partes aseguradas se protegen contra quejas de terceras partes que quieren saldar sus deudas satisfaciendo su promesa; usualmente al llenar un documento financiero con el oficial apropiado del gobierno.**
Performance	In contract law, the fulfillment of one's duties arising under a contract with another; the normal way of discharging one's contractual obligations.

Cumplimiento	**En leyes relacionadas con contratos, el cumplimiento de las obligaciones de alguien que tiene un contrato con otro, la manera normal de cumplir con sus obligaciones contractuales.**
Periodic Tenancy	A lease interest in land for an indefinite period involving payment of rent at fixed intervals, such as week to week, month to month, or year to year.
Tenencia periódica	**Un arrendamiento de interés en la propiedad por un período indefinido que se relaciona con el pago de la renta en intérvalos, tales como de semana a semana, mes a mes, o anual.**
Persuasive Authority	Any legal authority or source of law that a court may look to for guidance, but on which it need not to rely in making its decision. Persuasive authorities include cases from other jurisdictions and secondary sources of law.
Autoridad Persuasiva	**Una autoridad legal o fuente legal a la que una corte puede mirar como guía pero que no necesita depender de ella para tomar una decisión. La autoridad persuasiva incluye casos de otras jurisdicciones y fuentes de leyes secundarias.**
Petition in Bankruptcy	The document that is filed with a bankruptcy court to initiate bankruptcy proceedings. The official forms required for a petition in bankruptcy must be completed accurately, sworn to under oath, and signed by the debtor.

Petición en caso de bancarrota	**El documento que se llena en una corte de bancarrota para iniciar el procedimiento. Las formas oficiales requeridas en una petición en bancarrota debe ser llenada correctamente, jurada bajo juramento, y firmada ante el deudor.**
Plaintiff	One who initiates the lawsuit.
Demandante	**La persona que inicia la demanda.**
Policy	In insurance law, a contract between the insurer and the insured in which, for a stipulated consideration, the insurer agrees to compensate the insured for loss on a specified subject by a specific peril.
Poliza	**En ley de aseguranza, un contrato entre el asegurador y el asegurado por un valor estipulado, el asegurador acuerda de compensar al asegurador por la pérdida de una materia específica por un riesgo específico.**
Power of Attorney	A written document, which is usually notarized, authorizing another to act as one's agent; it can be special (permitting the agent to do specified acts only) or general (permitting the agent to transact all business for the principal).
Carta de poder notarizada	**Un documento escrito, el cual es notarizado, autorizando a otro a actuar como su agente; puede ser especial (permitiendo que el agente haga los actos específicos solamente) o general (permitiendo que el agente tramite los negocios del agente principal.**

Precedent	A court decision that furnishes an example of authority for deciding subsequent cases involving identical or similar cases.
Precedente	**Una decisión de la corte que establece un ejemplo de autoridad para la decisión de casos subsecuentes idénticos o similares.**
Predatory Pricing	The pricing of a product below cost with the intent to drive competitors out of the market.
Precios desviados	**El precio de un producto debajo del costo normal con el intento de traer a los competidores fuera del Mercado.**
Preemptive Rights	Rights held by shareholders that entitle them to purchase newly issued shares of a corporation's stock, equal in percentage to shares presently held, before the stock is offered to any outside buyers.
Derechos prioritarios	**Los derechos mantenidos por los accionistas que les da derecho de que ellos compren acciones nuevas en una corporación accionista, cuyo porcentaje mantenido es igual que todos los accionistas, antes de que las acciones sean ofrecidas a compradores desconocidos. Los derechos prioritarios establecen que las acciones mantengan su apropiación proporcionada y la voz de la corporación.**

Premium	In insurance law, the price paid by the insured for insurance protection for a specified period of time.
Pago por aseguranza	**De acuerdo a la ley de aseguranza pagada por el asegurado por protección de aseguranza durante un específico período de tiempo.**
Presentment Warranties	Implied warranties, made by any person who presents an instrument for payment or acceptance, that (1) the person obtaining the payment or acceptance is entitled to enforce the instrument, (2) the instrument has not been altered, and (3) the person obtaining payment or acceptance has no knowledge that the signature of the drawer of the instrument is unauthorized.
Garantías presuntas	**Garantías implícitas, hechas por cualquier persona que presentan una letra para pago o aceptación, que (1) la persona que obtenga el pago o aceptación a nombre de la persona que tiene el derecho de reenforzar el documento, (2) el documento no ha sido alterado, y (3) la persona que obtiene el pago o aceptación no tiene conocimiento de que la firma del girador del instrumento no es autorizado.**

Prima Facie Case	A case in which the plaintiff has produced sufficient evidence of his or her conclusion that the case can go to jury; a case in which the evidence compels the plaintiff's conclusion if the defendant produces no affirmative defense or evidence to disapprove it.
Caso a primera vista	**Un caso en el que un demandante ha producido evidencia de su conclusión de que el caso puede ser estudiado por un jurado; un caso en el cual la evidencia prueba la conclusión del demandante si el demandado no tiene defensas afirmativas o evidencia para desaprobarlo.**
Primary Source of Law	A document that establishes the law on a particular issue—such as a constitution, a statute, an administrative rule, or a court decision.
Ley de fuente primaria	**Un documento qu establezca la ley de una forma particular, tal como la constitución, un estatuto, una regla administrativa, o una decisión de la corte.**
Principal	In agency law, a person who agrees to have another—called the agent—act on his or her behalf.
Principal	**En una agencia legal, una persona que acuerda con otra, de tenerla como agente, actuando por ella.**

Privilege	In tort law, the ability to act contrary to another person's right without that person's having legal redress for such acts. Privilege may be raised as a defense for defamation.
Privilegio	**En la ley de lesión jurídica, la habilidad de actuar contrariamente a los derechos de otra persona sin tener el permiso de que esa persona cometa tales actos. El privilegio puede usarse como defensa a la difamación.**
Products Liability	The legal liability of manufacturers, sellers, and lessors of goods to consumers, users, and bystanders for injuries or damages that are caused by the goods.
Responsabilidad por productos defectuosos	**La responsabilidad legal de los que hacen los productos, los vendedores, y rentadores de productos a consumidores, que los usan y quedan lastimados o hay daños que son causados por los productos.**
Profit	In real property law, the right to enter upon and remove things from the property of another (for example, the right to enter a person's land and remove sand and gravel therefrom).
Ganancia	**En la ley de bienes y raíces, el derecho de entrar y remover cosas de la propiedad de otro (por ejemplo de entrar a la tierra de una persona y remover la tierra y las piedras).**

Promise	A declaration that something either will or will not happen in the future.
Promesa	**Una declaración de que algo pasará o no en el futuro.**
Promisee	A person to whom a promise is made.
Tenedor de una promesa	**Una persona a quien se le hace una promesa.**
Promisor	A person who makes a promise.
El que promete	**Una persona que hace la promesa.**
Promissory Estoppel	A doctrine that applies when a promisor makes a clear and definite promise on which the promise justifiably relies; such a promise is binding if justice will be better served by the enforcement of the promise.
Impedimento por promesa	**Una doctrina que aplica cuando el que promete hace una promesa clara y definida en la que a quien se le hace la promesa cree; tal promesa es puesta en vigor si la justicia es mejor servida a través del enforzamiento de la mísma.**
Promissory note	A written promise made by one person (the maker) to pay a fixed amount of money to another person (the payee) or a subsequent holder on demand or on a specified time.
Nota provisoria	**Una promesa escrita hecha por una persona (el que la hace) de pagar una cantidad de dinero a otra (el portador) o un girador subsecuente cuando se requiera o en un tiempo determinado.**

Proximate Cause	Legal excuse; exists when the connection between an act and an injury is strong enough to justify imposing liability.
Causa aproximada	**Causa legal; que existe cuando hay conección entre un hecho y un daño que es suficientemente fuerte para justificar la responsabilidad impuesta.**
Proxy	In corporation law, a written statement between a stockholder and another under which the stockholder authorizes the other to vote the stockholder's shares in a certain manner.
Representante, o delegado	**En ley corportal, una declaración escrita entre una accionista y otro bajo el cual un accionista le autoriza a otro a votar las acciones del accionista de cierta manera.**
Puffery	A salesperson's often exaggerated claims concerning the quality of property offered for sale. Such claims involve opinions rather than facts and are not considered to be legally binding promises or warranties.
Habladuría	**Un vendedor que a menudo exagera los hechos que se relacionan con la calidad de la propiedad ofrecida para la venta. Tales comentarios son opiniones no hechas y no son consideradas como promesas o garantías que legalmente se pueden enforzar por la ley.**

Punitive damages	Money, damages that may be awarded to a plaintiff to punish the defendant and deter future similar conduct.
Daños casticables	**Daños por dinero que pueden ser recompenzados al demandante para castigar al demandado y para que una conducta similar no ocurra en un futuro.**
Quasi Contract	A fictional contract imposed on parties by a court in the interest of fairness and justice; usually, quasi contracts are imposed to avoid the unjust enrichment of one party at the expense of another.
Contrato ficticio	**Un contrato ficticio impuesto por la partes en la corte con interés de justicia, usualmente, contratos ficticios son impuestos para evitar el enrequicimiento de una parte que toma ventaja de la otra.**
Quitclaim Deed	A deed intended to pass any title, interest, or claim that the grantor may have in the property by not warranting that such title is valid. A quitclaim deed offers the least amount of protection against defects in the title.
Finiquito	**Una escritura que tiene el intento de pasar cualquier título, interés o reclamo que el garante tenga en la propiedad pero que no garantiza que tal título sea válido. Una escritura de finiquito ofrece la cantidad mínima de protección contra los defectos del título.**

Quorum	The number of members of a decision-making body that must be present before business may be transacted.
Grupo directive	**El número de miembros de un cuerpo que toma decisiones que deben estar presente antes de que un negocio sea establecido.**
Ratification	The act of accepting and giving legal force to an obligation that previously was not enforceable.
Ratificación	**El hecho de aceptar y dar fuerza legal a una obligación que previamente no fue reforzada.**
Reasonable Person Standard	The standard of behavior expected of a hypothetical "reasonable person." The standard against which negligence is measured and that must be observed to avoid liability for negligence.
El comportamiento de una persona razonable	**El comportamiento que se espera de una "persona racional." El comportamiento del cual la negligencia es analizada y debe ser observada para evitar la responsabilidad de ser visto como persona negligente.**
Reformation	A court-ordered correction of a written contract so that it reflects the true intentions of the parties.
Reformación	**Una orden de una corte de reformación de un contrato escrito para que refleje las verdaderas intenciones de las partes.**
Release	A contract in which one party forfeits the right to pursue a legal claim against the other party.

Liberación	**Un contrato por el cual una parte se quita el derecho de perseguir una demanda legal contra la otra parte.**
Remainder	A future interest in property held by a person other than the original owner.
Residuo	**Un interés futuro en una propiedad mantenida por otra persona que no es el dueño.**
Rule of Four	A rule of the United States Supreme Court under which the Court will not issue a writ of certiorari unless at least four justices approve of the decision to issue the writ.
Reglas de las cuatro justicias	**Una regla de los Estados Unidos de la Corte Suprema bajo la cual la Corte no otorgará un mandato de avocación a menos que las cuatro justicias aprueben de otorgar el mandato.**
Rulemaking	The process undertaken by an administrative agency when formally adopting a new regulation or amending an old one. Rulemaking involves notifying the public of a proposed rule or change and receiving and considering the public's comments.
Formando reglas	**El proceso que toma la agencia administrativa al formar una nueva regla o una enmienda vieja. El proceso de normas se relaciona con la notificación al público de una regla propuesta o cambio y el recibimiento y consideración de los comentarios del público.**

Sale	The passing of title to property from the seller to the buyer for a price.
Venta	**El traspaso del título de propiedad del vendedor al comprador por un precio.**
Sale on approval	A type of conditional sale in which the buyer may take the goods on a trial basis. The sale becomes absolute only when the buyer approves of the goods being sold.
Venta sujeta a aprobación	**Un tipo de venta condicional en la cual el comprador puede llevarse los artículos en buena fé. La venta se convierte en absoluta solamente cuando el comprador aprueba los artículos que se van a vender.**
Sale or Return	A type of conditional sale in which title and possession pass from the seller to the buyer; however, the buyer retains the option to return the goods during a specified period even though the goods conform to the contract.
Venta a prueba	**Un tipo de venta condicional en la cual el título y la posesión pasa del vendedor al comprador; sin embargo, el comprador mantiene la opción de retener los artículos durante un período específico aunque los artículos estén conformes al contrato.**
Search Warrant	An order granted by a public authority, such as a judge, that authorizes law enforcement personnel to search particular premises or property.

Orden de registro	**Una orden dada por una autoridad pública, tal como un juez, que autoriza que la fuerza ejecutiva allane ciertos domicilios o propiedades.**
Secured Party	A lender, seller, or any other person in whose favor there is a security interest, including a person to whom accounts or chattel paper has been sold.
Parte Asegurada	**Un arrendador, vendedor, o cualquier persona para la cual hay interés de seguridad, incluyendo a la persona para la cual las cuentas o papeles han sido vendidos.**
Secured Transaction	Any transaction in which the payment of a debt is guaranteed, or secured, by personal property owned by the debtor or in which the debtor has a legal interest.
Transaction Asegurada	**Cualquier transacción en la cual el pago de una deuda es garantizada, o segura, por medio de propiedad personal que se debe al deudor o por la cual el deudor tiene un interés legal.**
Self-Defense	The legally recognized privilege to protect one's self or property against injury by another. The privilege of self-defense protects only acts that are reasonably necessary to protect oneself, one's property, or another person.

Defensa propia	**El privilegio legal reconocido para protegerse uno mísmo o la propiedad contra la injuria de otro. El privilegio de la defensa propia protege solamente actos que son razonables y necesarios para protegerse uno, la propiedad de uno, o de otra persona.**
Self-Incrimination	The giving of testimony that may subject the testifier to criminal prosecution. The Fifth Amendment to the Constitution protects against self-incrimination by providing that no person "shall be compelled in any criminal case to be a witness against himself."
Incriminación propia	**El dar un testimonio que puede sujetar al que testifica a una prosecución criminal. La quinta enmienda a la Constitución protege contra la incriminación propia al proveer que ninguna persona debe comparecer en ningún caso criminal para ser testigo de sí mísmo.**
Sexual Harassment	In the employment context, the granting of job promotions or other benefits in return for sexual favors, or language or conduct that is so sexually offensive that it creates a hostile working environment.

Acoso sexual	**En un empleo, el otorgamiento de promociones de trabajo u otros beneficios a cambio de favores sexuales, o lenguaje o conducta que es ofensiva sexualmente que crea un ambiente de trabajo hostil.**
Shipment Contract	A contract for the sale of goods in which the seller is required or authorized to ship the goods by carrier. The seller assumes liability for any losses or damage to the goods until they are delivered to the carrier.
Contrato de envoi	**Un contrato por la venta de artículos en la cual el vendedor es requerido o autorizado de enviar los artículos por transporte. El vendedor asume responsabilidad por cualquier pérdida o daño hecho a los artículos hasta que sean entregados a quien los transporta.**
Signature	Under the UCC, "any symbol executed or adopted by a party with a present intention to authenticate writing."
Firma	**Bajo UCC, "cualquier símbolo ejecutado o adoptado por una parte con la intención propia para hacer válida la firma."**
Slander	Defamation in oral form.
Calumnia oral	**Difamación en forma oral.**
Slander of Quality	The publication of false information about another's product, alleging that it is not what its seller claims.

Calumnia de Calidad	**La publicación de información falsa acerca de los productos de otros, alegando que no es lo que el vendedor pública.**
Sole proprietorship	The simplest form of business, in which the owner is the business; the owner reports business income on his or her personal income tax return and is legally responsible for all debts and obligations incurred by the business.
Sociedad anónima	**La forma más simple de negocios, en la cual el dueño es el negocio; el propietario reporta el ingreso del negocio o el impuesto de su ingreso personal y es legalmente responsable por todas las deudas y obligaciones incurridas por el negocio.**
Specific Performance	An equitable remedy requiring exactly the performance that was specified in a contract; usually granted only when money damages would be an inadequate remedy and the subject matter of the contract is unique (for example, real property).
Rendimiento específico	**Un remedio justo que requiere el cumplimiento que fue específico en un contrato; usualmente dado cuando pago por daños sería un remedio inadecuado y el tema del contrato es único (por ejemplo, bienes raíces).**
Stale check	A check, other than a certified check, that is presented for payment more than six months after its date.

Cheque caducado	**Un cheque, que no sea certíficado, que es presentado para pago por más de seis meses después de su fecha.**
Standing to Sue	The requirement that an individual must have a sufficient stake in a controversy before he or she can bring a lawsuit. The plaintiff must demonstrate that he or she either has been injured or threatened with injury.
Capacidad legal para demandar	**El requisito que un individuo debe tener una participación en una controversia antes de que él o ella demande. El demandante debe demostrar que él o ella ha sido injuriado o amenazado con daños.**
Stock	An equity interest in a corporation, measured in units of shares.
Valor, acciones	**Un interés de justicia en una corporación, medido en unidades de acciones.**
Strict Suretyship	An express contract in which a third party to a debtor-creditor relationship (the surety) promises to be primarily responsible for the debtor's obligation. The surety has a right to be reimbursed by the co-debtor.
Afianzamiento	**Un contrato expreso en el cual una parte tercera promete a un deudor- acreedor ser primeramente responsable por la obligación del deudor. La fianza tiene el derecho de ser reembolzado por el garante.**

Sublease	A lease executed by the lessee of real estate to a third person, conveying the same interest that the lessee enjoys but for a shorter term than that held by the lessee.
Sub-arrendatario	**Un arrendamiento ejecutado por el inquilino de bienes raíces hecho a una tercera persona, que tiene el mísmo interés** de **Rule of Four**
Substantive Law	Law that defines, describes, regulates, and creates legal rights and obligations.
Ley substancial	**La ley que define, describe, regula, y crea derechos legales y obligaciones.**
Summary Jury Trial	A method of settling disputes used in many federal courts in which a trial is held, but the jury's verdict is not binding. The verdict acts only as a guide to both sides in reaching an agreement during the mandatory negotiations that immediately follow the summary jury trial.
Juicio abreviado	**Un método de arreglar disputas usadas en muchas cortes federales en las cuales un juicio es mantenido, pero el veredicto del jurado no es mandatario. Los actos del veredicto solamente son una guía para ambos lados para llegar a un acuerdo durante las negociaciones establecidas que siguen inmediatamente a un juicio abreviado.**

Summons	A document informing a defendant that a legal action has been commenced against him or her and that the defendant must appear in court on a certain date to answer the plaintiff's complaint. The document is delivered by a sheriff or any other person so authorized.
Noticia de aparecer en corte	**Un documento informando al demandado que una acción legal ha sido empezada contra él o ella y que el demandado debe aparecer en la corte hasta cierta fecha para contestar la queja del demandante. El documento es entregado por un sheriff u otra persona autorizada.**
Supremacy Clause	The provision in Article VI of the Constitution that provides that the Constitution, laws, and treaties of the United States are "the supreme Law of the Land." Under this clause, state and local laws that directly conflict with federal law will be rendered invalid.
Clausula Suprema	**La provisión en el Art. VI de la Constitución que provee que la Constitución, leyes y tratos de los Estados Unidos son "La ley suprema de la tierra." Bajo esta cláusula, el estado, y las leyes locales que directamente tienen conflicto con las leyes federales serán declaradas inválidas.**

Taking	The taking of a private property by the government for public use. Under the Fifth Amendment to the Constitution, the government may not take private property for public use without "just compensation."
Tomar	**El tomar una propiedad privada por el gobierno para el uso público. Bajo la Quinta Enmienda de la Constitución, el gobierno no puede tomar la propiedad privada para el uso público "sin compensación."**
Tangible Property	Property that has physical existence and can be distinguished by the senses of touch, sight, and so on. A car is tangible property; a patent right is intangible property.
Propiedad tangible	**Propiedad que tiene existencia física y que puede distinguirse por los cinco sentidos. Un carro es una propiedad tangible; un patente es propiedad que no se puede tocar.**
Technology Licensing	Allowing another to use and profit from intellectual property (patents, copyrights, trademarks, innovative products or processes, and so on) for consideration. In the context of international business transactions, technology licensing is sometimes an attractive alternative to the establishment of foreign production facilities.

Licencia tecnológica	**El permitir a otro el uso y el beneficio de una propiedad intelectual (patente, derecho del autor, marca registrada, productos nuevos o procesados, y así). En el aspecto de transacciones de negocios internacionales, la licencia tecnólogica es a veces una alternativa atractiva para el establecimiento de las facilidades de producción extranjera.**
Tenancy at Sufferance	A type of tenancy under which either one who, after rightfully being in possession of leased premises, continues (wrongfully) to occupy the property after the lease has been terminated. The tenant has no rights to possess the property and occupies it only because the person entitled to evict the tenant has not done so.
Posesión por tolerancia	**Un tipo de posesión bajo la cual cualquiera, después de haber tomado posesión de los domicilios arrendados, continua (ilegalmente) ocupando la propiedad después de que el contrato de arrendamiento se ha terminado. El inquilino no tiene derechos de poseer la propiedad y ocupa esta solamente porque la persona que tiene derecho de botar al inquilino no lo ha hecho todavía.**
Tenancy by the Entirety	The joint ownership of property by a husband and wife. Neither party can transfer his or her interest in the property without the consent of the other.

Comunidad conyugal	**La adueñación adjunta de la propiedad de un esposo y una esposa. Ninguna parte puede transferir su interés de la propiedad sin el consentimiento de la otra.**
Tenancy at Will	A type of tenancy under which either party can terminate the tenancy without notice; usually arises when a tenant who has been under a tenancy for years retains possession, with the landlord's consent, after the tenancy for years has terminated.
Arrendamiento cancelable o sujeto a anulación en cualquier momento	**Un tipo de posesión bajo el cual una parte puede terminar la posesión sin dar noticia; usualmente pasa cuando un inquilino quien ha tenido la posesión del domicilio por años retiene la posesión, con el consentimiento del dueño, después de que la posesión mantenida por años ha sido terminada.**
Tenancy for Years	A type of tenancy under which property is leased for a specified period of time, such as a month, a year, or a period of years.
Arrendatario a cierto plazo	**Un tipo de arrendamiento bajo la cual la propiedad es arrendada por un específico período de tiempo, tal sea un mes, un año, o un período de años.**
Tenancy in Common	Co-ownership of property in which each party owns an undivided interest that passes to his or her heirs at death.

Codueño, Cotitular	Codueño de propiedad en la cual cada parte es dueña de un interés que no se puede dividir y que pasa de ellos a sus herederos al morir.
Tender	An unconditional offer to perform an obligation by a person who is ready, willing, and able to do so.
Ofrecer	Una oferta incondicional de responsabilizarse de una obligación por una persona que está lista, y dispuesta a hacerlo.
Tender offer	An offer to purchase shares made by one company directly to the shareholders of another company; often referred to as a "takeover bid."
Hacer una oferta	Una oferta de comprar acciones hecha por una compañía directamente a los accionistas de otra compañia; a menudo referida como "oferta pública de adquisición."
Third-Party Beneficiary	One for whose benefit a promise is made in a contract, but who is not a party to the contract.
Tercera parte beneficiaria	Alguién por quien se beneficia de una promesa hecha en un contrato pero que no es parte de ese contrato.
Tort	A civil wrong not arising from a breach of contract. A breach of legal duty that proximately causes harm or injury to another.
Agravio, daño legal, lesión jurídica	Una lesión jurídica que no sucede por el incumplimiento de un contrato. Un fallo de una obligación legal que causa daño o prejuicio a otro.

Tortfeasor	One who commits a tort.
Agravante	**Una persona que comete un daño hacia otra persona.**
Trade name	A term that is used to indicate part or all of a business's name and that is directly related to the business's reputation and goodwill. Trade names are protected under the common law (and under trademark law, if the name is the same as the firm's trademarked property).
Marca registrada	**Un término que se usa para indicar parte o todo el nombre del negocio y que es directamente relacionada con la reputación y el bienestar del negocio. Las marcas registradas son protegidas bajo el nombre común (bajo las leyes de marcas, si el nombre es el mísmo que el de la propiedad de la firma registrada).**
Trespass to Land	The entry onto, above, or below the surface of land owned by another without the owner's permission or legal authorization.
Intromisión ilegítima	**La entrada, sobre, o debajo de la superficie de la propiedad adueñada por otro sin el permiso legal o autorización del dueño.**
Tresspass to personal property	The unlawful taking or harming of another's personal property; interference with another's right to the exclusive possession of his or her personal property.

Intromisión a una propiedad privada	**El tomar ilegalmente o dañar otra propiedad personal, interfiriendo con el derecho de otro a la posesión exclusiva de su propiedad privada.**
U.S. Trustee	A government official who performs certain administrative tasks that a bankruptcy judge would otherwise have to perform.
Fideicomisario de los Estados Unidos	**Un oficial del gobierno que tiene ciertas obligaciones administrativas que un juez de bancarrota tendría de otro modo que tomar.**
Unconscionable Clause	A contract or clause that is void on the basis of public policy because one party, as a result of his or her proportionate bargaining power, is forced to accept terms that are unfairly burdensome and that unfairly benefit the dominating party.
Clausula desmedida	**Un contrato o claúsula que se anula por la poliza pública porque una parte, como resultado del poder desproporcionado, es forzado a aceptar términos que son injustos, molestos y que los beneficios benefician a la parte dominante.**
Undisclosed principal	A principal whose identity is unknown by a third person, and the third person has no knowledge that the agent is acting for a principal at the time the agent and the third person form a contract.

Principal desconocido	**Un mandatario cuya identidad es desconocida por una tercera persona y la tercera persona no tiene conocimiento de que el agente está actuando como principal y a la vez que el agente y la tercera persona forman un contrato.**
Unenforceable Contract	A valid contract rendered unenforceable by some statute of law.
Contrato que no se puede legalizar	**Un contrato válido al que no se lo recononoce por ningún estatuto o ley.**
Unilateral Contract	A contract that results when an offer can only be accepted by the oferee's performance.
Contrato Unilateral	**Un contrato que resulta cuando una oferta puede ser solamente aceptada por la respuesta del que la acepte.**
Unreasonably Dangerous Product	In product liability, a product that is defective to the point of threatening a consumer's health and safety. A product will be considered unreasonably dangerous if it is beyond the expectation of the ordinary consumer or if a less dangerous alternative was economically feasible for the manufacturer, but the manufacturer failed to produce it.

Producto peligroso sin razón	**En responsabilidad de productos, un producto que es defectuoso al punto de poner en peligro la salud del consumidor y su seguridad. Un producto se considerará peligroso más allá de lo que espera un consumidor ordinario o si una alternativa menos peligrosa fue economicamente factible para su producción, pero el que la produjo no lo hizo.**
Usury	Charging an illegal rate of interest.
Usurpar	**Cobrar un percentage de interés ilegal.**
Valid Contract	A contract that results when the elements necessary for contract formation (agreement, consideration, legal purpose, and contractual capacity) are present.
Contrato válido	**Un contrato que resulta cuando los elementos necesarios para la formación del contrato (acuerdo, valor, propósito legal, y capacidad contractual) están presentes.**
Void Contract	A contract having no legal force or binding effect.
Contrato nulo	**Un contrato que no tiene poder legal o efecto obligatorio.**
Voidable Contract	A contract that may be legally avoided (canceled or annulled) at the option of one or both of the parties.
Contrato cancelable, anulable	**Un contrato que puede ser legalmente anulado (cancelado, o anulado) de acuerdo a la opción de una o ambas partes.**

Warranty deed	A deed in which the grantor assures (warrants) to the grantee that the grantor has title to the property conveyed in the deed, that there are no encumbrances on the property other than what the grantor has represented, and that the grantee will enjoy quiet possession of the property; a deed that provides the greatest amount of protection for the grantee.
Título garantizado	**Una escritura en la cual el otorgante asegura (garantía) al concesionario que el otorgante tiene título de la propiedad dado en una escritura, que no hay hipotecas en la propiedad más que la que el otorgante ha señalado, y que el concesionario gozará de la apropiación tranquila de la propiedad; una escritura que provee la más grande cantidad de protección para el concesionario.**
White-Collar Crime	Nonviolent crime committed by individuals or corporations to obtain a personal or business advantage.
Crímenes de guante blanco	**Crimen que no es violento hecho por individuos o corporaciones para obtener ventajas personales o de negocios.**

Winding Up	The second of two stages involved in the termination of a partnership or corporation. Once the firm is dissolved, it continues to exist legally under the process of winding up all business affairs (collecting and distributing the firm's assets) is complete.
Liquidar, Resolver	**La segunda de las dos etapas envueltas en la terminación de una corporación o sociedad. Una vez que la firma se ha desecho, ésta continúa de existir legalmente bajo el proceso de liquidación de todos los temas de negocio (colectando y distribuyendo los bienes de la firma) esté completa.**
Worker's Compensation Laws	State statutes establishing an administrative procedure for compensating workers' injuries that arise out of or in the course of their employment, regardless of fault.
Leyes de compensación del trabajador	**Las leyes estatales establecen un procedimiento administrativo para compensar por los daños de los trabajadores que son o pasan durante el curso de su trabajo, sin importar de quien es la culpa.**
Writ of Attachment	A court's order—prior to a trial—to collect a debt, directing the sheriff or other officer to seize nonexempt property of the debtor; if the creditor prevails at trial, the seized property can be sold to satisfy the judgment.

Mandato de embargo	**Una orden de la corte, antes del juicio para colectar una deuda, dirigida al sheriff u otra oficina para tomar propiedad del deudor; si el acreedor permanence en juicio, la propiedad tomada puede ser vendida para satisfacer la demanda.**
Writ of Certiorari	A writ from a higher court asking the lower court for the record of a case.
Mandato de decision	**Un mandato de una corte que tiene más poder para que la corte con menos poder mande la información del caso.**
Writ of Execution	A court's order, after a judgment has been entered against the debtor, directing the sheriff to seize (levy) and sell any of the debtor's nonexempt real or personal property. The proceeds of the sale are used to pay off the judgment, accrued interest, and costs of the sale; any surplus is paid to the debtor.
Mandato de ejecución	**Una orden de la corte, después de un juicio que ha sido abierto en contra del deudor, dirigida al sheriff para tomar y vender cualquier propiedad real o personal del deudor. Lo que procede de la venta es vendido para pagar el dinero del juicio, el interés adquirido, y el costo de la venta; cualquier residuo es pagado al deudor.**

Wrongful Discharge	An employer's termination of an employee's employment in violation of the law.
Descartamiento equivocado	**La terminación de un empleo por un empleador violando la ley.**

CRIMINAL LAW

DERECHO PENAL

CRIMINAL LAW KEY TERMS
DERECHO PENAL TERMINOS LEGALES

Arrest	Arresto
Arrest warrant	Garantía de arresto
Acquittal	Absolver, Exonerar
Bench warrant	Auto de prisión dictado por un juez
Charges Dismissed or Dropped	Cargos Retirados Eliminados
Crime Discovered	Crimen Descubierto
Criminal Law Terminology	Terminología De Leyes Penales
Constitutional Limits On Government Power	Límites constitucionales relacionados con el poder del Gobierno
Criminal Procedures	Procedimientos Penales
Defendant Not Held To Answer	Acusado No Obligado A Contestar
Grand Jury Investigation	Investigación del gran jurado
Guilty Verdict	Veredicto De Culpabilidad
Guilty Pleas	Admisiones De Culpabilidad
Double jeopardy	Condenación doble
Equal protection	Protección equitativa
Free Exercise Law	Leyes que ejercen la libertad
Jeopardy	Posibilidad de ser condenado por una causa penal
Right of Privacy	Derecho de privacidad
Self-Incrimination	Aseveración Incriminatoria Propia
Transactional immunity	Inmunidad Transaccional
Vagueness doctrine	Doctrina que no es clara
Dismissal	Desechar una causa
Due Process	Procedimiento legal
Prosecutors	Fiscal, acusador público
Obstruction of Justice	Obstrucción de justicia
Contempt	Desobediencia del desecato del sumario
Bribery	Soborno

Perjury	Perjurio
Exclusionary rule	Regla exclusionaria
Accusatorial	Acusatorio
Adversarial	Adversarial
Discretio	Discreción
District Attorney	Abogado del distrito
Peace officer	Oficial del order público
Plain View Doctrine	Doctrina a plena vista
Consent Research	Búsqueda con consentimiento
Curtilage	Patio, jardín
Hot Pursuit	Persecución extraterritorial
Probable cause	Causa probable
Protective sweep	Protección o barrida policial
Search	Investigación
Search incident to arrest	Investigación incidente al arresto
Seizure	Cáptura
Independent grounds doctrine	Doctrina independiente de fundamento
"Truth in Evidence"	"Evidencia legítima"
Motor Vehicle Seach	Investigación de un vehículo
Inventory Search	Búsqueda de inventario
Stop and Frisk	Parar y registrar
Summons	Order de comparecencia
Totality of the circumstances test	Totalidad del examen circunstancial
Admission	Admisión
Chain of custody	Cadena de custodia
Confession	Confesión
Interrogation	Interrogación
Kelly-Frye Rule	Una regal reglamentaria de California
Lineup	Alineamiento
Mug-shot Files	Registros mantenidos por las agencias de seguridad
Show up	Demostración

Simulated lineup	Alineación simulada
Accusatory Pleading	Alegaciones acusatorias
Admission to bail	Reconocimiento a la fianza
Arraignment	Auto de procesamiento
Discovered crime	Crimen descubierto
Charges dismissed	Cargos retirados
Initial appearance	Aparición inicial
No indictment	No existe documento inculpatorio
Grand Jury Investigation	Investigación por el jurado
Preliminary Examination	Investigación preliminar
Indictment	Documento Acusatorio
Information	Aviso
Superior Court Arraignment	Tribunal de una corte superior
Not guilty plea	No existe admisión del culpabilidad
Acquittal	Absolver, exonerar
Trial	Juicio, pleito
Guilty Verdict	Veredicto de culpabilidad
Pre-sentence Investigation	Investigación antes de la sentencia
Sentencing	Sentencia
Guilty pleas	Admisión de culpabilidad
Nolo Contendere Pleas	Anelación, ruego de nolo contendere
Accusatory Pleading	Testimonio acusatorio
Bail	Fianza, Fianza cancelaria
Bail Bonds	Escritura de afianzamiento o caución
Booking	Custodia
Complaint	Queja
Commitment	Promesa
Grand Jury	Gran Jurado
Extradition	Extradición
Fingerprints	Huellas
Demurrer	Objeción

Detailer	Detención, retenedor
Discover	Descubrimiento
Held to answer	Obligado de contestar
Initial Appearance	Apariencia inicial
Magistrate	Magistrado
Motion for Change of Venue	Moción para cambio de jurisdicción
Motion in limine	Moción de advertencia
Motion to set aside	Moción para dejar sin efecto
Motion to sever	Moción para individualizarse
Motion to suppress	Moción para suprimir
Nolo contendere	Nolo contendere
Notice to Appear	Noticia para comparecer ante el juez
Plea	Culpabilidad
Plea Bargain	Acuerdo de culpabilidad
Preliminary Examination	Examen preliminar
Promise to Appear	Promesa de aparecer
Trial	Juicio
Bench Trial	Juicio sin Jurado
Beyond a Reasonable Doubt	Fuera de toda duda razonable, sin que quede duda
Challenge for Cause	Reto por una causa
Circumstancial Evidence	Evidencia circunstancial
Court Trial	Juicio de la corte
Cross-Examination	Investigación de la parte contraria
Direct Evidence	Evidencia directa
Gag Order	Auto de reserva
Hung Jury	Juramento sin veredicto, en desacuerdo
Motion for Judgment or Acquittal	Moción para el juicio o absolución
Motion for New Trial	Moción para una nueva audiencia
Objection	Objeción
Peremptory Challenge	Reacusación sin causa

Polling the Jury	Escogiendo al jurado
Public Defender	Defensor público
Sequestration Order	Orden de secuestro
Sidebar	Consulta en el estrado
Voir dire	Serie de preguntas
Aggravation	Agrave
Arraignment for Judgment	Vista incoatoria del juicio
Community Service	Servicio de la comunidad
Concurrent Sentence	Pena simultánea
Conditional Sentence	Libertad
Consecutive Sentence	Pena consecutiva
Determinate Sentence	Sentencia determinada
Fine	Multa
Forfeiture	Apropiación
Home Detention	Detención el el hogar
Indeterminate Sentence	Pena indeterminada
Mitigation	Atenuación
Motion in arrest of judgment	Moción de juicio por arresto
Parole	Libertad condicional
Pre-sentence investigation report	Reporte pre-condenatorio
Probation	Condena condicional probatoria
Registration	Registración
Restitution	Devolución
Restitution Fine	Multa de Restitución
Right of allocution	Libertad de palabra
Affirm	Afirmar
Appellant	Apelar
Expediente	Expediente
Certificate of rehabilitation	Certificado de rehabilitación
Clerk's transcript	Escrito del escribano
Commutation	Conmutación
Brief	Expediente
Denial	Negación

Habeas Corpus	Ley básica de protección de los derechos del detenido
Harmless Error	Error inofensivo
Order to Show Cause	Orden de adjudicación
Prejudicial order	Orden con prejuicio
Record on appeal	Archivos apelados
Remand	Reenviar
Remitteur	Remite
Reporter's transcript	La transcripción del reportero
Reprieve	Deprivación
Return	Devolución, declaración
Reverse	Revocación
Writ	Mandato
Right to Counsel	Derecho a abogado
Federal Habeas Corpus	Habeas Corpus Federal

CRIMINAL LAW DEFINITIONS
DERECHO PENAL DEFINICIONES

Arrest	Taking a person into custody, in a situation and in the manner authorized by law.
Arresto	**Tomar a una persona en custodia en una situación y manera autorizada por la ley.**
Arrest warrant	A written command issued by a magistrate to a peace officer to take the person identified therein into custody.
Garantía de arresto	**Una orden escrita por el magistrado para un oficial del orden público para que la persona identificada sea llevada a custodia.**
Bench warrant	A warrant of arrest issued by a judge on the judge's own initiative—that is, without the filing of a complaint by the prosecutor.
Auto de prisión dictado por un trib	**Una garantía de arresto dado por un juez o por la propia iniciativa de un juez, eso es, sin que el acusador haya llenado una queja.**
Consent search	A search authorized by the consent of a person having lawful authority to permit law enforcement officers to search the premises. A consent search is an exception to the usual requirement that a search must be pursuant to a warrant.

Búsqueda con consentimiento	**Una búsqueda autorizada con el consentimiento de una persona que tiene la autoridad legal para permitir que los oficiales reenforcen la ley para buscar las premisias. Una búsqueda consentida es una excepción a los requisitos usuales que una búsqueda debe contener de acuerdo a una garantía.**
Curtilage	The area directly around one's home in which one has a reasonable expectation of privacy.
Patio, jardín	**El area directamente alrededor de la casa en la cual se espera privacidad razonable.**
Double jeopardy	A rule originating in the Fifth Amendment to the United States Constitution on a person without the use or court proceedings.
Condenación doble	**Una regla originada en la Quinta Enmienda de la Constitución de Los Estados Unidos para una persona sin el uso de los procedimientos de la corte.**
Equal Protection	The constitutional requirement that the government accord equal treatment to persons similarly situated.
Protección equitativa	**Los requisitos constitucionales que el gobierno debe de dar un tratamiento similar a personas que tengan una situación similar.**

Free Exercise Law	The provision of the First Amendment to the United States Constitution that prohibits the government from interfering with the free exercise of religion by individual citizens.
Leyes que ejercen la libertad	**La provisión de La Primera Enmienda de Los Estados Unidos que prohibe al Gobierno de interferir con el libre derecho de los ciudadanos de profesar la religión que ellos escojan.**
Hot pursuit	The substantially continuous pursuit of a fleeing felon or other dangerous criminal. During hot pursuit, the pursuing officers may enter a house or other structure without a warrant to search for and arrest the fleeing person if they have a reasonable belief that he or she is inside.
Persecución extraterritorial	**La persecución continua que se hace de un autor de un delito u otro criminal peligroso. Durante la persecución extraterritorial, los oficiales perseguidores pueden entrar al hogar u otra estructura sin garantía para buscar y arrestar a la persona que se ha fugado si ellos tienen la creencia razonable de que el que se ha fugado está dentro.**
Independent grounds doctrine	The legal principle providing that the California Constitution constitutes a basis for individual rights independent of the United States Constitution. Under the independent grounds doctrine, the California courts and legislature may accord.

Doctrina independiente de fundamento	**Los principios legales proveen que la Constitución de California constituya una base para los derechos individuales independientes de la Constitución de Los Estados Unidos bajo la doctrina independiente, la Corte de California y la Legislatura.**
Jeopardy	In a criminal case, the danger of conviction and punishment to which a defendant is exposed when he is brought to trial.
Posibilidad de ser condenado por una causa penal	**En un caso criminal, el peligro de condena y castigo a la cual el demandado se expone cuando es llevado a juicio.**
Right of privacy	The constitutional right of the individual to be free from unwarranted governmental intrusion into his or her private life. The right to privacy is not specifically enumerated in the United States, but emanates from the penumbras of other specifically enumerated constitutional rights.
Derecho de privacidad	**Los derechos constitucionales de los individuos de ser libres de inmiscusión a la vida privada de parte del gobierno sin previa garantía. El derecho de privacidad no es específicamente enumerado en los Estados Unidos, pero viene de las penumbras de otros derechos constitucionales específicamente enumerados.**

Self-incrimination	Testimony by a defendant or other witness constituting evidence that he or she committed a crime. Under the United States and California Constitutions, a person may not be compelled to give such testimony, with one exception: a witness may be compelled to give self-incriminating testimony if he or she has been granted immunity from prosecution.
Aseveración incriminadora propia	**Testimonio hecho por un demandado u otro testigo que constituye la evidencia de que él o ella ha cometido un crimen. Bajo la Constitución de Los Estados Unidos, una persona no tiene que ser obligada a dar tal testimonio, con una excepción: un testigo sí puede ser obligado a dar un testimonio incriminatorio si él o ella ha sido garantizado inmune de la persecusión.**
Transactional immunity	Immunity that shields a witness from prosecution for the offense about which he or she is compelled to testify, even if the prosecution had independent evidence against the witness.
Inmunidad transaccional	**Inmunidad que proteje al testigo de la acusación hecha por la parte acusadora que tiene que testificar, aunque el acusador tenga evidencia independiente contra el testigo.**

Vagueness doctrine	A principle of constitutional law which provides that a statute is constitutional invalid if it fails to put citizens on notice of the act that it mandates or prohibits.
Doctrina que no es clara	**Un principio de ley constitucional que provee que un estatuo o ley parlamentaria sea inválida si falla al poner a los ciudadanos al tanto de lo que esa ley manda o prohibe.**
Dismissal	If a case is dismissed after commencement of the trial for a reason involving the merits of the charge against the defendant, such as insufficiency of the evidence, the defendant may not be tried again. If, however, dismissal is on a technical ground, such as a defect in an accusatory pleading or some other procedural defect, the commencement of the dismissed proceeding does not, as a general rule, bar a second prosecution for the same offense.
Desechar una falta	**Si un caso es rechazado después de haber comenzado el juicio demandado, como por insuficientes evidencias, el demandado no será acusado otra vez. Sin embargo, el rechazo tiene bases técnicas, como un defecto en la acusación y otros defectos de procedimiento, el comienzo de los procedimientos de rechazo, no constituyen, como regla general, un obstáculo para una segunda acusación por la mísma ofensa.**

Due Process	The Fifth Amendment to the United States Constitution provides that no person shall be "deprived of life, liberty, or property, without due process of law." This constitutional principle applies to the federal government. The Fourteenth Amendment contains a similar provision that applies to the states.
Procedimiento Legal	**La Quinta Enmienda de la Constitución de Los Estados Unidos provee que la persona no sea privada de vida, libertad o propiedad, sin procedimento legal de la ley" Este principio constitucional se aplica al gobierno federal. La Enmienda Catorceava contiene una provisión similar que se aplica a los estados.**
Prosecutors	Prosecutors are also central to the administration of justice. Prosecutors are government attorneys responsible for prosecuting violators. This role includes preparing and filing documents; engaging in pretrial activity, such as discovery; and appealing in court. Prosecutors also act as legal counsel to law enforcement officers, rendering advice on the law of searches, seizures, arrests, surveillance techniques, and similar matters.

Fiscal, Acusador público	Los acusadores públicos son también básicos para la administración de justicia. Los acusadores son abogados del gobierno responsables que persiguen a los violadores de la ley. Este plan incluye preparar y llenar documentos; desenvolverse en actividades de enjuiciamiento, tales como el descubrimiento; y acusaciones en corte. Los acusadores son también consejeros legales para los oficiales de la ley, dan consejo legal acerca de la ley, búsquedas, cápturas, arrestos, técnicas de vigilancia y asuntos familiares, medidas, arrestos, técnicas de vigilancia, y asuntos similares.
Obstruction of Justice	Refers to any number of unlawful acts. As a general proposition, any act that interferes with the performance of a public official's duties obstructs justice. However, the crime is most commonly associated with law enforcement and judicial officials.
Obstrucción de Justicia	Se refiere a cualquier número de actos ilegales. Como en una proposición general, o cualquier acto que interfiera con la actuación de deberes públicos oficiales de justicia. Sin embargo, el crimen es más comunmente asociado con los oficiales de la ley.

Contempt	Contempt consists of acts or omissions in violation of court orders or that undermine or disrupt the judicial process. Two types of contempt are recognized: criminal contempt and civil contempt.
Desobediencia del desecato del sumario	**La desobediencia que consiste en actos u omisiones, en violaciones de las órdenes de la corte que disminuyen o interrumpen el proceso judicial. Hay dos tipos de desobediencia que son reconocidos: desobediencia criminal y civil.**
Bribery	The crime of giving, offering to give, requesting, receiving, or agreeing to receive anything of value or advantage, with a corrupt intent to influence the recipient in the discharge of his or her official or public duty.
Soborno	**El crimen de dar, ofrecer dar, pedir, recibir, o acordar de dar algo de valor o ventaja, con el intento corrupto de influir al recipiente en el retiro de su deber público u oficial.**
Perjury	The crime involving the willful making of a material statement under oath or penalty of perjury that the maker of the statement knows to be false, with the specific intent to make the false statement under oath or penalty of perjury.
Perjurio	**El crimen que tiene que ver con la intención de hacer una afirmación bajo juramento que se sabe que es falso, con el intento específico de hacer ese juramento falso.**

Exclusionary rule	Another important constitutional development has been the creation of the exclusionary rule. This rule of evidence provides that evidence that has been unlawfully obtained by law enforcement authorities may not be used against an accused in a criminal prosecution.
Regla exclusionaria	**Otro desarrollo constitucional importante que ha sido creado es la regla exclusionaria. Esta regla de evidencia provee que la evidencia que ha sido obtenida ilegalmente por medio de las autoridades reglamentarias no sean usadas contra un acusado en una prosecución criminal.**
Accusatorial	A type of legal system in which the government brings charges against a defendant and bears the burden of proving them.
Acusatorio	**Un tipo de sistema legal en el cual el gobierno pone cargos contra un demandado y tiene la responsabilidad de probarlos.**
Adversarial	A method of conducting trials in which the opposing parties advocate their respective positions before a neutral trier of fact.
Adversario	**Un método de conducir audiencias en las que las partes opuestas abogan por sus posiciones respectivas ante un jurado.**
Discretion	The use of ones's own judgment when making a decision, based on consideration of the circumstances pertinent to the decision.

Discreción	El uso de un criterio propio al tomar una decisión, basado en la consideración de las circunstancias pertinentes a la decisión.
District Attorney	The government official in each county having primary responsibility to prosecute persons accused of crimes.
Abogado del distrito	El oficial del gobierno que en cada ciudad tiene la responsabilidad primordial de enjuiciar a las personas acusadas de crímenes.
Peace officer	In California, a person having authority to enforce the law; a law enforcement officer.
Oficial del orden público	En California, una persona que tiene la autoridad de reenforzar la ley, un oficial que reenforza la ley.
Plain View Doctrine	An exception to the warrant requirement is the plain view doctrine. Under this rule, a warrantless seizure of evidence by an officer who is lawfully in a position to see the evidence is valid.
Doctrina a plena vista	Una excepción a los requisitos de una orden judicial es la doctrina a plena vista. Bajo esta regla, una medida de evidencia sin garantía hecha por un oficial que está en una posición legal para ver la evidencia válida.

CRIMINAL PROCEDURES
PROCEDIMIENTOS PENALES

SEARCHES, SEIZURES, AND ARRESTS
BUSQUEDAS, CAPTURAS, Y ARRESTOS

Arrest	Taking a person into custody, in a situation and in the manner authorized by law.
Arresto	**Tomar a una persona en custodia en una situación y manera autorizada por la ley.**
Arrest Warrant	A written command issued by a magistrate to a peace officer to take the person identified therein into custody.
Garantía de arresto	**Una orden escrita por el magistrado para un oficial del orden público para que la persona identificada sea llevada a custodia.**
Bench warrant	A warrant of arrest issued by a judge on the judge's own initiative—that is, without the filing of a complaint by the prosecutor.
Auto de prisión dictado por un tribunal superior	**Una garantía de arresto dado por un juez o por la propia iniciativa de un juez, eso es, sin que el acusador haya llenado una queja.**
Consent search	A search authorized by the consent of a person having lawful authority to permit law enforcement officers to search the premises. A consent search is an exception to the usual requirement that a search must be pursuant to a warrant.

Búsqueda con consentimiento	Una búsqueda autorizada por el consentimiento de una persona que tiene la autoridad legal para permitir que los oficiales reenforcen la ley para buscar las premisias. Una búsqueda consentida es una excepción a los requisites usuales que una búsqueda debe contener de acuerdo a una garantía.
Curtilage	The area directly around one's home in which one has a reasonable expectation of privacy.
Patio, jardín	El área directamente alrededor de la casa en la cual se espera una privacidad razonable.
Hot pursuit	The substantially continuous pursuit of a fleeing felon or other dangerous criminal. During hot pursuit, the pursuing officers may enter a house or other structure without a warrant to search for and arrest the fleeing person if they have a reasonable belief that he or she is inside.
Persecución extraterritorial	La persecución continua que se hace de un autor de un delito u otro criminal peligroso. Durante la persecución extraterritorial, los oficiales perseguidores pueden entrar al hogar u otra estructura sin garantía para buscar y arrestar a la persona que se ha fugado si ellos tienen la creencia razonable de que el que se ha fugado está dentro.

Probable cause	In the law of search, seizure, and arrest, a basis for believing that sizably property will be found in a particular location or that a particular person committed a crime, which is founded upon facts that are sufficiently reliable that a person of ordinary caution would be justified in believing them.
Causa Probable	**En la ley de búsqueda, captura, y arresto, una base para la creencia de que la propiedad de captura será encontrada en un lugar particular o que una persona en particular ha cometido un crimen, el que es suficientemente creíble por una persona de cuidado ordinario que sería justificado al creerlos.**
Protective sweep	A limited search of the interior of a building for the purpose of discovering the presence of dangerous persons who might constitute a threat to law enforcement officers who are conducting the arrest of a person within the building.
Protección o barrida policial	**Una búsqueda limitada en el interior de un edificio con el propósito de descubrir la presencia de personas peligrosas que pueden constituir una amenaza para los oficiales de seguridad que están a cargo del arresto de una persona dentro del edificio.**

Search	Governmental infringement of a person's reasonable expectation of privacy.
Investigación	**Violación gubernamental de la expectativa razonable de privacidad de una persona.**
Search incident to arrest	A search of a person being arrested, and of the area within the person's immediate control, for weapons and destructible evidence. A search incident to arrest does not require probable cause.
Investigación incidente al arresto	**La búsqueda de una persona que ha sido arrestada y del área donde la persona está en control inmediato. Una búsqueda a causa de un incidente para el arresto no requiere de causa probable.**
Seizure	A meaningful interference with an individual's possessory interest in property.
Cáptura	**Una interferencia significativa con un interés de posesión individual en la propiedad.**
Independent grounds doctrine	The legal principle providing that the California Constitution constitutes a basis for individual rights independent of the United States Constitution. Under the independent grounds doctrine, the California courts and legislature may accord.

Doctrina independiente de fundamento	**Los principios legales proveen que la Constitución de California constituye una base para los derechos individuales independientes de la Constitución de Los Estados Unidos bajo la doctrina independiente, la Corte de California y la Legislatura.**
"Truth in Evidence"	The name given to a provision of Article I, § 28, of the California Constitution which provides that "relevant evidence is not to be excluded from criminal proceedings." The effect of this provision is to limit the application of the exclusionary rule in the California court to evidence that is excludable under federal constitutional principles.
'Evidencia legítima"	**El nombre dado a la provisión del Artículo I, § 28, de la Constitución California la que provee que "la evidencia revelante no sea excluida de los procedimientos criminales." El efecto de esta provisión no se limita a la aplicación de la regla exclusionaria en la corte de California para evidenciar lo que es excluído bajo los principios federales constitucionales.**
Motor Vehicle Search	A search of a motor vehicle that may be made without a warrant if the searching officer has probable cause to believe that an item subject to seizure is located in the vehicle.

Búsqueda de motor/vehículo	**Una búsqueda de un vehículo que puede hacerse sin garantía si el oficial de seguridad tiene causa probable de creer que un artículo sujeto a captura está localizado en el vehículo.**
Inventory search	A search of a motor vehicle that may be made without a warrant if the searching officer has probable cause to believe that an item subject to seizure is located in the vehicle.
Búsqueda de inventario	**Una rutina investigativa de todos los contenidos de un vehículo que ha sido tomado por un personal de seguridad. Una búsqueda de inventario no requiere una garantía o causa probable.**
Stop and frisk	The police practice of temporarily detaining a person suspected of criminal activity (stop) accompanied by a pat-down of the person's outer clothing to detect the presence of weapons (frisk). To be lawful, the stop must be supported by a reasonable suspicion that the person has committed, is committing, or is about to commit a crime. The frisk is lawful only if the detaining officer has a reasonable belief that the person is armed and dangerous.

Parar y registrar	**La práctica de la policía de detener temporalmente a un sospechoso de una actividad criminal (parar) acompañada de la registración de la parte posterior de la ropa de la persona para detectar la presencia de armas. (La registración para ser legal, la detención debe ser acompañada de una sospecha razonable de que la persona ha cometido un crimen, está cometiendo, o está por cometer un crimen. La registración es legal solamente si el policía que lo detiene tiene una creencía razonable de que la persona está armada y es peligrosa.**
Summons	A command directed to an individual ordering him or her to appear before the magistrate. A summons may be used in lieu of an arrest warrant, subject to limitations specified in the Penal Code.
Orden de comparecencia	**Una orden dirigida a un individuo ordenándole a él o ella que aparezca ante un juez. Una orden puede ser usada en lugar de una orden de arresto, sujeta a las limitaciones específicas en el Código Penal.**

Totality of the circumstances test	The test currently used by courts when determining whether information received from an informant by law enforcement officers is sufficient to support a determination that probable cause exists to issue a search warrant or arrest warrant.
Totalidad del examen circunstancial	**El exámen currentemente usado por las cortes para determinar si la información recibida de un informador por los oficiales de seguridad de la ley es suficiente para apoyar una determinación de que la causa probable existe para dar una orden de registro.**

INTERROGATION AND OTHER LAW ENFORCEMENT PRACTICES
INTERROGACION Y OTRAS PRACTICAS DE LEYES DE SEGURIDAD

Admission	A statement made by a person, other than at his or her trial, which does not by itself acknowledge guilt of a crime, but which tends to prove guilt when considered with other evidence.
Admisión	**Una declaración hecha por una persona, que no sea en su audiencia, la cual no se considera la culpabilidad de un crimen, pero que tiende a probar culpabilidad cuando se considera otras evidencias.**
Chain of custody	A method of maintaining accountability for evidence whereby a record is made of all persons having possession of the evidence from the time of seizure by law enforcement personnel to use of the evidence at trial. Maintenance of the chain of custody assures that the evidence presented at trial is the same evidence originally seized by law enforcement personnel.

Cadena de custodia	Un método de mantener responsabilidad de evidencia donde que haya un registro hecho por todas las personas que tengan posesión de la evidencia desde el tiempo de la cáptura hecha por el personal de la ley de seguridad para el uso de la evidencia en la audiencia. El mantenimiento de la cadena de custodia asegura que la evidencia presentada en la audiencia es la misma evidencia originalmente recogida por el personal de seguridad de la ley.
Confession	A statement made by a person, other than at his or her trial, in which he or she acknowledges guilt of a crime.
Confesión	Una declaración hecha por una persona, excepto en su audiencia, en la cual él o ella declara la culpabilidad de un crimen
Interrogation	Questioning of a person suspected of committing a crime by law enforcement officials, for the purpose of eliciting incriminating information.
Interrogación	Cuestionario de una persona a la que se sospecha cometió un crimen hecho por los oficiales de seguridad, con el propósito de conseguir información incriminatoria.

Kelly-Frye rule	A rule of procedure in California pertaining to the admissibility of novel types of scientific evidence. Under the Kelly- Frye rule, new types of scientific evidence are admissible only if the techniques used are generally accepted in the applicable scientific community. This determination is usually made through the testimony of expert witnesses, who must be properly qualified to give an opinion on the subject. Also, the proponent of the evidence must demonstrate that correct scientific procedures were used in the particular case.
Regla Kelly-Frye	**Una regla reglamentaria de California perteneciente a la admisibilidad de nuevos tipos de evidencia científica. Bajo la regla Kelly-Frye Rule, los nuevos tipos de evidencia científica son admisibles solamente si las técnicas usadas son generalmente aceptadas en la comunidad científica aplicable. Esta determinación es usalmente hecha a través del testimonio de testigos expertos, quienes deben ser propiamente calificados para dar una opinión de la materia. También, la propuesta de la evidencia debe demostrar los procedimientos científicos usados en ese caso en particular.**

Lineup	An investigative technique in which a suspect is included in a group of people that is viewed by the victim or witness. The victim or witness is asked whether the perpetrator of the crime is in the group and, if so, to identify the perpetrator.
Alineamiento	**Una técnica investigativa en la cual un sospechoso está incluído en un grupo de gente que la víctima o testigo está viendo. A la víctima o testigo se le pregunta si el penetrador del crimen está en el grupo y, sí es así, se identifica al penetrador.**
Mug-shot Files	Files maintained by law enforcement agencies of photographs of persons who have been arrested and booked.
Archivos Mug-shot	**Registros mantenidos por las agencias de seguridad de la ley de fotografías de personas que han sido arrestadas y en custodía.**
Show up	An investigative technique in which the victim or witness is asked to observe the suspect alone and then to indicate whether the suspect is the person who committed the crime under investigation.
Demostración	**Una técnica investigativa en la cual a la víctima o testigo se le pregunta que observe al sospechoso solo y después se indica si el sospechoso es la persona quien cometió el crimen que está en investigación.**

Simulated lineup	A photograph of a lineup of individuals, which is shown to a victim or witness to determine whether the offender is among the persons photographed.
Alienación simulada	**Un fotografo de una línea de individuos, la que se enseña a una víctima o testigo para determinar si el culpable está entre las personas fotografiadas.**

THE BASIC CRIMINAL PROCESS
EL PROCESO PENAL BASICO

Accusatory pleading	The format charge that must be filed with the proper court before a defendant may be brought to trial. In misdemeanor cases, the accusatory pleading is the complaint filed in the municipal court. In felony cases, the accusatory pleading is the indictment or information in the superior court.
Alegaciones acusatorias	**El cargo formal que se debe llenar con la corte apropiada ante un acusado para que sea traído a una audiencia. En casos de crímenes menores, los alegatos acusatorios es la queja que se completa en la corte municipal. En casos de crímenes mayores, las alegación acusatoria es el acta de acusación en la corte superior.**
Admission to bail	The order of a competent court or magistrate that a defendant be discharged from custody upon bail.
Reconocimiento a la fianza	**La orden de una orden competente o del magistrado de que un acusado sea puesto en libertad debido a la fianza.**
Arraignment	A procedure that consists of reading the accusatory pleading to the defendant, providing the defendant a true copy, and asking him or her how he or she pleads in response to the charge or charges in the accusatory pleading.

Acusación formal	Un procedimiento que consiste en leer la carta de acusación al acusado, proveyendo al acusado de una copia original, y preguntándole si el acusado se declara culpable o no a los cargos de la acusación.

THE PRETRIAL PROCESS
EL PROCESO PRELIMINAR

Bail	A deposit of money, property, or a bond with a court to assure the presence of the defendant at court proceedings.
Fianza	**El depósito de dinero, propiedad, o una fianza para la corte para asegurar la presencia del defendido en los procedimientos de la corte.**
Bail Bond	A promise made by a surety, pursuant to a contract with the defendant at court proceedings.
Contrato de fianza	**Una promesa hecha por un fiador, perteneciente a un contrato con el demandado en un procedimiento de la corte.**
Booking	The recordation of an arrest in official police reports, and the taking by police of fingerprints and photographs of the person arrested, or any of these acts following an arrest.
Registro	**El registro de un arresto en los registros oficiales de la policía, y el hecho de sacar las huellas de los dedos y fotografías de las personas arrestadas, o cualquiera de estos actos que sean la continuación de un arresto.**
Brady doctrine	The rule developed by the United States Supreme Court that prosecutors must disclose exculpatory evidence to defendants.

Doctrina Brady	**La regla desarrollada por Los Estados Unidos por la Corte Suprema que los abogados acusadores deben dar a conocer la evidencia justificativa de los demandados.**
Commitment	An order of a court directing that a defendant be delivered into the custody of a law enforcement agency.
Compromiso, deber, obligación	**Una orden de una corte que dirige que un demandado sea entregado bajo la custodia de una agencia de seguridad legal.**
Complaint	The initial document filed with the court in a criminal proceeding that accuses the defendant of a crime. The complaint is the document used to request an arrest warrant. It also serves as the accusatory pleading in a misdemeanor case.
Queja	**El documento inicial completo de acuerdo al proceso criminal que acusa al demandado de un crimen. La queja es el documento usado para pedir una orden judicial de arresto. También sirve como alegato acusatorio en un caso de crimen menor.**
Demand, complaint	A challenge by a defendant to an indictment or information based on a defect apparent on the face of the pleading.
Demanda, queja	**Un reto dado por el acusado a un documento inculpatorio o información basada en un defecto aparente en el contenido de una declaración.**

Demurrer	Admitting facts alleging that they are not sufficient cause or challenge for a defendant, of a document or search warrant based on an obvious defect on the face of the pleading.
Objeción	**Admisión de los hechos alegando que no son una causa suficiente o reto por un demandado de un documento o acusación solemne o información basada en un defecto aparente en la faz de la alegación.**
Detainer	A request made by one state to another state that the latter state retains custody of a prisoner so that the prisoner may be tried for an offense in the requesting state.
Detención	**Un pedido hecho por un estado a otro para que el último estado retenga custodia de un prisionero para que el prisionero sea procesado por la ofensa hecha en el estado que hace el pedido.**
Extradition	The surrender of a person from one jurisdiction to another where the person has been charged with or convicted of a crime.
Extradición	**La entrega de una persona de una jurisdicción a otra donde la persona ha sido acusada de un crimen o sentencia condenatoria.**
Grand Jury	A body of the required number of persons drawn from the citizens of a country, before a court of competent jurisdiction, and sworn to inquire of public offenses committed or triabal within the community.

Gran Jurado	Un número de ciudadanos escogidos del país, ante una corte de jurisdicción competence, y que tiene la expectativa de jurar acerca de las ofensas públicas cometidas o enjuciables dentro de la comunidad.
Held to answer	A term describing the contents of an order issued by a magistrate after a preliminary examination, requiring the defendant to respond to a formal accusatory pleading.
Obligado a contester	Un término que describe el contenido de una orden dada por un magistrado después de un examen preliminar, que requiere que el demandado responda a una acusación alegatoria formal.
Indictment	An accusation in writing, presented by the grand jury to a competent court, charging a person with a public offense.
Documentos inculpatorios	Acta o escrito de acusación solemne utilizado en los juicios con jueces profesionales. Una acusación escrita, hecha por un gran jurado o corte competente, que acusa a una persona de una ofensa pública
Información	An accusation in writing, presented by the grand jury to a competent court, charging a person with a public offense.
Denuncia, acusación	Una acusación escrita, presentada a un gran jurado de una corte o una corte competente, que acusa a una persona de una ofensa pública.

Initial appearance	The appearance of an in-custody defendant before a magistrate without unnecessary delay, and in no case longer than forty-eight hours after arrest. The purpose of the initial appearance is protection of the defendant's rights, specifically: to prevent unwarranted police interrogation, to make it possible for the defendant to be promptly advised of his or her right to counsel, to enable the defendant to obtain bail, and to have the issue of probable cause for his or her arrest determined by a judicial officer.
Apariencia inicial	**La apariencia de un demandado en custodia ante un magistrado sin espera innecesaria, y no más tarde que cuarenta horas después del arresto. El propósito de la apariencia inicial es la protección de los derechos de los demandados. Específicamente: para prevenir la interrogación injustificada de la policía, para hacer posible que el demandado sea aconsejado a tiempo de sus derechos con un abogado, para establecer que el demandado obtenga fianza, y que tenga una causa probable de su arresto determinada por una oficial judicial.**

Magistrate	A judicial officer having power to issue a warrant for the arrest of a person charged with a public offense. This power is held by justices of the California Supreme Court, justices of the court of appeal, and judges of the superior court.
Magistrado, juez	**Un oficial judicial que tiene poder de emitir una orden de arresto de una persona culpada de un delito público. Este poder es emitido por los jueces de la Corte Suprema de California, justicias de corte de apelación, y jueces de la corte superior.**
Motion for change of venue	A motion made to change the location of a trial on the grounds that the defendant cannot receive a fair and impartial trial in the originally scheduled location or that all the jury panels in the originally scheduled location have been exhausted.
Moción para cambio de competencia jurisdiccional	**Una moción hecha para cambiar el lugar de un juicio basándose en que el demandado no puede recibir un juicio imparcial y justo en el lugar localizado originalmente o para que todos los juicios penales han sido exhaustos en el lugar originalmente escogido.**
Motion in limine	A motion requesting the court to rule, prior to trial,that opposing counsel and witnesses are to be instructed not to make reference during the trial to inadmissible evidence specified in the motion.

Moción de advertencia	**Una moción que requiere que la corte ordene, antes del juicio, que el abogado contrario y los testigos sean instruídos de no hacer referencia durante el juicio de la evidencia inadmisible específica en la moción.**
Motion to set aside	A motion made by a defendant prior to trial requesting the court to set aside an indictment or information charging the defendant with a crime. The motion challenges the proceedings that produced the indictment or information rather than the form of the indictment or information itself.
Moción para dejar sin efecto	**Una moción hecha por un demandado antes de un juicio que requiere que la corte dejé sin efecto un documento acusatorio o acusación que acusa al demandado de un crimen. La moción reta los procedimientos que produjeron el documento acusatorio o acusación en vez de la forma del documento acusatorio u acusación mísma.**
Motion to sever	A motion made by a defendant requesting the court to order that he or she be tried separately from other defendants, or that one or more multiple charges against him or her be tried separately from other offenses with which he or she has been charged.

Moción para individualizarse	**Una moción hecha por un demandado que requiere que la corte ordene que él o ella sea juzgado separadamente de otros demandados, o que una o más acusaciones contra él sea juzgada separadamente de los otros delitos de los cuales ha sido culpado.**
Motion to suppress	Technically knows as a motion to return property or suppress evidence—a motion made pursuant to Penal Code c/ 1538.5 that requests the court to exclude from admissibility at trial evidence that was illegally obtained by the government.
Moción para suprimir	**Tecnicamente, conocida como una moción para regresar propiedad o no presentar evidencia, una moción, hecha de acuerdo al Código Penal $1538.5 que requiere que la corte excluya la admisión de la evidencia para el juicio que fue conseguida ilegalmente por el gobierno.**
Nolo contendere	A plea to a criminal charge which informs the court that the defendant, though not admitting guilt, does not intent to defend against the charge or charges in the accusatory pleading.

Nolo contendere	**Una declaración del acusado a un cargo criminal que informa a la corte que el acusado, sin admitir es culpable, no intenta defenderse contra el cargo o cargos de una alegación acusatoria.**
Notice to appear	Frequently referred to as to a citation; a written notice given to a person, the offense charged, and the time and place at which the person must appear in court.
Noticia de aviso	**Frecuentemente se refiere a una citación, una noticia escrita dada a una persona, el cargo dado, y el tiempo y lugar en que la persona debe aparecer en la corte.**

TRIAL
JUICIO

Bench Trial	Trial without jury.
Juicio sin jurado	**Juicio sin jurado.**
Challenge for cause	Without a reasonable doubt
Sin ninguna duda	**Fuera de toda duda razonable, sin que quede duda**
Challenge for cause	Challenge for a cause
Reto por una causa	**Reto por una causa**
Circumstancial evidence	Evidence that does not directly establish the fact to be proved, but that is consistent with or supports the fact to be proved.
Evidencia circunstancial	**Evidencia que no establece directamente el hecho que va a ser probado, pero que es consistente o apoya el hecho de que puede ser probado.**
Court Trial	A trial by the judge alone, without a jury; also referred to as a bench trial.
Juicio de la corte	**Un juicio hecho solamente con el juez, sin jurado que se refiere al juicio sin jurado.**
Crosss- examination	The questioning of a witness for one party by the attorney for the other party for the purpose of bringing out any weaknesses in the witness's testimony, such as faulty perception, bias, or lack or credibility.
Examen opuesto	**Las preguntas de un testigo de una parte a un abogado de la otra parte con el propósito de presentar puntos débiles en el testimonio del testigo, tal como una percepción falsa, doble sentido, o falta de credibilidad.**

Direct evidence	Evidence (such as eyewitness testimony) that directly establishes the fact to be proved.
Evidencia directa	**Evidencia (tal como el testimonio de un testigo) que directamenta establece el hecho a probar.**
Gag order	An order for the court restricting participants in the criminal proceeding from discussing aspects of the case with news media representatives.
Auto de reserve	**Una orden de la corte que restringe a los participantes en una audiencia criminal de discutir aspectos del caso con representantes de la prensa.**
Hung Jury	A jury that is unable, after sufficient deliberation, to vote unanimously either for conviction or for acquittal.
Juramento sin veredicto, en desacuerdo	**Un jurado que no puede, después de deliberación, votar unanimamente ya sea por culpabilidad o por absolución.**
Motion for judgment or acquittal	A motion made by the defendant in a crimininal trial requesting the court to enter a judgment of acquittal before the normal termination of the trial, because of failure of the prosecution to prove its case.
Moción para el juicio o absolución	**Una moción hecha por el acusado en una corte criminal que requiere que la corte entre en juicio de fallo absolutorio antes de la terminación del juicio, por el fallo de procesamiento para probar el caso.**

Motion for new trial	A motion made by a defendant requesting a new trial because of judicial error or misconduct of the prosecutor or jury that is sufficiently serious to have prejudiced the defendant's right to a fair trial.
Moción para una nueva audiencia	**Una moción hecha por un defensor que requiere de un nuevo juicio por error o mala conducta del abogado acusador o el jurado que es sumamente serio que ha perjudicado el derecho del defensor de tener un juicio justo.**
Objection	An assertion made by a party in a trial that the conduct of the other party is improper, that evidence offered by the other party is inadmissible, or that some other occurrence in the trial is not in accordance with law.
Objeción	**Un reclamo hecho por una parte en un juicio la que establece que la conducta de la otra parte es impropia, que la evidencia ofrecida por la otra parte es inadmisible, o que alguna otra circunstancia del juicio no está de acuerdo a lo establecido por la ley.**
Peremptory challenge	A challenge to a prospective juror which requires no grounds.
Recusación sin causa	**Un reto hecho a un jurado posible que no requiere causa.**
Polling the jury	Questioning of each individual juror after the verdict is announced to assure that the verdict is his or her verdict.

Escogiendo el jurado	Preguntas a cada individuo del jurado después de que el veredicto sea anunciado para asegurar que el veredicto sea su veredicto.
Public defender	An attorney employed by a county to represent indigent defendants prosecuted in the courts situated in that county.
Defensor público	Un abogado empleado por la ciudad para que represente a los defensores pobres en las cortes situadas en esa ciudad.
Sequestration order	An order by the trial judge that the jury be kept in custody between court sessions.
Orden de secuestro	Una orden dada por el juez para que el jurado sea mantenido en custodia entre las sesiones de la corte.
Sidebar	A discussion during a trial among the attorneys and judge, conducted outside the hearing of the jury.
Consulta en el estrado	Una discusión durante un juicio en la que los abogados y el juez conducen una audiencia afuera del jurado.
Voir dire	The questioning of prospective jurors for the purpose of determining whether any are disqualified from serving or are biased in a manner that would deprive the defendant of a fair trial.
Serie de preguntas	Las preguntas del jurado con el propósito de determinar si alguien está descalificado de servir o tiene prejuicio de tal manera que deprivaría al defensor de un juicio justo.

JUDGMENT AND SENTENCING
JUICIO Y SENTENCIA

Aggravation	Evidence regarding the circumstances of an offense or the criminal history of the defendant which supports imposition of a sentence at or near the maximum authorized by law.
Agrave	**Evidencia de acuerdo a las circunstancias de una ofensa o la historia criminal de un defensor la que sostiene imposición de una sentencia autorizada por la ley a lo máximo.**
Arraignment for judgment	The initial procedure at the court proceedings at which judgment is pronounced and sentence imposed on a convicted defendant. Arraignment for judgment involves informing the defendant of the nature of the charge against him or her, his or her plea, and the verdict, if any—followed by a question to the defendant whether he or she has any legal cause to show why judgment should not be pronounced.

Vista incoatoria del juicio	**El procedimiento inicial de los procedimiento de la corte en las que el juicio es pronunciado y la sentencia impuesta a un acusado culpable. El procedimiento del juicio requiere que se informe al acusado de la naturaleza del cargo del crimen contra él o ella, de su culpa; y el veredicto, si hay alguno, seguido por una pregunta al acusado que demuestre si hay alguna causa legal por la que el juicio no debería llevarse a cabo.**
Community Service	A modern sentencing alternative under which a convicted defendant may be ordered to perform work beneficial to the community.
Servicio a la comunidad	**Una sentencia moderna, opcional bajo la cual un acusado culpable puede ser ordenado de que haga un trabajo beneficioso para la comunidad.**
Concurrent sentence	Multiple sentences that are served simultaneously.
Pena simultanea	**Sentencias múltiples que son servidas simultaneamente.**
Conditional sentence	Suspension of the imposition or execution of a sentence and an order or revocable release in the community, subject to conditions established by the court, without the supervision of a probation officer.

Libertad condicional	**Suspención de la imposición o ejecución de una pena y una orden o la libertad provisional revocable en la comunidad, sujeta a las condiciones establecidas por la corte, sin la supervisión de un oficial del régimen probatorio.**
Consecutive sentence	Multiple sentences that are served one after the other.
Pena consecutiva	**Penas múltiples que son servidas la una tras la otra.**
Determinate sentence	A sentence to a specified term of imprisonment under the Determinate Sentencing Law. The full term specified must be served by the defendant.
Sentencia determinada	**Una sentencia de un período determinado de cárcel bajo la Ley de sentencias determinada. El período determinado debe ser servido por el acusado en totalidad.**
Fine	A monetary penalty imposed on a defendant as a punishment for a crime, which is payable to the court.
Multa	**Una penalidad monetaria impuesta al acusado como castigo por un crimen, el cual es pagado a la corte.**
Forfeiture	The seizure, destruction, or other disposition of real or personal property used in the commission of certain offenses, particularly drug offenses.

Apropiación	La incautación, destrucción, u otra disposición de propiedad real o personal usada en la comisión de ciertas ofensas, particularmente las ofensas que tienen que ver con las drogas.
Home detention	A modern sentencing alternative under which eligible persons may voluntarily agree to be confined at home rather than in the county jail. The program is limited to minimum-security inmates and low-risk offenders committed to a county jail or other county correctional facility or granted probation, or inmates participating in a work-rough program.
Detención en el hogar	Una sentencia moderna en el hogar ante la cual las personas elegidas pueden acordar de ser confinadas en casa en vez de que en la cárcel de la ciudad. El programa es limitado para los criminales que necesitan seguridad mínima u otra facilidad correctional o cuando han sido dados libertad provisional, o criminales que participan en un programa a tiempo completo en la comunidad.

Indeterminate sentence	A sentence to imprisonment that does not specify the exact amount of time to be served by the defendant. An indeterminate sentence always specifies the maximum period of confinement authorized, and sometimes specifies the maximum amount of time that must be served. An example of an indeterminate sentence would be a sentence of from twenty-five years to life in a concapital first-degree murder case.
Pena indeterminada	**Una sentencia a prisión que no especifica el tiempo exacto que va a servir el acusado. Una sentencia indeterminada siempre específica el período máximo de prisión autorizada, y a veces específica la cantidad máxima de tiempo que debe servirse. Un ejemplo de una sentencia indeterminada debe ser una sentencia de veinte y cinco años de vida en un caso de asesinato a primer grado.**
Mitigation	Evidence regarding the circumstances of an offense or the criminal history of the defendant, which supports imposition of a minimal sentence.
Atenuación	**La evidencia relacionada con las circunstancias de una ofensa o la historia criminal del defendido la que mantiene imposición a una pena mínima.**

Motion in arrest of judgment	A posttrial motion in which the defendant claims that the accusatory pleading upon which he or she was prosecuted is defective.
Moción de juicio por arresto	**Una moción después del juicio en la que el defendido reclama que la acusación por la que si es culpado es errónea.**
Parole	The conditional release of a defendant from imprisonment.
Libertad condicional	**La libertad condicional de un acusado de la prisión.**
Presentence investigation report	A report prepared by a probation officer for use by the court in determining the sentence to impose on a defendant. The report considers the circumstances surrounding the crime and the prior history and record of the defendant.
Reporte precondenatorio	**Un reporte preparado por el oficial encargado para el uso de la corte para determinar la sentencia que se va a imponer al acusado. El reporte considera las circunstancias que se relacionan con el crimen y la historia de vida y archivos del acusado.**
Probation	Suspension of the imposition or execution of a sentence and an order of conditional and revocable release of the defendant in the community under the supervision of a probation officer.

Condena condicional probatoria	Suspensión de la imposición o ejecución de una sentencia y una orden de libertad condicional y temporal del acusado en la comunidad bajo la supervisión del oficial encargado.
Registration	The requirement that persons convicted of certain sex, drug, and arson crimes register with the police in their municipality or the sheriff of the county in which they reside.
Registración	**El requisito de que las personas culpables de ciertos crímenes relacionadas con el sexo, drogas, e incendios se registren con la policía en su municipalidad o con el sheriff de su pueblo en la que viven.**
Restitution	Compensation on defendant is ordered to pay directly to the victim of his or her crime to compensate the victim for monetary loss sustained as a result of the crime.
Devolución	**Compensación por el acusado que ha sido ordenado de pagar directamente a la víctima del crimen para compensar a la víctima por la pérdida de dinero relacionada con el crimen.**
Restitution fine	A monetary penalty imposed on a defendant as punishment for a crime, which is payable to the State Restitution Fund.

Multa de restitución	Una penalidad monetaria impuesta al acusado como castigo por un crimen, lo que se paga al Fondo de Restitución del Estado.
Right of allocution	The right of a defendant, before pronouncement of judgment, to show cause why judgment should not be pronounced against him or her.
Libertad de palabra	El derecho del acusado, antes de ser pronunciado el juicio, para mostrar la causa de porque el juicio no debe ser pronunciado contra él o ella.

POSTCONVICTION REMEDIES
DEFENSAS PRO-SENTENCIA CONDENATORIA

Affirm	The decision of an appellate court upholding the decision of a lower court.
Afirmar	**La decisión de una corte de apelación que sostiene la decisión de una corte menor.**
Appellant	The party appealing a decision of a lower court.
Apelante	**La parte que apela la decisión de una corte menor.**
Brief	An argumentative document filed with an appellate court in which the filing party states the grounds for granting or denying the appeal along with supporting legal arguments.
Expediente	**Un documento argumentativo llenado con una corte apelativa en la que el acusador redacta las razones por las que se deben reconocer o negar los argumentos legales.**
Certificate of rehabilitation	An order issued by a court after a rehabilitation proceeding declaring that the petitioner has been rehabilitated and recommending that the government grant a full pardon to the petitioner.
Certificado de rehabilitación	**Una order dictada por una corte después de una rehabilitación declarando que el demandante ha sido rehabilitado y recomendando que el gobernador le conceda el perdón completo al que lo requiere.**

Clerk's transcript	Part of the record on appeal, consisting of pertinent contents of the court's case file.
Escrito del escribano	**Parte de los archivos al apelar, consiste de los contenidos perteniente al archivo del caso en la corte.**
Commutation	A form of executive clemency consisting of reduction of a sentence, either in form or duration.
Conmutación	**Una forma de clemencia ejecutiva que consiste de la reducción de una sentencia, ya sea en forma o duración.**
Denial	A term having several meanings in the field of criminal procedure. In the context of a habeas corpus proceeding, a denial is a response by the petitioner to the allegations made in the return filed by the official responsible for the petitioner's incarceration or other restraint of liberty.
Negación	**Un período de varios significados en el campo de procedimientos criminales. En el contexto del procedimiento de habeas corpus, una negación es una respuesta al demandante a las alegaciones hechas en respuesta por el oficial responsable de la encarcelación del demandante u otra restricción de la libertad.**

Habeas Corpus	A writ issued by a court commanding that a defendant who is incarcerated or otherwise suffering a restraint of his or her liberty is brought before the court for the purpose of examining the lawfulness of the incarceration or restraint or the conditions of the incarceration of liberty.
Ley básica de protección de los derechos del detenido	**Un mandato dictado por la corte que ordena que un demandado que es detenido o que ha sido restringido de su libertad debe ser traído ante la corte con el propósito de examinar la legalidad de la detención o restricción o las condiciones de la encarcelación de la libertad.**
Harmless error	A trivial error committed by a trial court that is not likely to have changed the outcome of the case.
Error inofensivo	**Un error sin consecuencia cometido por una corte que no cambia el resultado de un caso.**
Order to show cause	An order of a court requiring a party to establish grounds why an action contemplated by the court should not be taken.
Orden de adjudicación	**Una orden de una corte que requiere que una parte establezca razones de porque una acción contemplada por la corte no debe ser aceptada.**
Prejudicial order	An error committed by a trial court that is sufficiently serious to have been likely to have changed the outcome of the case.

Orden con prejuicio	**Un error cometido por una corte que es sumamente seria para que el resultado del caso haya sido diferente.**
Record on appeal	The record of proceedings in a lower court transmitted by the clerk of the court to an appellate court when the case has been appealed.
Archivos apelados	**El archivo del procedimiento en una corte menor transmitidos por el escribano de la corte a una corte de apelación cuando el caso ha sido apelado.**
Remand	The requirement by an appellate court that a lower court take further action in a case.
Reenviar	**El requisito de la corte de apelación para que la corte menor tome una mejor acción en el caso.**
Remit	The transmittal of the decision of an appellate court to the lower court from which the case was appealed.
Remite	**La transmisión de la decisión de una corte de apelación de la corte menor de la cual el caso fue apelado.**
Reporter's transcript	Part of the record on appeal, consisting of transcriptions of oral proceedings in the lower court that were stenographically recorded by the court reporter.

La transcripción del reportero	**Parte del archivo apelativo, que consiste de transcripciones de procedimientos orales de la corte menor que han sido archivados en shorthand por el reporte de la corte.**
Reprieve	A form of executive clemency consisting of postponement of execution of a sentence.
Deprivación	**Una forma de clemencia ejecutiva que consiste en posponer la ejecución de una sentencia.**
Return	A term having several meanings in the field of criminal procedure. In the context of a habeas corpus proceeding, a return is a response by the official responsible for the incarceration or other restraint of the petitioner for writ of habeas corpus.
Devolución, declaración	**Un término que tiene varios significados en el campo de procedimientos criminales. En el contenido de habeas corpus, una devolución es una respuesta por el oficial responsable por la encarcelación o restricción del peticionario de los derechos del acusado.**
Reverse	The decision of an appellate court overturning the decision of a lower court.
Revocación	**La decisión de una corte superior que revoca la decisión de una corte menor.**
The annulment of a decision in case of an appeal	**The decision of an appellate court of annulling the decision given by a lower court**

Writ	An order issued by a court to a public official ordering the official to do or refrain from doing a particular act.
Mandato	**Una orden dictada por una corte a un oficial público para que el oficial haga o se detenga de hacer cierto acto en particular.**
Right to counsel	Under current law, an indigent petitioner does not have a right to be appointed counsel to assist in preparing and presenting a petition for writ of habeas corpus. It is arguable that if an evidentiary hearing is held, a due process right to counsel exists to assure that the hearing is fair. This issue has not, however, been definitively resolved by the courts.
Derecho a abogado	**Bajo la ley, un demandante pobre no tiene derecho a un abogado elegido que lo ayude a prepararse para presentar una petición de mandato de los derechos básicos. Es refutable que en una audiencia evidenciaria sea mantenida, un derecho del procedimiento legal por medio de un abogado asegura que la audiencia sea escuchada y justa. Este tema, no ha sido definitivamente resuelto por las cortes.**

Federal Habeas Corpus	The federal legal system has its own habeas corpus procedures. The current federal habeas corpus statutes are found at 28 U.S.C. §§ 2241-2255. Federal habeas corpus is significant to persons in the California criminal justice system because federal habeas corpus relief is available to review alledged violations of federal law, particularly federal constitutional law, in state court proceedings. The grounds for federal habeas corpus relief and the procedures for obtaining such relief are similar, though not identical, to those in the California state system.
Habeas Corpus Federal	**El sistema legal federal tiene sus propios procedimientos para habeas corpus. Los estatutos de habeas corpus federal son encontrados en 28 U.S.C. §§ 2241-2255. Habeas Corpus Federal es significativo para las personas que buscan alivio bajo el procesor penal de California porque habeas corpus está disponible para revisar las violaciones alegadas de la ley federal, particularmente bajo la ley federal constitucional, en procedimientos de la corte estatal. Los fundamentos para el alivio federal de habeas corpus y los procedimientos para obtener tal defensa son similares, aunque no sean idénticos, a aquellos sostenidos por el sistema del estado de California.**

FAMILY LAW

LEYES DE PARA LA FAMILIA

FAMILY LAW TERMINOLOGY KEY TERMS
TERMINOLOGIA DE DERECHO DE FAMILIA
TERMINOS LEGALES

Absence	Ausencia
Abduction	Secuestro ilegal
Absent	Ausente
Acceptance	Aceptación
Administrative procedure	Procedimiento administrativo
To adopt	Adoptar
Adopted	Adoptado
Adversarial Proceeding	Procedimiento adversario
Affirmation	Juramento
Amount of Assistance	Cantidad de ayuda
Applicant	Solicitante
Aplication	Aplicación
Adultery	Adulterio
Affidavit	Declaración jurada
Aforementioned	Antes mencionado
Alien	Extranjero
Alienation of Affections	Alienación de afecto
Alimony	Pensión alimenticia
To allege	Alegar
Annulment	Anulación
Answer to complaint	Contestación a una demanda
Appeal Hearing	Audiencia de apelación
To appear	Comparecer
Appellant	Apelante; recurrente
Appellant court	Tribunal de apelación
Applicant	Solicitante
Assistance	Ayuda, asistencia
Assign	Asignar
Attachment	Embargo

Authorization	Autorización
Baptismal Certificate	Fé de bautismo
Basic standard of need	Asistencia básica
Battered Woman Syndrome	Síndrome de mujer abusada
Bird's Nest Custody	Custodia de ñinos de cuna
Birth Certificate	Partida de nacimiento
Birth Control	Control de la natalidad
Birth Record	Certificado de nacimiento
Bonds	Vínculos
Budget	Presupuesto
Canons of Ethics	Código de éticas
Caption of Complaint	Título de la queja
Cause of Action	Causa de acción
Chambers	Oficina del juez
Child Support	Mantenimiento de niños
Conciliation Court	Corte de mediación
Closed Case File	Archivo del caso terminado
Comity	Cortesía, respetuo mutuo
Common Law Property	Propiedad comunitaria en común
Complaint	Queja
Conciliation	Conciliación
Condonation	Perdón
Confidentiality	Confianza
Conflict of interest	Conflicto por interes
Contempt of Court	Desobediencia a la corte
Contingent fee	Honorario condicional
Conversion	Conversión
Counterclaim	Contrademanda
Curtesy	Cortesía
Decree of dissolution	Decreto de divorcio
Default judgment	Juicio por no comparecer
Defendant	Acusado, demandado
Defense	Defensa
Incompatibility	Incompatibilidad

Irreconcilable differences	Diferencias irreconciliables
Friendly divorce	Divorcio amigable, de mutuo acuerdo
Grounds	Razones
Legal Separation	Separación legal
Necessaries	Necesidades
Neglect	Descuido
Negligence	Negligencia
No-fault grounds	Sin culpa
Summary Dissolution	Separación sumaria
Personal Jurisdiction	Jurisdicción personal
Residence	Residencia
Domicile	Domicilio
Minimun contacts	Contactos mínimos
Change of venue	Cambio de dirección de audiencia
Restraining orders	Ordenes de restricción
Long-arm statute	Ley
Adopted	Adoptado
Ex parte	Audiencia de emergencia
Order to Show Cause	Orden para demostrar una causa
Stipulation	Estipulación
In personam	En persona
Joint Legal Custody	Custodia compartida
Spousal Support	Soporte de mantenimiento para la esposa
Child Support	Soporte de mantenimiento para los niños
Petition	Petición
Plaintiff	Demandante
Primary Caregiver Presumption	Presunta persona de cuidado
Proof of Service	Prueba de servicio
Pro- per	En propia persona
Protective Order	Orden de protección
Proxy Marriage	Matrimonio por poder

Putative Spouse	Esposa putativa
Reconciliation	Reconciliación
Respondent	Demandado
Restraining Order	Orden de restricción
Separation Agreement	Acuerdo de separación
Abstract of Judgment	Abstracto del juicio
Contempt	Violación
Writ of possession	Orden de posesión
Writ of attachment	Orden de recargo
Incestuous Marriage	Matrimonio por incesto
Bigamous Marriage	Matrimonio en bigamia
Polygamous marriage	Matrimonio en poligamia
Common Law	Ley en común
Marriage	Matrimonio
Putative Marriage	Matrimonio Putativo
Nonmarital cohabitants	Cohabitantes no casados
Independent	Independiente
Stepparent	Padre adoptivo
Intercountry	Dentro del país
Confidentiality	Privado
Continually absent	Ausencia continuada
Contribution	Contribución
Credibility	Credibilidad
Definition	Definición
Dependent Child	Hijo mantenido
Dissatisfied	Insatisfecho
District attorney	Procurador, fiscal
Eligibility	Elegibilidad
Exempt	Exento
Home	Hogar, casa
To investigate	Investigar
Legally responsible	Tutor, tutor legal
Needy	Necesitado
Percentage	Porcentaje

Petition	Petición
Physically	Fisícamente
Purpose	De acuerdo
Real Estate	Bienes y raíces
Pursuant	De acuerdo
Recognized	Reconocido
Shelter	Albergue
Stepfather	Padrastro
Stepmother	Madrastra
Stepbrother	Hermanastro
Support and care	Manutención y cuidado
Taken into consideration	Tomado en consideración
Unemployed	Desempleado
Value	Valor
Waiver	Renuncia
Summons—Family Law	Citación judicial—derecho de familia
Notice to Respondent	Aviso al demandado
Petitioner's name	Nombre del demandante
For court use only	Solo para el uso de la corte
Case number	Número del caso
Petition	Petición
Response form	Formulario de respuesta
Filing Fee	Formulario de pago por archive
Legal advice	Consejo legal
Lawyer	Abogado
Restraining orders	Prohibiciones judiciales
Husband and wife	Esposo y esposa
Law enforcement officer	Agente del order público
The name and the address of the court is	El nombre y dirección de la corte es
Telephone number	El número de teléfono
Petitioner's attorney	El abogado del demandante
Notice to be served	Aviso al demandado

Clerk	Secretario
Form adopted by rule 1283	Forma adoptada de acuerdo a la regal 1283
Important information	Información importante
Dissolution of marriage	Disolución de matrimonio—Divorcio
Legal Separation	Separación legal
Nullity of marriage	Anulación de matrimonio
Amended	Corregido
Statistical facts	Hechos estadísticos
Date of Marriage	Fecha en que se efectuó el matrimonio
Date of Separation	Fecha en que los conyuges se separaron
Declaration regarding minor children	Declaración pertinente a los niños
Period between marriage and separation	Lapso del tiempo de matrimonio
Child's name	Nombre del niño
Birthdate	Día de nacimiento
Age	Edad
Sex	Sexo
Paternity	Paternidad
Separate Property	Propiedad Separada
Assets	Bienes
Debts	Deudas
Child Support	Mantenimiento o soporte para los niños
Declaration regarding community and quasi-community assets and debts	Declaración con relación a los bienes y deudas en común
Subject to disposition of the court	Materia que está a disposición de la corte
Petitioner request	Pedido del demandante
Irreconcilable differences	Diferencias irreconciliables
To affect	Afectar

Incurable Insanity	Estado mental incurable
Petitioner's age at time of marriage	Edad del demandante al contraer matrimonio
Prior Existing Marriage	Matrimonio previo
Unsound Mind	Enfermo mental
Fraud	Fraude
Force	A la fuerza
Physical incapacity	Incapacidad física
Legal Custody	Custodia Legal
Physical Custody	Custodia física
Supervised	Supervisada
Visitation	Visita
Determination of parentage	Determinación de paternidad
Spousal support	Soporte o mantenimiento para la esposa
Jurisdiction	Jurisdicción
Former name	Nombre anterior
I declare	Yo declaro
Wage assignment	Pago destinado para
Under penalty of perjury	Yo juro
Under the laws of	Bajo las leyes de
True and correct	Verdadero y correcto
Superior Court of California	Corte Superior de California
Family and Probate Case Cover Sheet	Formulario de Familia y Estado
Grounds for Assignment to District	Certificado para asignación del distrito
Abandonment	Abandono
Sole Custody	Custodia única
Emancipation cases	Casos de emancipación
Children's Court	Corte de niños
Hearing	Audiencia
Time estimate	Tiempo estimado
Parties reside	Conyuges residen
Decedent	Fallecido

Regular Dissolution of Marriage	Divorcio regular
Summary Dissolution of Marriage	Divorcio con acuerdo de los cónyuges
Domestic Violence Restraining Order	Order de restricciónn por violencia doméstica
Habeas Corpus Petition	Petición por derecho de justicia
Agency Adoption	Agencia de adopción
Independent Adoption	Adopción independiente
Adult Adoption	Adopción de adulto
Stepparent Adoption	Adopción por padrastro
To deny (paternity)	Negar (la paternidad)
No-fault divorce	Divorcio sin culpa
Divorce decree	Sentencia de divorcio
Petition for Probate of Will	Petición del estado por testamento
Letters testamentary	Cartas de testamento
Letters of Administration	Cartas de administración
Petition to Set Aside	Petición para Order establecida
Petition for Conservatorship	Petición para ser apoderado de
Petition for approval of Medical Treatment without Consent	Petición para aprobar tratamiento médico sin consentimiento
Petition for Guardianship of Person and Estate	Petición para ser tutor de la persona y estado
Petition to Establish Fact of Birth	Petición para establecer hechos de nacimiento
Death	Muerte
Decedent Residence	Residencia del fallecido
Circumstance	Circunstancia
Signature of Attorney	Firma del abogado
Code of Civil Procedure	Código perteniente al procedimiento civil
Confidential Counseling Statement	Petición para consejería confidencial
Marriage Counseling	Consejería para matrimonio
Trained person	Persona entrenada

Declaration under Uniform Child Custody Jurisdiction Act (UCCJA)	Declaración perteneciente a la jurisdicción de custodia del niño
Proceeding	Audiencia
Family Code	Código familiar
Child's Name	Nombre del niño
Place of Birth	Lugar de nacimiento
Witness	Testigo
Litigation	Litigación
Claims	Quejas
Has physical custody	Tiene custodia física
Number of pages	Número de páginas
Signature of declarant	Firma del demandante
Order to Show Cause	Orden para demostrar causa
Modification	Modificación
Custody Mediation	Mediación de Custodia
Completed Income and Expense Declaration	Declaración completa de ingresos y gastos
Financial Statement	Hoja financiera
Property Declaration	Declaración de propiedades
Points and Authorities	Puntos y autoridades
Responsive Declaration	Declaración de respuestas
Temporary Orders	Ordenes temporales
Service	Servicio
To Comply	Obedecer al pie de la letra
Judge of the Superior Court	Juez de la Corte Superior
Personal Conduct and Harassment	Conducta Personal y Acoso
Filed	Registrado, archivado
Amount requested	Cantidad requerida
Not to transferring, encumbering, hypothecating, concealing, disposing	No transferir, endeudarse, hipotecar, o disponer
Community	Comunidad
Separate	Separada
Extraordinary Expenses	Gastos extraordinarios
Enjoining	Parar

Beneficiaries	Beneficiarios
Life	Vida
Health	Salud
Disability	Incapacidad
Benefit	Beneficio
Necessities	Necesidades
Possession	Posesión
Encumbrances	Deudas
I request	Solicito
Amount of payment	Cantidad de pago
Relief	Remedio legal
Welfare	Binestar social (público)
Income and Expense Declaration	Declaración de ingresos y egresos
Occupation	Ocupación
Education	Educación
Employed	Empleado
Gross monthly earnings	Ganancias mensuales gruesas
Net monthly disposable income	Ganancias mensuales netas disponibles
Expenses	Gastos
Income	Ganancias
My estimate	Mi estimado
State Income Tax	Impuestos estatales
Mandatory Union Dues	Pagos mandatarios para la unión
Necessary job-related expenses	Pagos mandatorios relacionados con el trabajo
Hardship Deduction	Deducción por emergencias
Cash and Checking Accounts	Cuentas de depósito y ahorros
Savings, Credit Union	Ahorros, créditos de la unión
Certificates of Deposit	Certificado de depósito
Money-market accounts	Cuentas del banco de ahorros
Stocks, bonds	Certíficados, acciones
Monthly expenses	Pagos mensuales

Mortgage	Pagos de intereses por compra de casa
Maintenance	Mantenimiento
Unreimbursed medical and dental expenses	Pagos médicos y dentales que no son deductibles
Child Care	Cuidado de niños
Children's education	Educación de los niños
Food at home and household supplies	Comida y o necesidades del hogar
Food eating out	Cenas fuera de casa
Utilities	Utilidades
Telephone	Teléfono
Laundry and Cleaning	Lavandería y Limpieza
Clothing	Ropa
Insurance	Aseguranza
Health Insurance	Aseguranza médica
Entertainment	Entretenimiento
Total expenses	Gastos totales
Creditor's name	Nombre de la persona a quien se le debe una suma de dinero
Payment for	Pago por
Monthly payment	Pago mensual
Balance	Balance
Date	Fecha
Atttorney Fees	Pagos al abogado
Social Security Number	Número del Seguro Social
Driver's License Number	Número de licencia de manejo
Street address	Dirección de la calle
Employer's Name	Nombre del empleador
Waiver	Renuncia
Timely Notice	Aviso anticipado

FAMILY LAW DEFINITIONS
LEYES PARA LA FAMILIA DEFINICIONES

To abandon	One spouse voluntarily, but without justification, leaves another (who does not consent to the departure) for an uninterrupted period of time with the intent not to return to resume cohabitation. Also called abandonment.
Abandonar	**Un esposo que voluntariamente pero con justificación deja a otro (que no consiente la salida) por un período sin interrupción de tiempo con el intento de no regresar o cohabitar otra vez. También llamado abandono.**
Abduction	The unlawful taking away of another.
Abducción	**El separar a una persona ilegalmente de otra**
Acceptance	An assent or acquiescence to an offer.
Aceptación	**Una confirmación o afirmación a una oferta.**
To adopt	The legal process by which an adoptive parent assumes the rights and duties of the natural (i.e., biological) parent.
Adoptar	**El proceso legal por el cual un padre adoptivo asume los derechos y responsabilidades de un padre (ejemplo: biológico)**
To abuse	Physically harming a persona.

Abandonment	**One spouse voluntarily, but without justification, leaves another (who does not consent to the departure) for an uninterrupted period of time with the intent not to return to resume cohabitation. Also called abandonment.**
Abandono	**Una esposa voluntariamente pero sin justificación deja al otro. (que no consiente la ida de la otra persona) por un interrumpido período de tiempo con el intento de no regresar a cohabitar en el mismo lugar. También llamado abandono.**
Abduction	**The unlawful taking away of another.**
Abducción	**El alejar ilegalmente a unapersona lejos de la otra.**
Adversarial Proceedings	A proceeding in court or at an agency where both parties to a dispute can appear and argue their opposite positions.
Procedimientos Adversos	**Un procedimiento en corte o en una agencia donde las dos partes de una disputa aparecen para discutir sus posiciones adversas.**
AFDC	Aid to Families with Dependent Children. A public assistance program.
AFDC	**Una organización de asistencia pública que ayuda a los niños dependientes**
Affidavit	A written statement of facts given under oath or affirmation.
Testamento	**Una declaración escrita de nuevos hechos dados en la queja del demandante.**

Affirmative Defense Complaint	A defense that raises new facts on the plaintiff's complaint.
Defensa Afirmativa	**Una defensa afirmativa que presenta nuevos hechos en la queja del demandante.**
Alienation	The act of transferring property, o título de propiedad.
Enajenación de bienes	**El acto de transferir el título de propiedad**
Alienation of affections	A tort that is committed when the defendant diminishes the marital relationship between the plaintiff and the latter's spouse.
Aliencación de afecto	**Un crimen que es cometido cuando el acusado intenta lastimar la relación marital que existe entre el acusador y su última esposa.**
Annulment	A declaration by court that a valid marriage never existed.
Anulación	**Una declaración hecha por la corte de que un matrimonio válido nunca existió.**
Answer	The pleading file by the defendant that responds to the complaint of the plaintiff.
Respuesta	**La declaración archivada por el demandado que responde a la queja del demandante.**
Antenupcial Agreement	A contract made by the two individuals who are about to be married that covers support, property division, and related matters in the event of death of one of the parties or the dissolution of the marriage by divorce or death.

Contrato anticipado de matrimonio	**Un contrato hecho por dos personas que están por casarse que cubre los temas de soporte, división de bienes, y temas relacionados con la muerte de uno de los conyuges o la disolución del matrimonio por divorcio o muerte.**
Arbitration	The process of submitting a dispute to a third party outside the judicial system who will resolve the dispute for the parties.
Arbitraje	**El proceso de submitir una disputa a una tercera persona fuera del sistema judicial quien se encarga de resolver la disputa de los cónyuges.**
Arreas, Arrearages	Payments that are due but have not been made.
Deudas, Atrasos	**Pagos atrasados que no se han hecho**
Assign	To transfer rights or property to someone. The noun is *assignment*. The person who makes the transfer is called the assignor. The person who receives the transfer is called the assignee or one of the assigns.
Asignar	**Transferir derechos o propiedad a alguien más. El sustantivo es derecho. La persona que hace la transferencia es llamado el asignador. La persona que recibe la transferencia el asignado o uno de los asignados.**
Attachment	A court authorization of the seizure of the defendant's property so that it can be used to satisfy a judgment against him or her.

Declaración de autorización de derechos	**La autorización de una corte de tomar propiedad del acusado para que pueda ser usada para satisfacer el juicio en contra de él o ella.**
Attorney-Client Privilege	The right of a client to refuse to answer questions that will disclose communications between the client and his or her attorney. The purpose of the communication must be the facilitation of legal services from the attorney to the client. The client can also prevent the attorney from making such disclosures.
Comunicación privada entre abogado y cliente	**El derecho del cliente de rehusar a contestar las preguntas que lo divulgarán con el abogado. El propósito de la comunicación debe ser la facilidad de servicios legales entre el abogado y el cliente. El cliente también puede prevenir que el abogado divulge información priviligiada.**
Banns of marriage	A public announcement of a proposed marriage.
Anuncios de matrimonio	**Un anuncio público de un matrimonio propuesto.**
Bastardy	Pertaining to a child born before his or her parents were married, or born to parents who never married.
Bastardo	**Perteneciente a un niño nacido antes de que sus padres estuviesen casados, o nacidos de padres que nunca se casaron.**

Battered Woman Syndrome	Psychological helplessness because of a woman's financial dependence, loneliness, guilt, shame, and fear of reprisal from her husband or boyfriend who has repeatedly battered her in the past.
Sindrome de mujer abusada	**Dependencia psicológica debido a la dependencia financiera de una mujer, soledad, culpa, verguenza, y dolor de perder a su esposo o novio quien repetidamente la ha lastimado en el pasado.**
Beneficiary	The person named in a document such as a will or insurance policy to receive property or other benefit.
Beneficiario	**La persona nombrada en un documento como en un testamento o aseguranza que va a recibir propiedad u otro beneficio.**
Bigamy	Entering or attempting to enter a marriage when a prior marriage is still valid.
Bigamia	**Empezar o intentar casarse cuando un matrimonio anterior todavía es válido.**
Bird's Nest Custody	Joint custody where the child remains in one home and each parent moves in and out during alternating periods of time
Custodia de Nido de Pájaros	**Custodia adjunta donde que el niño se establece en una casa y cada padre va y viene durante un período de tiempo.**

Canons of Ethics	Rules that embody standards of conduct. In the legal profession, the canons of ethics are often referred to as a Code of Ethics or as a Code of Professional Responsibility that governs attorneys. The current canons of ethics of the American Bar Association are found within the Model Rules of Professional Responsibility.
Código de Eticas	**Las reglas que forman las normas de conducta. En una profesión legal, los códigos de éticas que a menudo son conocidas como el Código de Eticas Profesional de responsabilidad que gobierna a los abogados. Los códigos actuales de éticas de la Asociación de la escuela de abogados son encontradas dentro de las Reglas de Modelo de Responsabilidad Profesional.**
Caption of Complaint	The heading or beginning of the complaint that contains the name of the court, the names of the parties, their litigation status, and the name of the document (e.g., Complaint for Divorce).
Título de la queja	**El título o comienzo de la queja que contiene el nombre de la corte, los nombres de los litigantes, el estado de la disputa, y el nombre del documento, e.g., Queja de Divorcio.**

Cause of action	An allegation of facts that, if proved, would give a party a right to judicial relief. A cause of action is a legally acceptable reason for suing; it is a theory of recovery.
Causa de acción	**Una alegación de hechos que si son comprobados le daría a la parte derecho a compensación legal. Una causa de acción que es legalmente aceptable para una demanda en una teoría de recuperación.**
Chambers	A judge's private office.
Oficina privada del juez	**Una oficina privada del juez**
Closed Case File	The file of a client whose case is no longer being worked on.
Un archivo de caso cerrado	**El archivo de un cliente cuyo caso ha sido cerrado.**
Ceremonial Marriage	A marriage that is entered in compliance with the statutory requirements—e.g., obtaining a marriage license, having the marriage performed (i.e., solemnized) by an authorized person.
Matrimonio formal	**Un matrimonio que se hizo de acuerdo a los requisitos legales, e.g., obteniendo la licencia matrimonial, al hacer que el matrimonio sea (solemnizado) celebrado por una persona autorizada.**
Cohabitation Agreement	A contract made by two individuals who intend to stay unmarried, which covers financial related matters while living together, upon separation, or upon death.

Acuerdo de cohabitación marital	**Un contrato hecho por dos individuos que intentan permanecer solteros cubriendo situaciones financieras y otros aspectos mientras vivan juntos, se separen o se mueran.**
Collusion	An agreement to commit fraud. (2) An agreement between a husband and wife in a divorce proceding that one or both will lie to the court to facilitate the obtaining of the divorce.
Acuerdo para cometer fraude	**(1) Un acuerdo de cometer fraude. (2) Un acuerdo entre esposo y esposa en un procedimiento de divorcio de que uno o los dos mientan para facilitar la obtención del divorcio**
Comity	The court's decision to give effect to the laws and judicial decisions of another state as a matter of deference and mutual respect even if no obligation exists to do so.
Cortesía	**La decision de la corte de dar efecto a las leyes y las decisiones judiciales de otro estado como un aspecto de deferencia y mutuo respeto aún si no existe una obligación.**
Commingling of Funds	Mixing general law firm fund with client funds in a single account. More broadly, it means combining one's own funds with those to whom a fiduciary duty is owed.

Combinación de fondos	Mezclar los fondos generales de la firma con la del cliente en una sola cuenta. Más aún, significa combinar los fondos individuales con áquellos que se tiene una obligación fiduciaria. (fideicomiso)
Common Law	Judge-made law created in the absence of other controlling law such as statutory law.
Derecho consuetudinario	Derecho creado por los jueces en la ausencia de otra ley como la ley parlamentaria.
Common Law Marriage	The marriage of two people who have not gone through a ceremonial marriage. They have agreed to be husband and wife, lived together as husband and wife, and held themselves out to the public as husband and wife.
Matrimonio de Hecho	El matrimonio de dos personas que no han celebrado un matrimonio formal o ceremonioso. Han acordado de convertirse en cónyuges, en vivir juntos como esposo y esposa, y se presentan ante la sociedad como cónyuges.
Common Law Property	Property acquired during the marriage in a state other than a community property state. Upon divorce, the parties are given an equitable, but not necessarily equal, division of such property. At one time, however, common law property was usually given to the party who had legal title to the property.

Propiedad comunitaria común	La propiedad que se adquiere durante el matrimonio en un estado que no es una propiedad comunitaria. Al divorciarse, las partes reciben equitivamente pero no necesariamente igual, division de tal propiedad. Antes, sin embargo la propiedad comunitaria en común era dada a quien tenía el título legal de la propiedad.
Conciliation	The resolution or settlement of a dispute in an amicable manner. A conciliation service is a court-authorized process whereby a counselor attempts to determine if parties filing for divorce can be reconciled, and if not, whether they can agree on the resolution of support, custody, and property division issues.
Reconciliación	La resolución o estado de una disputa de una manera amigable. Un servicio de conciliación en un proceso de corte donde un consejero intenta determinar si las partes que hicieron la petición de divorcio pueden reconciliarse, y sino, ellos pueden llegar a un acuerdo en la resolución del soporte, custodía y temas de división de propiedad.
Condonation	An express or implied forgiveness by the innocent spouse of the marital fault committed by the other spouse.

Perdón	**Un expreso o entendido perdón dado por la esposa inocente al esposo culpable.**
Connivance	Willingness or consent by one spouse that a marital wrong be done by the other spouse.
Convivencia	**Una disposición o consentimiento dado por una esposa a un esposo por un error.**
Community property	Property in which each spouse has a one-half interest because it was acquired during the marriage, regardless of who earned it or who has title to it. (It does not include property acquired by gift or inheritance, which is the separate property of the spouse who receives it.) Common law property, on the other hand, is property owned by the spouse who earned it.
Propiedad comunitaria	**La propiedad en la cual el esposo tiene la mitad del interés porque fue adquirido durante el matrimonio, sin importar quien la ganó o de quien es el título. (No incluye la propiedad adquirida por regalo o herencia la que es una propiedad separada de la esposa que lo reciba). La propiedad comunitaria en común por otro lado, es propiedad que pertenece a la esposa que la gana.**
Complaint	A pretrial document filed in court by one party against another that states a grievance, called a cause of action.

Queja	Un documento archivado antes del juicio por una de las partes contra la otra que declara un daño, llamado la causa de acción.
Contempt of Court	Obstructing or assailing the authority or dignity of the court such as by intentionally violating a court order. The purpose of a civil contempt proceeding is to compel future compliance with a court order. The purpose of a criminal contempt proceeding is to punish the offender.
Desobedencia a la Corte	Obstruir o atacar la autoridad o dignidad de la corte tal como intencionalmente violar la orden de la corte. El propósito de un procedimiento de desobedencia civil es el de seguir órdenes de la corte. El propósito de un procedimiento de desobedencia criminal es el de castigar al que hace la ofensa.
Intestate	Dying without leaving a valid will.
Sin dejar testamento	Morir sin dejar testamento válido.
Confidentiality	The ethical obligation not to disclose information relating to the representation of a client.
Confidencialidad	La obligación moral de no dar información relacionada a la representación de un cliente.
Conflict of interest	You have a divided loyalty that actually or potentially places a person at a disadvantage, even though you owe that person undivided loyalty.

Conflicto de interés	**Uno tiene que ser legal aunque actualmente o potencialmente pone a una persona en desventaja aúnque uno deba a esa persona lealtad incondicional.**
Ceremonial Marriage	A marriage that is entered in compliance with the statutory requirements—e.g., obtaining a marriage license, having the marriage performed by an authorized person.
Matrimonio formal	**Un matrimonio que se hace de acuerdo a los requisitos de la ley—e.g., obteniendo una licencia, al formalizar el matrimonio con una persona autorizada.**
Constructive Desertion	The conduct of the spouse who stayed home justified the other spouse's departure; or the spouse who stayed home refuses a sincere offer of reconciliation from the other spouse who initially left.
Divorce	A legal obstacle that prevents the formation of a valid marriage or other contract.
Impedimento	**Un obstáculo legal que previene la formación de una matrimonio válido u otro contrato.**
Incompatibility	A no-fault ground for divorce that exists when there is such discord between the husband and wife that it is impossible for them to live together in a normal marital relationship.

Incompatibilidad	**Razones sin-culpa para el divorcio que existen cuando hay discordia entre el esposo y la esposa que se les es imposible para ellos vivir juntos en una relación marital normal.**
Estopped	Two persons of the same sex who live together in an intimate relationship, who register with the government as domestic partners, and who thereby acquire limited rights enjoyed by a traditional married couple.
Pareja doméstica	**Dos personas del mismo sexo que viven juntos en una relación intima, que se registran con el gobierno como pareja doméstica y que por lo tanto adquiere los derechos limitado de los que una pareja casada tradicional goza.**
Divorce	A declaration by the court that a marriage has been dissolved so that the parties are no longer married to each other.
Divorcio	**Una declaración hecha por la corte de que un matrimonio ha sido disuelto con el entendimiento de que la pareja ya no está casada.**
Legal Separation	A declaration by a court that parties can live separate and apart even though they are still married to each other. Also called a judicial separation, a limited divorce, a divorce mensa et thoro, and a separation from bed and board.

Separación legal	**Una declaración hecha por la corte que las partes pueden vivir separadas y aparte aún si están casados y separados aunque todavía estén casados. También llamada separación judicial, divorcio limitado, divorcio mensa et thoro, y separación de cama y vivienda.**
Necessaries	The basic items needed by family members to maintain a standard of living. These items can be purchased and charged to the spouse who has failed to provide them.
Necesidades	**Los artículos básicos necesarios para los miembros familiares para mantener una forma de vida normal. Estos artículos pueden ser comprados y cobrados a la esposa que tenía que proveerlos.**
Neglect	The failure to provide support, medical care, education, moral example, discipline, and other necessaries.
Descuido	**La falla de proveer soporte, cuidado médico, educación, ejemplo de moralidad, disciplina, y otras necesidades.**
Negligence	Unreasonable conduct that causes injury or damage to someone to whom you owe a duty of reasonable care.
Negligencia	**Conducta irrazonable que causa daño o perjuicio a alguien a quien se le debe responsabilidad de un cuidado razonable.**

Voidable Marriage	A marriage that is invalid only if a court declares it so.
Matrimonio anulable	**Un matrimonio que es inválido solo si la corte lo declara así.**
Void Marriage	A marriage that is invalid whether or not a court declares it so.
Matrimonio nulo	**Un matrimonio que es inválido ya sea que la corte lo declare así o no.**
Estopped	Prevented from asserting a right or a defense because it would be unfair or inequitable to do so.
Prevención	**Prevención de establecer un derecho o una defensa porque sería injusto o sin comparación el hacerlo**
Grounds	(1) Acceptable reasons for seeking a particular result. (2) Foundation or basis for one's belief or conduct.
Razones, motivos	**(1) Razones aceptables al buscar un resultado en particular. (2) Fundamentos o bases de nuestros principios o conducta.**
Rebuttable Presumption	An assumption of fact that can be drawn when another fact or set of facts is established. The presumption is rebutabble if a party can introduce evidence to show that the assumption is false.
Presunción refutable	**Una asunción de hecho que se puede obtener de otro hecho o series de hechos establecidos. La presunción es refutable si una parte puede introducir evidencia para demostrar que la evidencia es falsa.**

Sterility	Impotence for having children; infertile.
Esterilidad	**Impotencia para tener niños; infertile.**
Laches	Waiting an unreasonably long time to bring a suit or assert a right.
Tardanza en reclamar un derecho	**Esperar un tiempo irracionable para reclamar un derecho o aprobar un derecho.**
Cohabitation	Living together as husband and wife whether or not the parties are married.
Cohabitar	**Vivir juntos como esposa y esposa ya sea que la pareja esté casada o no.**
Duress	Coercion; acting under the pressure of an unlawful act or threat.
Presión	**Coersión; actuar bajo la presión de un acto ilegal o amenaza.**
Legitimize	To formally declare that children born out of wedlock are legitimate.
Legalizar	**Formalmente declarar que los niños nacidos fuera del matrimonio son legítimos.**
Conflict of Interest	Divided loyalty that actually or potentially places a person at a disadvantage, even though he or she is owed undivided loyalty.
Conflicto de interés	**Lealtad dividida que actualmente o potencialmente le pone a una persona a desventaja de otra aunque él o ella tengan el derecho de ser completamente fieles.**

Adversary	Involving a dispute between opposite sides who argue their case before a neutral official such as a judge. An opponent.
Adversario	**Una pelea en la que están envueltos lados opuestos quienes discuten su caso ante un oficial neutral tal como un juez o. un oponente**
Commingling of Funds	Mixing general law firm funds with client funds in a single account. More broadly, it means combining one's own funds with those to whom a fiduciary duty is owed.
Fondos Combinados	**Una firma de leyes que mezcla los fondos del cliente en una sola cuenta. Más aún, significa que combina sus propios fondos para quienes se debe el derecho de lealtad.**
Contempt of Court	Obstructing or assailing the authority or dignity of the court such as by intentionally violating a court order. The purpose of a civil contempt proceeding is to compel future compliance with a court order. The purpose of a criminal contempt proceeding is to punish the offender.
Desobecer a la Corte	**Obstruir o atacar la autoridad o dignidad de la corte al intencionalmente violar una order de la corte. El propósito de la corte civil es el de hacer obedecer futuros mandatos de la corte. El propósito de la corte criminal en un procedimiento de desobediencia es el de castigar al que desobedece.**

Contingent Fee	A fee is contingent if the amount of the fee is dependent on the outcome of the case. A fixed fee is paid regardless of outcome.
Honorario condicional	**Un honorario condicional si la cantidad del honorario depende del resultado del caso. Un honorario fijo es pagado no importa cual sea el resultado del caso.**
Conversion	(1) The authorized exercise of dominion and control over someone's personal property. (2) Once a judicial separation has been in place for a designated period of time, the parties can ask the court for a divorce on that basis alone. The latter is called a convertible divorce.
Conversión	**(1) El ejercicio autorizado de dominio y control sobre la propiedad personal de otro. (2) Cuando ha tomado lugar una separación legal por un período designado de tiempo, las partes pueden pedir que la corte los divorcie en esas bases. La última llamada divorcio convertible.**
Counterclaim	A claim made by the defendant against the plaintiff.
Contrademanda	**Una queja hecha por el acusado contra el acusador.**
Curtesy	The right of a husband to the lifetime use of all the land his deceased wife owned during the marriage (if issue were born of the marriage).

Derechos, no transmisibles	El derecho del esposo a las tierras de que la esposa era dueña cuando estaba viva durante el matrimonio (si la propiedad se obtuvo durante el matrimonio).
Default judgment	A judgment rendered when the other side failed to appear.
Juicio por rebeldía	Un juicio que se rinde cuando la otra parte no comparece.
Defendant	The party against whom a claim is brought at the commencement of litigation.
`Acusado	La parte contra quien un juicio es llevado al comienzo de la litigación.
Defense	Allegations of fact or legal theories offered to offset or defeat claims or demands.
Defensa	Alegaciones de hecho o teorías legales ofrecidas para demonstrar o defenderse de quejas o demandas.
False imprisonment	A tort with the following elements: (1) the defendant performs an act that completely defines the plaintiff within fixed boundaries set by the defendant; (2) the defendant intends the confinement; (3) the defendant causes the confinement or is harmed by it.
Privación ilegal de la libertad	Un crimen con los siguientes elementos: (1) el acusado hace un acto que define al acusador completamente dentro de ciertos límites establecidos por el acusado; (2) el acusado intenta el secuestro, (3) el acusado causa el secuestro ilegal o es lastimado por el mismo

Fraud	Knowingly making a false statement of present fact with the intention that the plaintiff rely on the statement. The plaintiff's reasonable reliance on the statement harms him or her.
Fraude	**Decir una verificación de un hecho presente con la intención de que el demandante la crea. La creencia razonable de esa verificación puede lastimar al demandante.**
Friendly divorce	A divorce proceeding in which the husband and wife are not contesting the dissolution of the marriage, not anything related thereto. An uncontested divorce.
Divorcio de mutuo acuerdo	**Un procedimiento de divorcio en el cual el esposo y la esposa no están discutiendo la disolución del matrimonio, ni nada por el estilo. Un divorcio de mutuo acuerdo.**
Intentional Infliction of Emotional Distress	Intentionally causing severe emotional distress by extreme or outrageous conduct.
Inflección intencional o tensión emocional	**El causar tensión emocional causando tensión al extremo por esa conducta exagerada.**
Bequest	A gift of personal property in a will.
Legar	**Un regalo de propiedad personal dada en un testamento.**
Waiver	Giving up a right or privilege by explicity rejecting it or by failing to take appropriate steps to claim it at the proper time.

Ceder	Abandonar un derecho o privilegio al explícitamente rechazarlo o al fallar de tomar las medidas necesarias para reclamarlo a un tiempo apropiado.
Putative Spouse	A person who reasonably believed he or she entered a valid marriage eventhough there was a legal impediment that made the marriage unlawful.
Esposa Putativa	Una persona que razonablemente creyó que él o ella habían tenido un matrimonio válido aunque haya habido un impedimento legal que hizo el matrimonio inválido.
Domicile	The place where a person has been physically present with the intent to make that place a permanent home; the place to which one intends to return when away.
Domicilio	El lugar donde una persona ha escogido para vivir fisicamente en un presente con la intención de hacer de ese lugar su hogar permanente; el lugar en el cual intenta regresar.
Property Division	The distribution of property accumulated by spouses as a result of their joint efforts during the marriage. Sometimes referred to as a property settlement.
División de la propiedad	La distribución de la propiedad acumuluda por los esposos como resultado de sus esfuerzos durante el matrimonio. A veces conocido como estado de propiedad.

Outstanding	An amount or debt that has been unpaid.
Sobresaliente	**Una cantidad o deuda que no ha sido pagado.**
Estate	All the property left by the deceased. After being used to pay debts, this property is distributed to those entitled under the will or the intestacy laws.
Herencia	**Toda la propiedad que deja el difunto. Después de los pagos de las deudas, esta propiedad es distribuida a áquellos que tienen derecho sobre ello de acuerdo al testamento o las leyes testamentarias.**
Escrow	Property is delivered by one person to another who will hold it until a designated condition or contingency occurs; then the property is delivered to the person for whose benefit the escrow was established.
Garantía bloqueada	**La propiedad es entregada por una persona a quien la sostiene hasta que una condición designada o contingente ocurra; entonces la propiedad es deliverada a la persona para quienes los beneficios de esa garantía han sido establecidos.**
Arbitration	The process of submitting a dispute to a third party outside the judicial system who will render a decision that resolves the dispute.

Arbitraje	**El proceso de submitir una disputa a una tercera persona fuera del sistema judicial quien decidirá como resolver el argumento.**
Mediation	The process of submitting a dispute to a third party outside the judicial system that will help the parties reach their own resolution of the dispute. The mediador will not render a decision that resolves the dispute.
Mediación	**El proceso de submitir una disputa a una tercera parte fuera del sistema judicial que ayudará a las partes a alcanzar su propia resolución de la disputa. El mediador no será el que resuelva la disputa.**
Legal Custody	Legal Custody is the right and the duty to make the decisions about raising a child—decisions on the child's health, education, religion, and discipline. While married and living together, both parents have legal custody of their children. Upon divorce or separation, if both parents continue to make the major decisions together about the health, education, religion, and discipline of the child, they are sharing legal custody, a situation known as joint custody, or joint legal custody.

Custodia legal	**Custodia legal es el derecho y el deber de tomar decisiones acerca del crecimiento de un niño; decisiones acerca de la salud del niño, la educación, la religión, y la disciplina. Mientras están casados y juntos, los dos padres tienen la custodía de los niños. Cuando hay un divorcio o una separación, si ambos padres continuan tomando las decisiones más importantes acerca de la salud, educación, religión y disciplina de los niños, están compartiendo la custodia legal, una situación conocida como custodia conjunta o custodia legal común.**
Legal Separation	A declaration by a court that parties can live separate and apart even though they are still married to each other. Also called a judicial separation, a limited divorce a mensa et thoro, and a separation from bed and board.
Separación legal	**Una declaración hecha por la corte que las partes puedan vivir separadas y aparte aunque continuen casadas. También llamada separación judicial, divorcio limitado, a mensa et thoro, y separación de cama y vivienda.**
Living apart	A no-fault ground for divorce that exists when a husband and wife have lived separately for a designated period of consecutive time.

Viviendo aparte	**Un divorcio sin culpas que existe cuando un esposa y esposa han vivido separadamente por un designado período de tiempo y consecutivamente.**
Physical Custody	*Physical custody* simply refers to the parent with whom the child lives. If a court awards custody to one parent only, that parent is called the custodial parent. The other is the noncustodial parent, who usually has visitation rights.
Custodia física	**La custodia física solamente se refiere al padre con quien la persona vive. Si la corte entrega la custodia a un padre solamente, ese padre es llamado el padre custodial. El otro es el padre sin custodia, quien usualmente tiene derechos de visita.**
Sole Custody	Sole custody exists when one parent has both legal custody and physical custody. The other parent has visitation rights. About 70% de las decisiones de la custodia de hoy son arreglos de custodia unilateral.
Custodia Unilateral	**La custodia unilateral existe cuando un padre tiene la custodia legal y física. El otro tiene derechos de visita. Acerca del 70% de las decisiones de la custodia de hoy son arreglos de custodia unilateral.**

Joint Custody	*Joint custody* means that each parent shares legal custody and/or shares physical custody (joint physical custody) over alternating, but not necessarily equal, periods of time. These arrangements are sometimes referred to as shared custody, shared parental responsibility, shared parenting, or coparenting. *Bird's nest custody* is joint custody where the child remains in a single home and each parent moves in and out during alternate periods of time.
Custodia Adjunta	**Custodia adjunta significa que cada padre comparte la custodia legal (custodia legal adjunta) y / comparte custodia física (custodia física adjunta) en determinados períodos de tiempo, que no son exactos. A estos arreglos se refieren como custodia compartida. Responsabilidad paternal compartida. Custodia natal es una custodia adjunta en la que el niño permanence en una sola casa y cada padre se mueve de un lado a otro durante períodos de tiempo alternados.**
Parental Alienation Syndrome	A disorder suffered by some children at the center of a custody dispute. They idealize one parent while expressing hatred for the other, even though the relationship with both parents was relatively positive before the dispute.

Síndrome de alienación paternal	Un desorden que sufren los niños que se sienten en el centro de una disputa de custodia. Ellos idealizan a un padre mientras expresan odio por el otro, aunque la relación con ambos fue relativamente positiva antes de la disputa.
Petition	A formal request that the court take some action. A complaint.
Petición	Un pedido formal que la corte tome acción. Una queja.
Plaintiff	The party bringing a claim against another.
Demandante	La parte que acusa a la otra parte.
Primary Caregiver Presumption	The primary person who has taken care of the child should have custody.
Persona que en primer lugar se presume el cuidado	La primera persona que ha estado cuidando al niño debe tener la custodia.
Proof of service	A statement that service of process on the defendant has been made.
Prueba de servicio	Una declaración de que el proceso de servicio al demandado se ha hecho.
Property Division	The distribution of property accumulated by spouses as a result of their joint efforts during the marriage. Sometimes referred to as a property settlement.
División de propiedad	La distribución de propiedad acumulada por los esposos como resultado de sus esfuerzos adjuntos durante su matrimonio. A veces referido a acuerdo de propiedad matrimonial.

Protective Order	A court order directing a person to refrain from harming or harassing another.
Order de protección	**Una orden de la corte que exige a una persona de parar de lastimar o acosar a otra.**
Proxy Marriage	The performance of a valid marriage ceremony through agents because one or both of the prospective spouses are absent.
Matrimonio por poder	**La ejecución de un matrimonio válido utilizando agentes porque uno de los presuntos esposos está ausente.**
Putative Spouse	A person who reasonably believed he or she entered a valid marriage even though there was a legal impediment that made the marriage unlawful.
Esposa putative	**Una persona que razonablemente creyó que él o ella habían tenido un matrimonio válido aunque había un impedimento legal que hizo que el matrimonio sea ilegal.**
Reconciliation	The full resumption of the marital relationship.
Reconciliación	**La reconciliación total de una relación marital.**
Respondent	The party responding to a position or claim of another party; the defendant.
Demandado	**La parte que responde a una posición o queja de otra parte; el demandante.**
Restraining Order	A form of injuction initially issued ex parte to restrain the defendant from doing a threatened act.

Orden de restricción	**Una forma de parar cierta conducta inicialmente dada en un juicio de emergencia para obligar al demandado a no cometer un daño.**
Separation Agreement	A contract between spouses who have separated or who are about to separate, in which the terms of their separation are spelled out (e.g., support obligations, child custody, division of property accumulated during the marriage). The agreement may or may not be later incorporated and merged in a divorce decree. Also called a postnuptial contract.
Acuerdo de separación	**Un contrato entre esposos que se han separado o que están por separarse y que los terminos de esa separación son, ejemplo., obligaciones de soporte, custodia de niños, división de propiedad acumulada durante el matrimonio. El acuerdo puede ser o no más tarde incorporado y emergido en un decreto de divorcio. También llamado contrato post-nupcial.**
Summary Dissolution	A divorce obtained in an expedited manner because of the lack of controversy between the husband and wife.
Disolución inmediata	**Un divorcio obtenido de una manera inmediata por la falta de controversia entre el esposo y la esposa.**
Tender Years Presumption	Young children are better off living with their mother than with their father.

Presunción de edad infantil	**Los niños recién nacidos viven mejor con su madre que con su padre.**
Qualified Medical Child Support Order	A court order requiring that a group health plan provides benefits for the child of a parent covered under the plan.
Orden calificada médica para el cuidado del niño	**Una orden de la corte que requiere que un plan de salud sea previsto para los beneficios de los niños a través del padre que esté cubierto por un plan médico.**
Grounds	Acceptable reasons for seeking a particular result.
Motivos	**Razones aceptables para buscar cierto resultado.**
No-Fault Grounds	Reasons for granting a divorce that do not require proof that either spouse committed marital wrongs.
Fundamentos sin-culpa	**Razones para conceder el divorcio que no requieran de ninguna prueba de que ninguno de los esposos hayan cometido equivocaciones durante su matrimonio.**
Uncontested	Not disputed, not challenged.
Incompatibility	Such discord exists between the spouses that it is impossible for them to live together in a normal marital relationship.
Incompatibilidad	**La discordia que existe entre los esposos lo que hace imposible que ellos vivan juntos en una relación normal de matrimonio.**

Irreconcilable Differences	Such discord exists between the spouses that the marriage has undergone an irremediable breakdown.
Diferencias irrecuperables	**La discordia que existe entre los esposos que hace que el matrimonio se convierta en un verdadero fracaso.**
Cruelty	The infliction of serious physical or mental suffering on another.
Crueldad	**La inflicción de causar sufrimientos serios mentales o físicos al otro.**
Judicial Separation	A declaration by the court that parties can live separate and apart even though they are still married to each other.
Separación Judicial	**Una declaración hecha por la corte que las partes pueden vivir separadas y apartadas aunque continuen casados el uno con el otro.**
Migratory Divorce	A divorce obtained in a state to which one or both spouses traveled before returning to their original state.
Divorcio Migratorio	**Un divorcio obtenido en un estado en el cual uno o los dos esposos viajaban antes de regresar a su estado original.**
Jurisdiction	(1) The geographic area over which a particular court has authority. (2) The power of a court to act.
Jurisdicción, competencia, potestad	**(1) El área geográfica en la cual una corte particular tiene la autoridad. (2) La fuerza de la corte para actuar.**

Res Judicata	When a judgment on its merits has been entered, the parties cannot relitigate the same dispute (i.e., the same cause of action); the parties have already had their day in court.
Cosa juzgada	**Se da cuando se ha ganado un juicio de acuerdo a sus méritos, las partes no pueden apelar la misma disputa (ejemplo: la misma causa de acción; las partes ya han sido oídas en corte.**
Equitable Estoppel	*Equitable estoppel* means that a party will be prevented from doing something because it would be unfair to allow him or her to do it. A party will be equitably estopped from attacking the validity of a judgment—even a clearly invalid judgment—when: . . . the party obtained the judgment or participated in obtaining it, or . . . the party relied on the judgment by accepting the benefits based on it, or . . . the party caused another person to rely on the judgment to the detriment of the other person.

Exclusión o impedimento en equidad	**Significa que una parte será prevenida de hacer algo porque sería injusto permitirlo. Una parte será impedida de atacar la validez del juicio, aunque sea un juicio claro e inválido-cuando: ... La parte obtuvo el juicio o participó en obtenerlo, o ... La parte creyó en que al aceptar ese juicio era beneficioso de hacerlo, o ... La parte causó que la otra persona tuviese confianza en ese juicio a pesar del daño que le causaría.**
Forum State	The state in which the parties are now litigating a case.
Full Faith and Credit	Under Article IV of the U.S. Constitution, a valid public act of one State must be recognized and enforced by other States. Hence a divorce granted by a State with proper jurisdiction must be recognized by every other State—i.e., it must be given full faith and credit by other States.
Fé entera y positive	**Bajo el Artículo IV de la Constitución de los Estados Unidos, un acto público de un estado puede ser reconocido y enforzado por otros estados. Aunque un divorcio sea concedido por un estado con jurisdicción propia debe ser reconocido por otros estados, por ejemplo: debe darse pleno crédito y fé en otros estados.**

Service of Process	Providing a formal notice to a defendant that orders him or her to appear in court to answer allegations in claims made by a plaintiff. The notice must be delivered in a manner prescribed by law.
Servicio de proceso	**Proveer una noticia formal a un demandado que ordena que aparezca en la corte para contestar alegaciones en demandas hechas por el demandador. La noticia debe ser deliberada de una manera prescrita por la ley.**

JUVENILE PROCEDURES

PROCEDIMIENTOS PENALES PARA JOVENES

JUVENILE PROCEDURES AND TERMS
DEFINICIONES DE PROCEDIMIENTOS PENALES PARA JÓVENES

Adjudication Hearing	Audiencia final
Age of Responsibility	Edad de responsabilidad
At-risk youth: Missing person reports	Jóvenes en riesgo: reporte de personas pérdidas
At-risk youth	Encuentro oportuno
Categories of Child Abuse	Comportamiento
Child abuse reporting law	Ley del abuso de niños
Citation hearing	Citación para la audiencia
Dependency proceedings	Procedimientos de dependencia
Dependent child	Niño dependiente
Detention by police	Detención por la policía
Detention hearing	Audiencia por detención
Emotional assault	Asalto emocional
Emotional deprivation	Privación emocional
Foster care	Casa de custodia/adopción
Incestuous abuse	Abuso de incest
Lewd acts with children	Actos inmorales con niños
Parents Patriae	Padres
Pedophile	Pedofilo
Photo display	Despliegue de foto
Physical abuse	Abuso físico
Physical assault	Asalto físico
Physical neglect	Descuido físico
Preponderance of evidence	Evidencia preponderante
Probation	Libertad condicional
Probable cause: for arrest	Causa probable: por arresto
Probable cause: hearing	Causa probable: audiencia
Proof beyond reasonable	Prueba más que razonable
Protective custody	Custodia protectora

Reception center	Centro de recepción
Record sealing	Cellando el archivo
Runaways	Niños fugitivos
San Quentin	San Quentin
School searches	Búsquedas en la escuela
Sexual abuse	Abuso sexual
Sexual exploitation	Explotación sexual
Sex offender	Maniático
Truancy procedures, for police	Procedimientos para delincuentes, por la policía
Victim-offender identification procedures	Procedimientos de identificación de víctimas ofendidos
Voluntary chemical testing	Examen de drogas voluntario
Waiver of jurisdiction procedures	Procedimientos de jurisdicción
Wardship	Guardianes
Welfare and Institutions Code	Código de Welfare e Instituciones
Whittier School for Boys	Escuela de Whittier para los muchachos
Youth Service Bureau	Oficina de Servicio de la juventud
Youthful Offender Parole Board	Oficina de los jóvenes que comenten crímenes

JUVENILE PROCEDURES DEFINITIONS
DEFINICIONES DE PROCEDIMIENTOS DE LEYES PARA LOS JÓVENES

The Adjudication Hearing	Proceedings in juvenile court are bifurcated. That is, they re divided in two phases, the adjudication and the disposition, which are similar to the adult stages of trial and sentencing. The adjudication hearing is a fact-finding hearing similar to an adult trial, for the purpose of determining if the allegations of the petition are true or not. It is also called a jurisdictional hearing in some counties because the court determines whether it has jurisdiction in the case, along with adjudicating the case.
La audiencia final	**Los procedimientos juveniles de la corte son separados. Eso es, están divididos en dos faces, la sentencia y la disposición, las que son similares a las étapas de los adultos de juicios y sentencias. La audiencia final es una audiencia de hechos similares a la de los adultos. Con el propósito de determinar si las alegaciones de la petición son verdaderas o no. Es también llamada una audiencia final en algunas ciudades porque la corte determina si tiene jurisdicción en el caso, al adjudicar el caso.**

The Age of Responsibility	The juvenile system was erected upon three conceptual pillars: the first and foremost of these is the age of responsibility. That is, at what age is a person responsible for his/her conduct? The answer is it all depends. It all depends on where a person lives and what the offense is. Whether an offender is treated as an adult or a juvenile depends on the state in which his or her parents reside. States vary on their legal definition of adulthood. Four states have set the age at 16 years; eight states have set it at 17 years; and the rest of the states, including California, have set it at 18 years. Actually, those ages set the maximum age at which a person may be handled as a juvenile, because almost all of the states have provisions for transferring court jurisdiction of a juvenile to adult court if the person meets certain criteria. Ten states have no lower age limit, and may transfer jurisdiction depending on the offense. South Dakota uses the minimum age of 10. Georgia and Mississippi use age 13. Thirteen states use age 14, nine states use age 15, and ten states (including California) use age 16 years as the minimum age at which a person may be tried as an adult. And California lowered the age to 14 years for certain offenses during the 1994 session of the Legislature, effective January 2, 1995.

| La edad de responsabilidad | El sistema juvenil fue escogido de tres pilares conceptuales, el primero y más importante de estos es la edad de responsabilidad. Eso es, A que edad es una persona responsable por su conducta? La respuesta es todo depende. Depende donde vive y cual es la ofensa. Si la ofensa se trata como si fuese un adulto o un joven depende del estado y de donde los padres viven. Cada estado varía en su definición legal de ser un adulto. Cuatro estados a la edad de 16 años, ocho estados a la edad de diez y siete y el resto de los estados, incluyendo California, por lo menos 18 años de edad. Actualmente, esas edades fijan la edad máxima en la cual una persona puede ser tratada como un joven, porque la mayoría de los estados tienes provisiones para transferirse de una jurisdicción juvenil a una corte de adultos, si la persona cumple con ciertos requisitos. Los diez estados no tienen edad limitada, y pueden tranferir la jurisdicción depende de la ofensa. South Dakota usa la edad minima de 10, Georgia y Mississippi usa la edad de 13. Trece estados la edad de 14, nueve estados de 15, y diez estados (incluyendo California) usan California rebajan a la edad de 14 por ciertas ofensas durante la sesión de 1994, efectivo el 2 de enero de 1995. |

| At risk youth: Missing person reports | (a) All local police and sheriff's departments shall accept any report, including any telephone report, of a missing person, including *runaways*, without delay and shall give priority to the handling of these reports over the handling of reports relating to crimes involving property. In cases where the person making a report of a missing person or runaway contacts, including by telephone, the California Highway Patrol, the California Highway Patrol may take the report, and shall inmmediately advise the person making the report of the name and telephone number of residence address of the missing person and of the name and telephone number of the police or sheriff's department having jurisdiction of the place where the person was last seen. In cases of reports involving missing persons, including, but not limited to, runaways, the local police or sheriff's department shall inmmediately take the report and make an assessment of reasonable steps to be taken to locate the person. If the missing person is under 12 years of age, or if there is evidence that the person is at risk, the department shall broadcast a "be on the lookout" bulletin without delay within its jurisdiction. |

	(b) If the person reported missing is under 13 years of age, or if there is evidence that the person is at risk, the local police and sheriff's department, or the California Highway Patrol, shall submit the report to the Attorney General's Office within four hours after accepting the report . . . through the use of the California Telecommunications System.
	(c) In cases where the report is taken by a department other than that of the city or county of residence of the missing person or runaway, the department or division of the California Highway Patrol taking the report shall, without delay, and in the case of children under 12 years of age or where there was evidence that the missing person was at risk, within no more than 24 hours, notify and forward a copy of the report to the police or sheriff's department or departments having jurisdiction of the residence address of the missing person or runaway and of the place where the person was last seen. The report shall also be submitted by the department or division of the California Highway Patrol which took the report to the center.

Juventud en riesgo: Reporte de persona desaparecida	(a) Todos los departamentos de policía local y de sheriffs deben aceptar cualquier reporte, incluyendo un reporte por teléfono, de una persona desaparecida, incluyendo fugitivos, sin espera y dar prioridad a estas reportes en vez de a los reportes que tengan que ver con crímenes relaciones a propiedades. En casos donde las persona hace un reporte de una persona pérdida o contactos de fugitivos incluyendo por teléfono, la California Highway Patrol, la California Highway Patrol puede hacer el reporte, y debe inmediatamente aconsejar a la persona de hacer el reporte, y aconsejar a la persona inmediatamente de hacer el reporte del nombre y número de teléfono que tenga jurisdicción de la residencia de la persona pérdida y del nombre y número de teléfono de la policía of del departamento de policía que tiene jurisdicción donde se haya visto a la persona por última vez. En casos de reportes que tengan que ver con personas pérdidas, incluyendo pero no limitadas, a fugitivos, el departamento legal de policía debe inmediatamente hacer el reporte y hacer un estimado razonable de donde puede estar localizada la persona.

	Si la persona que se extravió es menor de 12 años de edad, o si hay evidencia que la persona está en riesgo, el departamento debe anunciar para "que estén alerta" en el cartel, sin espera, dentro de la jurisdicción.
	(b) Si la persona reportada extraviada es menor de 12 años de edad, o si hay evidencia de que esa persona es un riesgo, la policía local, el departamento de policía, o la California Highway Patrol debe submitir el reporte al Fiscal General del estado dentro de cuatro horas después de que el reporte sea aceptado. ....A través del uso del sistema de comunicaciones.
	(c) En casos donde el reporte es tomado por un departamento, otro que no sea el de la ciudad o país de residencia de la persona extraviada o fugitivo, al departamento, o division de California Highway Patrol que toma el reporte debe, sin espera, y, en el caso de niños menores de 12 años de edad donde haya evidencia que la persona desaparecida estaba a riesgo, dentro no más de 24 horas, notificar y enviar una copia del reporte a la policía o departamento de sheriffs o departamento que tenga jurisdicción de la residencia de la persona donde fue vista por última vez. El reporte be ser submitido por el departamento de division de California Highway Patrol el que toma el reporte al centro.

Chance Confrontation	Obviously, police should not arrange any type of confrontation, because that taints the admissibility in court of the identification. The process known as *chance confrontation*, however, is legal. This is a chance meeting between the victim or witness and the minor that occurs in an uncontrolled environment in which the victim or witness just happens to encounter (in a store, shopping center, street, etc.) the suspect and recognizes him/her and calls the police to point out the juvenile as the offender. This chance meeting and identification is the best of the four procedures from the standpoint of admissible evidence primarily because there is no suggestion by police about the identification of the suspect.
Encuentro oportuno	**Obviamente, la policía no debe arreglar para ningún tipo de confrontación, porque tienta la admisibilidad de identificación en la corte. El proceso conocido como encuentro oportuno sin embargo es legal. Este es un encuentro entre la víctima o testigo y la menos que ocurre en un ambiente desconocido en el cual la víctima o testigo se encuentra sin querer (en una tienda, en un centro comercial, en una calle, etc.) la reconoce a ella /él, y llama a la policía para señalar al delincuente como el ofensor. Este encuentro e identificación es el mejor de los cuatro procedimientos desde el punto de vista de admisibilidad primeramente porque no hay sugerencia por la policía acerca de la identificación del sospechoso.**

Categories of Child Abuse	There are four categories of child abuse: 1. Physical Assault 2. Physical Neglect 3. Emotional Maltreatment 4. Sexual Exploitation of Abuse
Categorías de niños abusados	**Hay cuatro categorías de niños abusados:** 1. **Ataque físico** 2. **Negligencia física** 3. **Maltrato emocional** 4. **Explotación sexual de abuso**
Child Abuse Reporting Laws	California is one of the many states having comprehensive reporting laws for suspected child abuse and neglect. The law also includes several sections that describe who must report suspected cases of abuse or exploitation. Those who are legally required to report child abuse include the following: 1. All public or private school employees who have contact with or supervision of children. 2. All employees of public and private youth camps and licensed day care agencies or facilities. 3. Employees of any child protective agency. 4. All health-care practitioners. 5. All commercial film and photographic print processors. The specific nature of the reporting procedures and report forms also are described within the above-cited sections. Under Penal Code Section 11172, anyone required to report suspected abuse and neglect has no civil or criminal liability as a result, regardless of whether the abuse is unfounded or unsubstantiated after an investigation.

Leyes de reporte de abuso de niño	California es uno de los muchos estados que tienen leyes enteras para sospechosos de abusar y descuidar niños. La ley también incluye varias secciones que describen quien debe reporter casos sospechosos de abuso o explotación. Los que están legalmente requeridos de reportan abuso de niño incluyendo lo siguiente:
	1. Todos los empleados de escuelas públicas y privadas que tengan contacto con el supervisor de los niños. 2. Todos los empleados de campos para la juventud ya sean públicos o privados y con licencia o cualquier facilidad parecida. 3. Los empleados de cualquier agencia protectora de niños 4. Todos los practicantes de centros de salud 5. Todos los procesores de cinema comercial y fotografía

The Citation Hearing	The court proceedings described above apply to those minors actually delivered to probation by police. If a minor is merely cited, s/he must appear before a probation officer assigned as the hearing officer at a citation hearing. The procedures here are similar to those completed by intake except that the focus is on what further action is necessary, rather than the need to detain the minor.
	The hearing officer may dismiss the matter, or proceed under Section 654 WIC, with a period of informal supervision if the listed criteria are met. The officer may also request a petition if s/he thinks court action is necessary. The officer will be guided by the same factors that influence intake in arriving at a decision as to what disposition would be appropriate. Since many juvenile cases are handled informally at the level of probation, without court action, it is less expensive for police to cite juveniles than to deliver them to a juvenile hall, and for probation to use the citation hearing process instead of the intake/DA decision-making procedures. Of course, it is even cheaper to divert the juvenile in the first place, than to cite or deliver him/her to the hall.

La audiencia por citación	Los procedimientos de la corte descritos se aplican a los menores que actualmente han sido entregados porlibertad condicional a la policía. Si el menor es solamente citado, debe aparecerse ante un oficial encargado de libertad condicional asignado por el oficial de la audiencia a la audiencia por la citación. Los procedimientos son similares a aquellos completados por adultos presos excepto que el punto principal es cual es la acción futura necesaria, en vez de la necesidad de detener al menor. El oficial de la audiencia puede cancelar el caso, o proceder de acuerdo a la sección 654 WIC, con un período informal de supervisión si la asignación es determinada. El oficial debe requerir una petición si piensa que la corte necesita actuar si es necesario. El oficial debe ser guíado por los mismos factores que influyen a tomar decisiones en cuanto a la disposición que sea apropiada. Como muchos casos de jóvenes son informalmente manejados al nivel de libertad condicional, sin que la corte entre en acción, es menos caro para la policía citar jóvenes que enviarlos a centro de detención juvenil, y para la libertad condicional usar el proceso de la citación de audiencia en vez de los procedimientos y decisones del DA. Por supuesto, es aún más barato de poner el centro juvenil en primer lugar, en vez de citar o entregarle al Centro.

Dependency proceedings	All dependency proceedings come within the exclusive jurisdiction of the juvenile court. This jurisdiction may be exercised by the county within which the alleged abuse occurred, in which the minor was taken into protective custody, or in which the minor resides. The purpose of juvenile court law in dependency cases is defined in division 2, part 1 chapter 2, section 3000 of the WIC, as follows:
	. . . to provide maximum protection for children who are currently being physically, sexually, or emotionally abused, being neglected, or being exploited, and to protect children who are at risk of that harm.
	The procedures by which a dependent child is processed through the juvenile court are very similar to those procedures used when dealing with 602 delinquents. The purpose of the proceedings, some of the vocabulary used, and a few of the responsibilities of the court personnel differ, but the basic process is the same.

Procedimientos para dependencia	**Todos los procedimientos de dependencia están dentro de la exclusiva jurisdicción de la corte juvenil. Esta jurisdicción puede ejercitarse dentro de la ciudad en la cual el abuso ha ocurrido, en el cual el menor fue llevado a custodia protectiva, o en el cual el menor vive. El propósito de la corte de ley juvenil en casos de dependencia es definida en la division 2, parte 1 Capítulo 2, sección 3000 de WIC, que dice:**

... El proveer la máxima protección para los niños que están siendo abusados fisicamente, sexualmente, o emocionalmente, han sido descuidados, o explotados, y para proteger a los niños que están a riesgo de ese daño.

Los procedimientos para los cuales un niño dependiente es procesado a través de la corte juvenil son similates a los procedimientos usados para los 602 delincuentes. El propósito de los procedimientos, algo del vocabulario usado, y unas pocas responsabilidades del personal de la corte difiere, pero el proceso básico es el mismo.

Detention by police	The minor is not in custody, but is not free to leave. His seizure, however, is limited in scope, duration, and purpose. The officer's authority is based on a reasonable suspicion that (1) some delinquent activity has taken place or is occurring or is about to occur, and (2) the minor either was involved or is involved, or is preparing to become involved. This suspicion must be based on facts, observations, and experience that would cause any reasonable police officer in a like position at the same suspicion (In re Tony, 1978).
Detención por la policía	**El menor no está en custodia, pero no tiene la libertad de irse. Su detención, sin embargo, está limitada de acuerdo al problema, duración y propósito. La autoridad del oficial está basado en la sospecha razonable de que (1) alguna actividad delincuente ha tomado lugar o está ocurriendo o está por ocurrir, y (2) el menor ya sea está envuelto o es envuelto, o está preparado para estar envuelto. Esta sospecha debe ser basado en hechos, observaciones, y experiencia que causaría que cualquier oficial de la policía en una posición parecida con la misma sospecha (In re Tony, 1978).**

Detention hearing	The court referee or commissioner usually hears detention hearings each morning. If the DA has filed a detention petition alleging what amounts to a felony, the minor must appear in court for a detention hearing the next judicial day after the petition is filed. The W & I Code states that the hearing to determine if continued detention of the minor is necessary in a misdemeanor case must be held within 48 hours after the filing of a petition, excluding nonjudicial days (638 WIC).
Audiencia de detención	**El referee de la corte o el comisionado usualmente escucha audiencias de detención cada mañana. Si el DA ha archivado una petición de detención alega que es un crimen serio, el menor debe aparecer en corte para una audiencia de detención el próximo día judicial después que la petición se haya archivado. El Código de W & I dice que la audiencia determina si la detención del menor continua siendo necesaria en un caso de delito menor y debe ser mantenido 48 horas después de archivar la petición, excluyendo días que no son judiciales (638 WIC).**

Emotional Assault	This is any verbal or emotional act that puts the child in danger of suffering emotional trauma. This includes screaming, blaming, sarcasm, belittling, threats, ridicule, criticism, and related acts that are demeaning or emotionally disturbing to a child. It also includes exposing the child to constant family discord, constant negative moods, or unpredictable responses.
	Emotional assault of a child or children by parents is usually one of degree, rather than the absolute presence or absence of it. Even the best of parents commit one or more of the acts cited above. Often, these are in isolated emotional situations, and any harm done is rectified by an apology and/or the expression of positive emotions. When these acts are constant, reflect a pattern, or pervade the parent-child relationship, they are abusive.
	Parental rejection or punishment by physical and/or emotional withdrawal is the reverse of assaultive behavior, but it can have the same effects, especially if it is a constant or patterned response.

Maltrato emocional	Este es un acto verbal o emocional que pone al niño en peligro de sufrir un trauma emocional. Esto incluye gritar, culpar, ser sarcástico, rebajar, ridiculizar, criticar, y actos relacionados que son humillantes o emocionalmente molestar a un niño. También incluye que el niño sea expuesto a la discordia de la familia, constantes cambios de humor, o respuestas inpredecibles.
	El maltrato emocional de un niño o niños por padres es usualmente de un grado, en vez de que sea de presencia absoluta o ausencia de ésta. Aún los mejores padres comete uno o dos de estos actos citados. A menudo esto pasa en situaciones separadas emocionales y cualquier daño hecho es rectificado con una disculpa / o expresión de emociones positivas. Cuando estos actos son constantes, reflejan un patrón, o lastiman la relación de padre—e hijo, son abusivas.
	El rechazo del padre o castigo ya sea físico o emocional es el comportamiento reverso de agresión, pero puede tener los mismo efectos, especialmente si la respuesta es constante.

Emotional deprivation	This is defined as (11164PC): The deprivation suffered by children when their parents do not provide the normal experiences producing feelings of being loved, wanted, secure, and worthy. From a legal point of view, this definition is rather vague and normative. Perhaps this is one reason that it is so difficult to prove. This deprivation can occur when parent(s) do not express love and warmth, either verbally or physically. Children need to be touched, hugged, and told that they are lovable. They need unqualified love. That is, they need to be loved for who they are, not what they do—just like the child in us all. Any consistent pattern to the contrary can create an emotional vacuum in which a child might exist, but cannot grow into an emotionally healthy person.

Privación emocional	Es definida en (11164PC): La privación emocional sufrida por los niños cuando sus padres no proven las experiencias normales de sentimientos de ser amados, deseados, seguros y que tienen valor. Desde un punto legal, esta definición es un tanto vaga y normative. Tal vez, esta es una razón por la que es tan difícil de probar. Esta privación puede ocurrir cuando los padres no expresan amor, cariño, ni verbal ni físico. Los niños necesitan caricias, abrazos y ser dichos que se les ama. Necesitan amor incondicional. Eso es, necesitan ser amados por lo que son, no por lo que hacen, así como el niño en cada uno de nosotros. Cualquier patrón consistente a lo contrario puede crear un vacio emocional en el cual un niño puede existir, pero no puede crecer para ser una persona emocionalmente saludable.

Foster care	Wardship/Foster Home Placement: The court is reluctant to remove a minor from the physical custody of his/her natural parent/s unless that placement is really detrimental to the minor. And, legally, the court may not make such an order unless the court finds that either: A. The parents are incapable of providing, or have failed to provide, for the minor. B. That the minor has been tried on probation and has failed to reform. C. That the welfare of the minor required that s/he be taken from the custody of the parent or guardian. If the minor is placed in a foster home, the home must be licensed or certified. Usually, the same probation conditions will apply, and probation supervision will continue. However, supervision might be by an officer working in the Placement Unit rather than the regular Supervision Unit. The county must pay for the cost of the minor's placement, although the parents will be ordered to reimburse the county for some portion of that cost, based on their ability to pay.

Casa de custodia	Casa de custodia/ casa de adopción: La corte rehusa remover a un menor de las casa física de sus padres naturales/ a menos que el lugar haga daño al menor. Y, legalmente, la corte no debe tomar tal orden a menos que la corte encuentre que:
	A. Los padres son incapaces de proveer, o han fallado de proveer, para el menor. B. Cuando el menor ha sido puesto en libertad condicional y no ha mejorado. C. Que el bienestar del menor requiere que el menor sea retirado de la custodia de los padres o guardianes.
	Si el menor es puesto en una casa de custodia, el hogar deber tener licencia o ser certificada. Usualmente, la misma condición de libertad condicional aplicará, y la supervision de la libertad condicional continuará. Sin embargo, la supervisión podría ser hecha por un oficial que trabaja en la Unidad de Custodia en vez de la unidad regular de supervisión. La ciudad debe pagar por el costo de la estadía del menor, aunque los padres tendrán que devolver a la ciudad por una porción de ese costo, basado en su habilidad de pagar.

Incestuous-Intrafamilial Abuse	This is the category in which most sexual abuse occurs. It is also the category least discussed and/or displayed in public. *Incest* refers to sexual activity between people who are blood related (285 PC), and *intrafamilial* refers to sexual activities between family members not related by blood.
	In most reported cases, the father, stepfather, or substitute father is the offender, with the female child as the victim. However, young boys are also victimized—more ofen than one would think—by brothers, grandfathers, uncles, cousins, or parent substitutes. Older offenders, as well. These types of offenses are completed by the persuasion, intimidation, or exercise of authority by the adult, and rarely by force. Sometimes the child does not realize what is happening; or if s/he does know, s/he do not know it is wrong or unusual. Often, however, the act of abuse is followed by threats of harm or promises of gifts or guilt-provoking pleas for secrecy. Unwanted advances may continue for years because shame, embarrassment, or fear of disgrace can deter a child from reporting the acts.

	If s/he wants to report it, to whom does s/he turn for help? In a real dysfunctional family, a mother might not believe her child and will support the denials of her mate. Sometimes, too, a mother will know about it, but will not intervene to stop it. If she does, the man might leave and she will not have a mate on whom she depends emotionally and/or financially. Or by allowing her mate access to another sexual object, she can avoid fulfilling that role herself. In some cases, the abused child (usually a female) will realize that if she tells, it will break up her family, and she fears that, or fears being blamed for that. She also might think than an initial advance is an isolated event brought on by some unique situation at hand. Rarely is that the case. Regardless of how innocuous incestuous or intrafamilial abuse begins, it usually incrases in demand, frequency, and pressure over the years. And unless the child reports it, she is trapped in a predator-prey relationship with someone she knows and even loves and once trusted.

Incesto- Abuso intra-familiar	Esta es la categoría en la cual la mayoríade abusos ocurre. Es la categoría menos discutida y/ o desplegada al público. El incesto se refiere a una actividad sexual entre la familia que tienen la misma sangre (285 pc), y se refiere a las actividades sexuales entre los miembros de la familia no relacionados por la misma sangre.

En la mayoría de los casos, el padre, el padre-adoptivo, o substituto es el que ofende, con la niña como víctima, más de lo que uno podría pensar, por cualquiera de los padres, padres adoptivos, o padrastros. Hermanos mayores, abuelos, tíos, primos, y novios son los que ofenden, también. Estos tipos de ofensas son completas por persuasion, intimidad, o ejercicio de autoridad por el adulto, y raras veces por la fuerza. A veces el niño no se da cuenta lo que está pasando, o si lo hace, no sabe lo que está mal o no es normal. Sin embargo, a menudo, el acto del abuso es seguido de amenazas, o miedo o promesas de regalos, o provocando culpas para que mantengan el secreto, la verguenza, o el miedo a la desgracia lo que le hace que el niño no reporte estos actos. |

Si ella desea reportarlo, a quien le va a pedir ayuda? En una familia que no funciona, una madre talvez no crea a su hija, y crea en su hombre. A veces, también. Una madre lo sabe, pero no hace nada para parar esa conducta. Si lo hace, su hombre puede dejarla y no tendrá un compañero en quien depender emocionalmente o financialmente. O, al hacerlo ella puede evitar de suplantar ese papel.

En algunos casos, el niño abusado (usualmente una mujer) se dará cuenta que si dice, su familia se destruirá, y tiene miedo de eso, o tiene terror de ser culpada de eso. Ella puede pensar que un avance inicial es un evento solamente lo que llevó a esa situación. Raramente es ese el caso. No importa que raro el incesto o el abuso intra-familiar empiece, aumenta en demanda, frecuentemente con los años. Y, a menos que el niño lo reporte, está atrapado en una relación sin salida con alguien que conoce y que aún pueda amar, y que tuvo confianza una vez.

Lewd acts with children	266 (j) Providing children for lewd acts.
	Any person who intentionally gives, transports, provides, or makes available, or who offers to give, transport, provide, or make available to another person a child under the age of 16 for the purpose of any lewd or lascivious act as defined in Section 288, or who causes, induces, or persuades a child under the age of 16 to engage in such an act with another person, is guilty of a felony and shall be imprisoned in the state prison for a term of three, six, or eight years, and by a fine not to exceed fifteen thousands dollars.
Actos inmorales con niños	**266 (j) El tener actos inmorales con niños.**
	Cualquier persona que intencionalmente dé, transporte, provea, o haga possible, o ofrezca a dar, transportar, proveer, o poner a la disposición a otra persona, un niño menor de 16 con el propósito de cualquier acto inmoral como está definido en la Sección 288, o que causa, induce, o persuade a un niño de 16 a cometer un acto inmoral con otra persona, es culpable de un delito mayor, y debe ir a prisión por un término de tres, seis, u ocho años, y tiene una multa de no menos de quince mil dólares.

Parents Patriae	The Chamberlain's Court was the forerunner of our present-day juvenile court. It was established under the protective umbrella of "Parents Patriae" and the benevolent authority of "Loco Parentis." The hearings were private and confidential, and due process was never considered an issue. The purpose was to settle down the unruly child and to teach him the habits of industry for his or her own good.
Parents Patriae	**The Chamberlain's Court fue la primera corte juvenile de nuestros días. Fue establecida bajo la protección de** Parents Patriae **y la autoridad caritativa de** Loco Parentis. **Las audiencias eran privadas y confidenciales, y el proceso nunca fue considerado un problema. El propósito fue el de enseñar al niño que desobece los hábitos de la industria para su propio bien.**
Pedophile	A pedophile, usually a male, views children as his preferred sexual object, and his sexual fantasies and erotic images focus on children. He knows that having sex with children is illegal, and is a social taboo. However, from his view, it is normal and desirable. It is what gives meaning to his life. Many even believe that it is good for the children. Most experts agree that it is next to impossible to change the pedophile. His behavior must either be neutralized or supervised.

Pedofilo	Un pedofilo, usualmente un varón, mira a los niños como a sus objetos preferidos sexuales, y sus fantasías sexuales e imágenes eróticas se enforcan en los niños. El sabe que el tener relaciones sexuales con niños es ilegal, y es un tabu social. Sin embargo, desde el punto de vista de ellos, es normal y deseable. La mayoría de expertos están de acuerdo que es casi imposible de cambiar a los pedofilos. Su comportamiento debe ser ya sea neutralizado o supervisado.

Physical Assault	*Physical assault* is defined as any act which results in some form of nonaccidental physical injury. The key element of the crime is "nonaccidental" injury. The physical injury most commonly inflicted is by striking, shaking, or throwing a child. However, intentional assaults frequently include burning, biting, cutting, poking, twisting limbs, scalding, or choking a child. These types of injuries fall under Section 300 (a) WIC cited above if the parent inflicts them, or under Section 300 (a) WIC cited above if the parent inflicts them, or 300 (b) if the parent fails to protect the child from the actions of others. The primary target area for inflicting an injury is the back of the child's body from the neck to the knees. These are the areas of the body that are usually covered with clothing, making the injury difficult to see. Or, in the case of burning, parents target the soles of the feet, or palms of the hands. From this, one can conclude that the person inflicting the injury had both the knowledge and intent to do it.
Agresión física	**La agresion física es definida como cualquier acto el cual resulta en alguna forma de daño físico.**

Physical Neglect	*Neglect* means the negligent treatment or the maltreatment of a child by a person responsible for the child's welfare under circumstances indicating harm or threatened harm to the child's health or welfare. The term includes both acts and omissions on the part of the responsible person. a. "Severe neglect" means the negligent failure of a person having the care or custody of a child to protect the child from severe malnutrition or medically diagnosed nonorganic failure to thrive. "Severe neglect" also means those situations of neglect where any person having the care or custody of a child willfully causes or permits the person or health of the child to be placed in a situation such that his or her person or health is endangered, as proscribed by Section 11165.3, including the intentional failure to provide adequate food, clothing, shelter, or medical care. b. "General neglect" means the negligent failure of a person having the care or custody of a child to provide adequate food, clothing, shelter, medical care, or supervision where no physical injury to the child has occurred.

Descuido físico	Descuido significa el tratamiento descuidado o el mal trato a un niño dado por una persona responsable del bienestar del niño bajo las circunstancias indicadando daño o mal cuidado de la salud y bienestar del niño. El término incluye ambos hechos y omisiones en la parte de la persona responsable.
	a. "Descuido severo"— Significa la falla negligente de una persona que tiene la custodia de un niño de proteger al niño de maltrución severa o medicamente diagnosticado de una falla no orgánica. "Negligencia severa" también significa aquellas situaciones de negligencia donde una persona que tenga el cuidado o custodia de un niño voluntariamente cause o permita que la persona o la salud del niño sea puesto en una situación tal que su persona o la salud del niño esté en peligro como pronosticado en la Sección 11165.3, incluyendo el fallo sin intención de proveer comida adecuada, ropa, vivienda, o cuidado médico.

	b. "Descuido general"—Significa el descuido negligente de una persona que tiene el cuidado o custodia de un niño de proveer alimento adecuado, ropa, vivienda, cuidado médico, o supervisión con tal de que no haya habido daño físico en el niño.

Runaways	a. All local police and sheriff's departments shall accept any report, including any telephone report, or a missing person, including runaways, without delay and shall give priority to the handling of these reports over the handling of reports relating to crimes involving property. In cases where the person making a report of a missing person or runaway contacts, including by telephone, the California Highway Patrol, the California Highway Patrol may take the report and shall immediately advise the person making the report of the name and telephone number of the police or sheriff's department having jurisdiction of the place where the person was last seen. In cases of reports involving missing persons including, but not limited to, runaways, the local police or sheriff's department shall immediately take the report and make an assessment of reasonable steps to be taken to locate the person. If the missing person is under 12 years of age, or if there is evidence that the person is at risk, the department shall broadcast a "be on the lookout" bulletin, without delay, within its jurisdiction.

	b. If the person reported missing is under 12 years of age, or if there is evidence that the person is at risk, the local police, sheriff's department, or the California Highway Patrol shall submit the report to the Attorney General's Office within four hours after accepting the report . . . through the use of the California Telecomunications System.
	c. In cases where the report is taken by a department other than that of the city or county of residence of the missing person or runaway, the department or division of the California Highway Patrol taking the report shall, without delay—and in the case of children under 12 years of age or where there was evidence that the missing person was at risk, within no more than 24 hours—notify and forward a copy of the report to the police or sheriff's address of the missing person or runaway and of the place where the person was last seen. The report shall also be submitted by the department or division of the California Highway Patrol which took the report to the center.

Niños fugitivos	a. La policía local y el departamento de sheriffs deben aceptar cualquier reporte, incluyendo reporte por teléfono, o de una persona pérdida, incluyendo fugitivos, sin espera y dar prioridad al manejo de estos reportes en preferencia a otros reportes relacionados a crímines que tengan que ver con propiedad. En casos donde la persona que hace el reporte de una persona fugitive o contactos de fugitivos, incluyendo por teléfono, el California Highway Patrol, puede hacer el reporte, y debe inmediatamente aconsejar a la persona haciendo el reporte del nombre y número de la policía o del departamento debe inmediatamente tomar el reporte y hacer un analísis de los pasos razonables a tomar para localizar a la persona. Si la persona fugitiva es menor de 12 años, o si hay evidencia de que la persona está a riesgo, la policía local debe anunciar por television una alerta de "Estar atento" sin espera en su jurisdicción.

	b. Si la persona ha sido reportada fugitiva y es menor de 12 años o si hay evidencia de que la persona está en peligro, la policía local, el departamento de sheriffs, o la California Highway Patrol que toma el reporte debe submitir el reporte al Abogado del Estado, dentro de cuatro horas después de hacer el reporte... por medio del sistema de Telecomunicaciones de California. **c.** En casos donde el reporte es llevado a un departamento a otra que no sea la ciudad o lugar de residencia de la persona fugitiva, el departamento, o división de California Highway Patrol que tome el reporte debe sin demora, y, en el caso de niños menores de 12 años o donde aparezca la evidencia que esa persona estaba en peligro, en no más de 24 horas, notificar y enviar una foto del reporte a la policía o sheriff de la persona fugitiva y al lugar donde la persona fue vista por última vez. El reporte debe ser submitido por el departamento o división de Callifornia Highway Patrol que tomó el reporte al centro.

School Searches	Minors do not have an absolute expectation of privacy in a school setting. Administrative searches of juveniles and their lockers or purses or backpacks may be done only by school officials at any time based on reasonable suspicion that a minor has broken a school rule or violated any law, in order to maintain discipline and safety on school grounds. This exception to a warrant requirement came from a case that worked its way through the New Jersey Appellate process to the U.S. Supreme Court, New Jersey v.T.L.O. 1985. In March 1980, a fourteen-year-old high school freshman, T. L. O., and a girlfriend were caught by a teacher smoking in a school bathroom, a violation of school rules. The teacher took the girls to the assistant vice-principal's office, where the girlfriend admitted the violation. T.L.O., however, denied the violation and claimed she did not smoke at all. The assistant vice-principal, Mr. Choplick, demanded to see T.L.O.'s purse. He opened the purse and found a pack of cigarettes, which he removed and held before T.L.O., accusing her of lying to him. (See Senna and Siegel, pp. 48-57.)
	While examining the purse, Mr. Choplick also saw a pack of cigarette-rolling paper and suspected that T.L.O. might be involved in the use of marijuana.

	He searched the entire purse thoroughly and found some marijuana, a pipe, some empty plastic baggies, a wad of $1 bills, an index card listing people who owed her money, and two letters that implicated her in selling marijuana on campus. Mr. Choplick called T.L.O.'s mother and the police and turned the evidence over to the police. At the mother's request, police took T.L.O. to the police station, where she confessed to the possession and sales of marijuana at school. Delinquency proceedings were initiated on T.L.O.'s behalf in juvenile court, where her attorney immediately moved to suppress the physical evidence and confession as fruits of illegal search. The juvenile court denied the motion, adjudicated T.L.O. behalf in juvenile court for a determination about whether she had knowingly and voluntarily waived her Fifth Amendment protection against self-incrimination before confessing. T.L.O. appealed the appellate court's ruling on the Fourth Amendment issue, and the New Jersey Supreme Court reversed the decision and ordered the suppression of the evidence.

Thereafter, the State appealed the case to the U.S. Supreme Court. And after nearly five years from the date of the original incident, that court reversed the New Jersey court's decision and stated in part that:

> ...requiring a teacher to obtain a warrant before searching a child suspected of an infraction of school rules (or of criminal law) would unduly interfere with the maintenance of the swift and informal disciplinary procedures needed in the schools. Just as we have, in other cases, dispensed with the warrant requirement when "the burden of obtaining a warrant is likely to frustrate the governmental purpose behind the search," we hold today that school officials need not obtain a warrant before searching a student who is under their authority.

Investigaciones escolares	Los menores no tienen un derecho de privacidad absoluta en una escuela. Las búsquedas administrativas de jóvenes, de sus armarios o carteras o bolsas puede ser hecha solamente por los oficiales escolares en un tiempo razonable de sospecha en el que un menor haya roto una regla escolar o violado cualquier ley, a fin de mantener disciplina y seguridad en el local escolar. Esta excepción a un requisito de libertad condicional viene de un caso que paso en New Jersey v. T. L. O. 1985. En Marzo 1980. un muchacho del noveno grado de escuela secundaria, T.L.O. y su novia fueron encontradas por un professor en un baño escolar, una violación de las reglas escolares. El profesor llevó a las chicas al asistente del vice-rector, donde la amiga admitió la violación. T.L.O., sin embargo, negó la violación y clamó que no había fumado para nada. El asistente del vice-rector, Sr. Chopclik, quiso ver la cartera de T.L.O. Abrió la cartera y encontró un paquete de papeles de envoltura de cigarillos, sospechó que T.L.O. pudo estar envuelto en el uso de marihuana. Rebuscó todo la cartera detalladamente y encontró algo de marihuana, una pipa, algunas fundas plásticas, un manojo de billete de $1, un tarjeta index con

nombres de personas que le debían dinero y dos cartas que implicaban que ella vendía marihuana en el local. El Sr. Choplick llamó a la madre de T.L.O. y a la policía, y entregó la evidencia a la policía. Al pedido de la madre, la policía llevó a T.L.O. a la estación de policía, donde que ella confesó la la posesión y ventas de marihuana en la escuela.

Los procedimientos para delincuentes fueron iniciados a nombre de T.L.O. en la corte juvenil, donde su abogado inmediatamente se agilitó a elimitar la evidencia física y la confesión como frutos mal habidos de búsqueda illegal. La corte juvenil negó la moción, adjudicando que T.L.O. era un delincuente y fue puesto en libertad incondicional por un año. Sin embargo, la defensa continuó al proceso de apelación. La corte de apelación en New Jersey sostuvo la decisión de la corte juvenil, pero puso a un lado la búsqueda y el caso fue enviado de regreso a la corte juvenil para una determinación en cuanto a si ella había renunciado a los derechos de la quinta enmienda contra incriminación antes de su confesión. T.L.O. apeló a la corte juvenil Suprema de New Jersey revocando la decisión y ordenando la supresión de la evidencia. Por lo tanto, el estado apeló el caso a la Corte Suprema de los Estados Unidos.

Y, después de cinco años de la fecha orginal del incidente, la corte revocó la decisión de la corte de New Jersey y estableció en parte que:

> .....se requiere que para que un profesor obtenga evidencia de un niño sospechoso de que ha quebrado la ley tenga una orden de registro de búsqueda de una infracción de las reglas escolares (o de leyes criminales) que interfiera con el mantenimiento de los procedimientos de disciplina necesitados en las escuelas. Como en otros casos que se han dado cuando se necesitan requisitos de órdenes de registro legales "cuando la molestia de obtener una orden de registro legal es frustrante para el propósito del gobierno," sostenemos que los oficiales de la escuela para que puedan hacer una búsqueda legal no necesitan una orden de registro legal de la corte antes de hacer el registro legal al estudiante que está bajo su autoridad.

Sexual abuse	"Sexual abuse" means sexual assault or sexual exploitation.
	
	a. "Sexual assault" means conduct in violation of one or more of the following sections: Sections 264.1 (rape in concert), 285 (incest), 286 (sodomy), subdivision (a) or (b) or Section 288 (lewd or lascivious acts upon a child under 14 years of age), 288a (oral copulation), 289 (penetration of a genital or anal opening by a foreign object, or 647a (child molestation).
	b. Conduct described as "sexual assault" includes, but it is not limited to, any of the following:
	    (1) Any penetration, however slight, of the vagina or anal opening of one person by the penis or another person, whether or not there is the emission of the semen.
	    (2) Any sexual contact between the genitals or anal opening of one person and the mouth or tongue of another person.
	    (3) Any intrusion by one person into the genitals or anal opening of another, including the use of any object for this purpose, except that it does not include acts performed for a valid medical purpose.

	(4) The intentional touching of the genitals or groin, inner thighs, and buttocks, or the clothing covering them, of a child, or of the perpetrator by a child, for purposes of sexual arousal or gratification, except that it does not include acts which may reasonably be construed to be normal caretaker responsibilities, interactions with, or demonstrations of affection for the child; or acts performed for a valid medical purpose. (5) The intentional masturbation of the perpetrator's genitals in the presence of a child. c. "Sexual exploitation" refers to any of the following: (1) Conduct involving matter depicting a minor engaged in obscene acts in violation of Section 311.2 (preparing, selling, or distributing obscene matter) or subdivision (a) or Section 311.4 (employment of minor to perform obscene acts).

	(2) Any person who knowingly promotes, aids, or assists, employs, uses, persuades, induces, or coerces a child, or any person responsible for a child's welfare, who knowingly permits or encourages a child to engage in, or assist others to engage in, prostitution or a live performance involving obscene sexual conduct, or to either pose or model alone or with others for purspose of preparing a film, photograph, negative, slide, drawing, painting, or other pictorial depiction involving obscene sexual conduct. For the purpose of this section, "persons responsible for a child's welfare" means a parent, guardian, foster parent, or a licensed administrator or employee of a public or private residential home, residential school, or other residential institution.

(3) Any person who depicts a child in, or who knowingly develops, duplicates, prints, or exchanges any film, photograph, videotape, negative, or slide in which a child is engaged in obscene sexual conduct, except for those activities by law enforcement and prosecution agencies and other persons described in subdivisions (c) and (e) of Section 311.3.

Sexual exploitation would also include:
266 (j). Providing children for lewd acts.
Any person who intentionally gives, transports, provides, or makes available, or who offers to give, transport, provide, or make available to another person, a child under the age of 16 for the purpose of any lewd or lascivious act as defined in Section 288, or who causes, induces, or persuades a child under the age of 16 to engage in such an act with another person, is guilty of felony and shall be imprisoned in the state prison for a term of three, six, or eight years, and by a fine not to exceed fifteen thousand dollars.

Abuso sexual	"Abuso sexual" significa ataque sexual o explotación sexual definida de la siguiente manera:
	(a) "Ataque sexual" significa conducta que viola uno o más de las siguientes secciones: Sección 261 (violación sexual), 264.1 (violación sexual continua), 285 (incesto), 286 (sodomia), subdivisión (a) o (b) o Sección 288 actos deshonestos, con un niño menor de 14 años de edad), 288a (copulación oral). 289 (penetración de un objecto extraño por la vagina o el ano, o 647 a violación sexual a un niño).
	(b) Conducta descrita como "ataque sexual" incluye pero no es limitada a lo siguiente:
	(1)　　Cualquier penetración, aunque tenue, de la vagina o abertura anal de una persona por el pene de otra persona, ya sea que haya o no emisión del semen.
	(2) Cualquier contacto sexual en los genitales u abertura anal de una persona y la boca o lengua de otra persona

	(3) Cualquier intrusión de una persona en los genitales o abertura anal de otra persona, incluye el uso de cualquier objeto con este propósito, excepto, no incluye actos que se hagan con propósitos médicos valideros. (4) El tocar intensionalmente los genitales o penes, entre los muslos y nalgas o la ropa que los cubre, de un niño, o de un violador, con propósitos de gratificación sexual, excepto que, no incluye actos que puedan ser razonablemente hechos con responsabilidad normal; interacciones, o demostraciones de afecto para el niño; o actos que se hagan con un propósito médico validero. (5) La masturbación intencional de los genitales del violador en la presencia de un niño.

	(c) "Explotación sexual" se refiere a lo siguiente:
	(1) conducta que tiene que ver con un menor envuelto en actos obscenos en violación de la sección 311.2 (preparando, vendiendo, o distribuyendo cosas obscenas) o subdivisión (a) o Sección 311.4 (empleando a un menor para que haga cosas obscenas).
	(2) Cualquier persona que con conocimientos promueva, ayude, o asista, de empleo, use, persuada, induzca, o force a un niño,o cualquier persona responsable for el bienestar de un menor, quien con conocimiento permite o motive a que un niño a que se envuelva, o asista a otros a envolverse en la prostitución o que actue con conducta obscena sexual, o pone o moleste a otros con el propósito de hacer una película. Sacando fotos, dibujando, pintando, u cualquier otra manera de fotos que tengan

	que ver con conducta obscena sexual. Con el propósito de esta sección "las personas responsables del bienestar de un niño" ya sea un padre, guardián, padre adoptivo, o un administrador con licencia o un empleado de una casa residencial privada o pública, una escuela residencial, o otras instituciones residenciales.
	(3) Cualquier persona que tome fotos de un menor, o quien con conocimiento desarrolle, duplique, imprima, o intercambie, cualquier película, fotografía, video, negativos, o cintas en las cuales un niño esté envuelto en conducta sexual obscena, excepto por todas aquellas actividades descritas por la ley y las agencias de protección y otras personas describas en subdivisions © y (e) de la sección 311.3

	Explotación sexual también debería incluir: 266 (J) Permitir que los menores hagan cosas inmorales Cualquier persona que intencionalmente dé, transporte, provea o haga posible, o que ofrezca a dar, transportar, proveer, o poner a la disposición a otra persona, a un niño menor de 16 con el propósito de que haga actos inmorales, o deshonestos como se define en la sección 288, or que cause, induzca, o persuada a un niño menor de 16 a envolverse en tales actos con otras personas, es culpable de un crimen mayor y debe estar en la cárcel por un término de tres, seis u ocho años, y con una multa que no exceda los quince mil dólares.

Indicators of Abuse and Exploitation	There are many indicators of sexual abuse, the presence of which depends upon the type of abuse that has occurred. The more obvious indicators are physical, whereas those that are merely suggestive are behavioral. Below is a list of many of the most common indicators:
	1) Sexually transmitted diseases 2) Genital discharge or infection 3) Physical trauma or irritation to the anal/genital areas. 4) Difficulty walking or sitting due to genital pain or trauma 5) Age-inappropriate knowledge of sexual matters 6) Inappropriate or aggressive sexual behavior toward peers or toys 7) Unusual preoccupation with sexual matters or own genitalia 8) Prostitution or excessive promiscuity 9) Unusually seductive with others of the opposite sex, usually with adults 10) Regressive behavior 11) School problems or unusual change in school performance 12) Disturbed sleeping 13) Withdrawal around adults other than the suspect 14) Poor hygiene or excessive bathing 15) Alcohol or drug abuse

	16) Fearful of home, especially if left alone with suspect
	17) Self-destructive behavior
	18) Sudden possession of money or material goods without reasonable explanation for their acquisition

Indicadores de abuso y explotación	Hay muchos indicadores de abuso sexual, la presencia de la cual depende del tipo del abuso que ha ocurrido. Los indicadores más obvios son físicos, mientras que otros son solamente sugestivos son de comportamiento. Abajo es una lista de muchos de los indicadores más comunes:
	1) Enfermedades sexualmente transmitibles
	2) Discargo genital o infección
	3) Trauma física o irritación de las areas anales/genitales
	4) Dificultad caminando o sentándose debido al dolor de las areas genitales
	5) Conocimiento a una edad inapropiada de temas sexuales
	6) Comportamiento inapriopiado o agresivo sexual con amigos o juguetes.
	7) Preocupación que no es común con temas sexuales o con sus propios genitales.
	8) Prostitución o promiscuidad excesiva.
	9) Comportamiento seductivo con otros del sexo opuesto, usualmente con adultos
	10) Comportamiento retroactivo.
	11) Problemas en la escuela o un cambio que no es usual en el comportamiento escolar.
	12) Dificultad durmiendo.
	13) Alejamiento de los adultos excepto del sospechoso.
	14) Pobre higiene o baños excesivos.
	15) Abuso del alcohol o drogas.
	16) Miedos en casa, especialmente si se lo deja solo con el sospechoso.
	17) Comportamiento destructivo.
	18) Posesión súbdita del dinero o cosas sin explicación de su adquisición.

The Sex Offender	There is no profile of the typical sex offender. They come in all shapes and sizes and are most often either related to or known by the child victim. The vision of the horrible fiend lurking in the shadows and coming out at night to prey upon little children is a part of the methodology created from those isolated incidents that people fear the most. Incidents that, unfortunately, seem to be on the increase. What makes these types of offenses of such concern is the fact that, so often, the victim is kidnapped at random by a stranger, assaulted, and often killed. In rare instances, the child is taken for use in a porn film or a snuff film in which killing the victim is an integral part of the sexual activity. Aside from these types of crimes, sexual abuse falls into two categories: incestuous-intrafamilial and extrafamilial abuse. Exploitation is a category by itself.

El violador sexual	No hay una imagen de un violador sexual típico. Vienen en todas formas y tamaños, y son a menudo ya sea relacionados o conocidos como víctimas. La visión de la bestia que aparece rugiendo en las sombras y sigue a los niños en la noche, es una parte de la mitodología creada por aquellos incidentes independientes que la gente teme. Los incidentes que, desafortunadamente parecen crecer. Lo que hace que esos tipos de ofensas sean de tal preocupación es el hecho de que a menudo la víctima es secuestrada de pronto por un extraño, asaltado y a veces muerto. A veces, el niño es tomado para ser usado en una película de pornografía u otro roll own en el que la víctima es una parte integral de la actividad sexual.
	Aparte de estos tipos de crímenes, el abuso sexual, cae en dos categorías:
	Incesto en la familia y fuera de la familia. La explotación sexual pertenece a otra categoría.

Wardship/ Home Placement	The court may declare the minor to be a ward of the court, which gives the court almost complete control over the minor. The court then sits in loco parentis; it has become the substitute parent.
	The court is reluctant to remove a minor from the physical custody of his/her natural parent(s) unless that placement is really detrimental to the minor. And, legally, the court may not make such an order unless the court finds that either:
	a.) The parents are incapable of providing, or have failed to provide for the minor.
	b.) That the minor has been tried on probation and has failed to reform.
	c.) That the welfare of the minor required that s/he be taken from the custody of the parent or guardian.
	If the minor is placed in a foster home, the home must be licensed or certified. Usually, the same probation conditions will apply, and probation supervision will continue. However, supervision might be by an officer working in the Placement Unit rather than the regular placement, although the parents will be ordered to reimburse the county for some portion of that cost, based on their ability to pay.

Casa de adopción/Guardería	La corte debe declarar al menor de que sea un apoderado de la corte, la cual le da a la corte casi todo el control del menor. La corte entonces es "loco parentis" o sea se convierte en los padres adoptivos.
	La corte se rehausa a remover a un menor de la custodia física de sus padres biológicos a menos que el lugar sea peligroso para el menor. Y, legalmente, la corte no puede hacer una orden a menos que la corte se dé cuenta que ya sea:
	a.) Los padres son incapaces de proveer, o han fallado de proveer para el menor.
	b.) Que el menor haya sido puesto en libertad condicional y ha fallado de reformarse.
	c.) Que para el bienestar del menor se requiere que sea tomado fuera de la custodia de los padres o guardianes.
	Si el menor es puesto en una casa de adopción, la casa debe tener licencia o ser certificada. Usualmente la misma libertad condicional se aplicará, y la supervisión puede continuar. Sin embargo, la supervision puede ser hecha por un oficial que trabaje en La Unidad en vez de que en una unidad regular, aunque a los padres se les ordene que devuelvan algo del costo a la ciudad, basada en la habilidad de poder pagar.

Warship/ Residential Facility Placement	A minor might be placed in a 24-hour residential facility rather than in a foster home. It depends on the needs of the minor and the resources available. This could include some local treatment facility, or an out-of-town or out-of-state residential program, such as Rite of Passage of Vision Quest. A number of counties place wards in residential programs in Nevada, Arizona, New Mexico, and Utah. The cost for each placement runs between $4,000 to $8,000 per month. This type of care, after the fact, is far more expensive than what early prevention efforts might cost.
Guardería / Lugar residencial	**Un menor podría ser puesto en una facilidad por 24 horas en vez de en una casa de adopción. Depende de las necesidades del menor y los fondos disponibles. Esto incluye un tratamiento local, o fuera de la ciudad o un programa residencial fuera del estado. Tal como un Rito de Pasaje o Cuestionario visual. Un número de ciudades ponen alertas en programas residenciales como en Nevada, Arizona, Nuevo México, y Utah. El costo de este tratamiento corre de entre $4,000 a $8,000 por mes. Este tipo de cuidado, después de los hechos, es más caro que lo que una prevención temprana podría costar.**

Wardship/ County Commitment	Many counties have one or more local ranches, camps, or school programs where minors can be committed for short periods of rehabilitation (880 WIC). These programs vary in size from a single 20-bed probation camp in Sonoma County to approximately twenty 100-bed probation camps in Los Angeles County. They are usually run by the county probation department, and the minor is on probation during his/her stay at the facility. A commitment to a ranch, school, or camp is not a final disposition, like an adult sentence would be. Rather, it is ordered as a condition of probation. However, a minor may not be confined for any offense longer than an adult could be for the same crime. The juvenile offense longer than an adult could be for the same crime. The juvenile wards are assigned to the caseload of a supervising probation officer, often called the camp/ranch/school officer. The minor will continue under probation supervision in the community upon his/her release from camp until the court decides to terminate its jurisdiction—or until age 21, whichever comes first. As a practical matter, court jurisdiction usually is terminated at age 18.

Guardería /Contrato con la ciudad	Muchas ciudades tienen una o más ranchos, campos o programas escolares donde los menores pueden estar comprometidos por cortos períodos de rehabilitación (880 WIC). Estos programas varían de tamaño de casa 20 camas de rehabilitación en el campo de Sonoma aproximadamente de 100 camas en el campo de la ciudad de Los Angeles. Ellos son usualmente corridos por el departamento de la ciudad, y el menor está en libertad condicional durante su estadía en ese lugar.
	Un contrato con el rancho, la escuela, o campo no es una decision final, como una sentencia final debería ser. En vez, es ordenada como una condición de libertad condicional. Sin embargo; un menor no puede ser encerrado por cualquier ofensa más que un adulto podría ser por el mismo crimen. La ofensa juvenil más larga que la del adulto podría ser por el mismo crimen. Las guarderías juveniles son asignadas a caso de supervision por un official, a menudo llamado official del campo, rancho, o escuela. El menor continuará bajo la supervision en libertad condicional en la comunidad al dejar el campo hasta que la corte decida terminar su jurisdicción, o hasta la edad de 21, lo que venga primero. Como algo práctico, la jurisdicción de la corte usualmente se termina a los 18.

Wardship / Commitment to CYA	The California Youth Authority is the state institutional system for juveniles. A minor is committed there either because s/he has received all the rehabilitative help that is available at the county level and has failed to reform, or because the present offense and/or delinquent orientation of the minor poses a threat to the community. (See in re William J., 1993.) Needless to say, only the most serious law violators are sent there. Determining the commitment time is a complex process that requires a judge to refer to the adult penal code and to follow adult Determinate Sentencing Law guidelines.
Guardería / Contrato con CYA	**La autoridad Juvenil de California es el sistema de estado institucional para jóvenes. Un menor es puesto en ese lugar ya sea porque ha recibido toda la ayuda para rehabilitación disponible en la ciudad y ha fallado de reformarse, o porque la ofensa actual y / u orientación delinquente del menor posee una amenaza para la comunidad** **(Ver, En re Willliam J., 1993) No es necesario decir, que solamente los violadores más serios son envíados allá. Determinando que el tiempo de contrato es un proceso complejo que requiere que un juez se refiera a un código penal y siga las reglas de las Sentencias penales para adultos.**

PROBATE AND ELDER LAW

DERECHO SUCESORIO

PROBATE AND ELDER LAW TERMS
DERECHO SUCESORIO TERMINOS LEGALES

Aging of America	Los adultos en América
Medical	Medical
Social—The Well Elderly	Social—El adulto sano
The Ill Elderly	Los adultos de la tercera edad
Alternate lifestyles for the placement into a life care community	Estilos alternados de vida para los sanos y los de la tercera edad
Financial	Financiero
Private Pay	Pago privado
Long-term care insurance	Aseguranza a largo tiempo
Medicare	Medicare
Medicaid	Medicaid
Initial interview	Entrevista inicial
Situations requiring immediate crisis intervention	Situaciones que requieren intervención inmediata en crisis
Nonemergency situations	Situaciones que no son de emergencia
Preparation for the initial client meeting	Preparación para la entrevista inicial con el cliente
Personal papers	Documentos personales
Proof of ownership of property	Prueba de ser propietario
Financial papers	Documentos financieros
Insurance policies	Pólizas de aseguranza
Other requirements	Otros requisitos
The initial client meeting	La reunión inicial con el cliente
The client's domicile	El domicilio del cliente
If the client receives Medicare benefits	Si el cliente recibe beneficios de medicare
If the client has a Medicare supplemental insurance policy	Si el cliente tiene aseguranza de vida suplementaria
The client's financial situation	La situación financiera del cliente
Advanced directives	Preparaciones anticipadas

Durable power of attorney	Poder de ejecución del abogado
The execution of powers of attorney	La ejecución de un poder notarial
Revocation of power of attorney	Revocación del poder notarial
Health-care Proxy	Poder del cuidado sanitario
The basics of the Health-care proxy	Lo básico del poder notarial médico
Restrictions concerning the appointment of an agent	Restricciones concernientes a la elección de un agente
The principal must sign the document	El ejecutador debe firmar el documento
Revocation	Revocación
The living will	El testamento
The use of the living will	El uso del testamento
The execution of the living will	La ejecución del testamento
Who should receive a duplicate original document?	Quién debe recibir un documento original duplicado?
What if the Health-care Provider refuses to honor the Living Will?	Qué hacer en caso de que el que prove el cuidado médico rehusa dar honor al testamento?
Appointment of a Guardian	Selección de un custodio o guardián
Predesignation of a Guardian	Predesignación de un guardián
The Uniform Anatomical Gift Act	La ley de los regalos anatómicos
Persons who may execute	Personas que lo pueden donar
Anatomical gifts are revocable	Las donaciones anatómicas de regalos son revocables
Wills	Testamentos
Entitlement Programs	Programas de derecho
Medicare	Medicare
Eligibility	Eligibilidad
Payment of Health-care bills	Formas de pagos por el cuidado de la salud
Medicare Part A Coverage	Medicare PART A cobertura
Benefit Periods	Períodos de beneficios
Specific Coverage	Cobertura específica

Covered Services	Servicios de cobertura
Services not covered	Servicios no cubiertos
How to quality for Hospital Care Part A	Cómo calificar para cuidado en el Hospital Parte A
Psychiatric Hospital Coverage	Cobertura en un hospital psiquíatrico
Skilled Nursing Facility (SNF)	Centro médico con cuidado de enfermería
Blood Coverage	Cobertura para donación de sangre
Home Health Care	Cuidado de salud en casa
Hospice Care	Cuidado en casa mental
Medicare Part B	Medicare PARTE B
Medical expenses	Gastos médicos
Medical services and items not covered	Servicios médicos y artículos no cubiertos
Benefit	Beneficio
Medicare pays	Medicare paga
You pay	Usted paga
Clinical Laboratory Services	Servicios de laboratorio de clínica
Benefit	Beneficio
Medicare pays	Medicare paga
You pay	Usted paga
Outpatient Hospital Treatment	Tratamiento para el paciente que no está ingresado en el hospital
Benefit	Beneficio
Medicare pays	Medicare paga
You pay	Usted paga
Blood	Sangre
Medicare pays	Medicare paga
You pay	Usted paga
Ambulatory Surgical Services	Servicios de ambulancia y cirugía
Medicare pays	Medicare paga
You pay	Usted paga
Medicaid Entitlement Medicaid Programs	Programa de beneficio de derechos de Medicaid

Basic benefits that Medicaid provides	Beneficios básicos que Medicaid provee
Residency requirements	Requisitos de residencia
Mandatory goods and services provided to Medicaid recipient	Artículos necesarios y servicios provistos para los pacientes de Medicaid
Optional Medicaid Services	Servicios opcionales de Medicaid
Homestead	Protección de la propiedad
What is the application procedure for obtaining Medicaid assignment benefits?	Cuál es el procedimiento que se hace al hacer la aplicación para obtener beneficios de Medicaid?
What is Home Care Medicaid?	Qué significa Cuidado en caso por Medicaid
Long-Term Care Insurance	Aseguranza a largo tiempo
The Basic Long-Term Care Insurance Policy	La aseguranza básica a largo tiempo
Policy Rating	Grado de la póliza
Levels of Care	Niveles de cuidado
Hospital Stay	Permanencia en el hospital
Coverage for Certain Illnesses	Cobertura para ciertas enfermedades
Covered facility	Centro médico que cubre
Preexisting conditions	Condiciones pre-existentes
Waiver of Premium	Renuncia al valor
Guarantee of Renewability	Garantía de renovación
Daily Benefit Amount	Cantidad de beneficio diario
Payment of Long-Term Care Insurance Benefits in Addition to Other Coverages	Pagos de cuidado a largo plazo y beneficios de la aseguranza además de otras coberturas
Level Premium	Nivel del Valor
Age limits	Edad límite
Coverage to be reviewed after policy issued	Cobertura que es revisada después de que la poliza haya sido dada
Inflation Guard	Alerta de inflación
Term of the Policy	Término de la poliza
Deductible period	Período deducible

Convalescent Benefits at Home	Beneficios en una casa de convalecencia
Long-Term Care Home Health-Care Policies	Pólizas de cuidado de salud a largo plazo
1. Qualification for Benefits	Calificación para beneficios
2. Benefits	Beneficios
3. Prior Hospital Stay	Permanencia previa en el hospital
4. Daily Benefits	Beneficios diarios
5. Deductible Period	Período deducible
6. Term of Policy	Término de la poliza
7. Inflation Guard	Alerta de inflación
8. Treatment Plans	Planes de tratamiento
9. Respite Care	Cuidado respiratorio
Drug Abuse Treatment or Alcoholism	Abuso de droga—Tratamiento o Alcoholismo
Group Benefit Policies	Pólizas de beneficio de grupo
Viatical Settlements	Contratos viáticos
How do viatical settlements operate?	Cómo funcionan los contratos viáticos?
The accelerated death benefit option: An alternative to a viatical settlement	La opción del beneficio de la muerte acelerada una alternativa a un acuerdo viático
Living Facilities for the Elderly	Lugares de vivienda para los ancianos
Independent-Living Facilities	Lugares independientes para vivir
Admission procedures	Procedimientos de admisión
Assisted-Living Facilities	Viviendas con facilidades de ayuda
Residential Agreement	Contratos de rentas de residencia
Admission	Admisión
Discharge	Salida del hospital
Services provided by the Assisted-Living Facility	Servicios que se proveen en la vivienda que ofrece ayuda
Living Accommodations	Modos de vivienda
Ancillary Services	Servicios de ancillería

Skilled Nursing Facility (SNF)	Vivienda con enfermería
Rehabilitation Facility	Vivienda de Rehabilitación
Extended Care Facility	Centro de Cuidado intensivo
Financial Planning	Planes financieros del estado
Unified Credit	Crédito unificado
Filing Requirements	Requisitos del archivo
Acceptable Filings	Archivos aceptables
Practice Tip	Claves prácticas
Taxable Estate	Impuestos estatales
Gross Estate	Impuestos gruesos
Items Included in the Gross Estate	Artículos incluídos en los bienes totales
Deductions from the Gross Estate	Forma de deducciones de los bienes totales
The Sponge Tax	Impuestos de esponja
Transfers	Transferencias
Unlimited Transfers	Transferencias sin límite
Life Insurance Transfers	Transferencias de aseguranza de vida
Income Tax and the Elderly Client	Impuestos de Salarios y el Cliente de la Tercera Edad
Charitable Contributions— Itemized Deduction (Form 1040, Schedule A)	Contribuciones de caridad-deducciones itemizadas (Forma 1040; Horario A)
Tax Credit for Elderly and Disabled Persons	Créditos por impuestos para personas de tercera edad y personas incapacitadas
Life Estates and Their Use	Bienes de vida y su uso
Social Security	Seguro Social
Eligibility for Retirement Benefits	Eligibilidad para beneficios de retiro
Early Retirement	Retiro a temprana edad
Delayed Retirement	Retiro retrazado
Benefits for Family Members	Beneficios para los miembros de la familia
Spousal Benefits	Beneficios para la esposa

Benefits of a divorced spouse	Beneficios de una esposa divorciada
Benefits for children	Beneficios para los niños
Eligibility requirements for children	Requisitos elegibles para los niños
"Survivor's Benefits" Who are classified as survivors? What is their eligibility? Benefits for widows or widowers?	Beneficios para los sobrevivientes Cómo se clasifican a los sobrevivientes? Cuál es su eligibilildad? Beneficios para los viudos o viudas
What are the benefits for surviving a divorced spouse?	Cuáles son los beneficios para una esposa divorciada sobreviviente?
What documents are required by the applicant?	Cuáles documentos son requeridos por el aplicante?
Supplement Security Income Program	Programa de salario suplementario del seguro
Who can quality for SSI?	Quiénes califican para el SSI?
Residency and Citizenship Requirements	Requisitos de residencia y ciudadanía
Citizenship	Ciudadanía
Basic Rules for Obtaning SSI	Requisitos básicos para obtener SSI
Eligibility	Eligibilidad
Elder Abuse	Abuso de ancianos
Reporting older abuse	Reportando el abuso de ancianos
Resources for the Elder Care Law Team	Recursos para el equipo legal de cuidado de ancianos.

PROBATE AND ELDER LAW/KEY DEFINITIONS
DERECHO DE PERSONAS MAYORES/ ANCIANOS
DEFINICIONES LEGALES

Aging of America	Los adultos de América
Medical, Social, Financial, and Legal issues Associated with Aging	**Temas médicos, sociales, financieros, y legales asociados con la edad.**
Medical	As people live longer, the likelihood of the immune systems breaking down increases. (This occurrence is professionally known as decompensation.) The elderly are more likely than the younger population to be afflicted with the following illnesses and conditions: Alzheimer's disease, arthritis, cancer of the prostate, colon, breast, and uterus, cataracts, cerebral vascular accident, coronary artery disease, diabetes, osteoperosis, Parkinson's disease, persistent vegetative state, senile dementia, and strokes. Some of the above illnesses and conditions are catastrophic, precipating radical adjustments—while others, progressive in nature, require more subtle changes in lifestyle.

Medical	A medida que la gente vive por más tiempo, hay posibilidad de que los sistemas inmunes se emperoren. (Esto es profesionalmente conocido como descomposición) Los adultos tienen más posibilidad que los jóvenes de ser infectados con las siguientes enfermedades y condiciones. La enfermedad de Alzheimers, artritís, cáncer de la próstata, colon, seno, y útero, cataratas, accidentes celebrales vasculares, enfermedad de la arteria coronaria, estado vegetativo persistente, demencia, ataques de derrames celebrales. Algunas de las enfermedades arriba mencionadas y las condiciones son catastróficas, precipitando ajustes radicals, mientras otros, progresivos por naturaleza, requieren cambios más súbditos en la vida diaria.

Social—The Well Elderly	Elderly people who are basically in good health may continue to live independently, by themselves or with their spouses. Their business involvements may be curtailed, voluntarily or involuntarily, due to company retirement policies. Some people retire and relocate to warmer climates, which may be more conducive to better health and outdoor activity. This radical change of lifestyle requires an emotional adjustment. The elderly may experience feelings of isolation as they are separated from their families who remain in other geographical areas. Grandparents forego the pleasures of watching their grandchildren and great-grandchildren grow up. Situations will arise causing the elderly to become increasingly dependent upon their families. At that point, they will need the assistance of legal counsel and health-care professionals to adjust their lives to fit their changing needs. The elder care lawyer and staff—consisting of paralegals, social workers, and nurses—are uniquely equipped to solve these problems.

Social—El adulto sano	La gente adulta que tiene buena salud puede continuar viviendo independientemente, solos o con sus esposas. Sus negocios pueden ser reducidos, voluntariamente o involuntariamente, debido a las polizas de retiro de la compañia. Algunas personas se retiran y se mueven a lugares cálidos, lo que les puede conducir a tener mejor salud y actividades externas. Este cambio radical de vida requiere un ajuste emocional. Los adultos pueden experimentar sentimientos de soledad al separarse de sus familias que se encuentran en otras áreas geográficas. Los abuelos se dedican a ver a sus nietos y a sus bisnietos crecer. Las situaciones empeoran cuando se convierten en completamente dependiente de sus familias. En ese tiempo, necesitan la ayuda de un consejero legal y profesional de cuidado de salud para acostumbrarse a que su vida tenga cambios necesarios. El abogado del adulto y su personal, consiste de paralegales, trabajadores sociales y enfermeras, quienes son especialmente entrenadas para resolver estos problemas.

The Ill Elderly	The elderly will face involuntary changes of lifestyle as a direct result of the illnesses of aging. Many of these disorders require hospitalization. Unfortunately, these elderly patients are being discharged from hospitals too soon. Patients today are being discharged "sicker and quicker" because hospitals can no longer afford to treat patients for an extended period of time. Frequently, patients must then be transferred to skilled nursing and rehabilitation facilities for continued care and treatment, sometimes for the remainder of their lives.
Los adultos de la tercera edad	**Los adultos involuntariamente tendrán que confrontarse a cambios de estilo de vida como resultado del hecho que han envejecido. Muchos de estos desórdenes requieren hospitalización. Desafortunadamente, estos pacientes son despedidos de los hospitales enseguida. Los pacientes por ahora son dados de altas "más enfermos y rápidamente' porque los hospitales no pueden tratar a los pacientes por un extenso tiempo. Frecuentemente, los pacientes deben ser transferidos a enfermerías y lugares de rehabilitación para su continuo tratamiento, a veces por el resto de sus vidas.**

Alternate Lifestyles for the Well and Ill Elderely	Placement into a life care community Placement into an independent-living facility Placement into an assisted-living facility Obtaining home-care assistance in the community Placement into a long-term care facility Hospice care
Estilos alternados de vida para los sanos y los de la Tercera edad	**Permanencia en una casa de ancianos de la comunidad para la salud** **Obteniendo ayuda en una casa comunal en la comunidad** **Permanencia en una casa de ancianos por largo tiempo** **Cuidado intensivo**
Financial	Fnancing the future is of major concern to Aging Americans. People are retiring at 65 and living on average for another 20 years with limited sources of income. Whereas people traditionally retired at age 65 and died a few years later—now, as a benefit of advanced medical technology, lives are being extended. However, no financial provisions have been made by society, business, and government to compensate adequately for this phenomenon.

Financiero	**Financiar el futuro es de mayor preocupación para los Americanos adultos que se están retirando a un promedio de 65 años y que viven un promedio de 20 años con ese sueldo. Antes la gente se retiraba a la edad de 65 y se moría unos años más tarde, ahora, como beneficio de la tecnología médica, la vida se ha extendido. Sin embargo, las provisiones financieras han hecho que la sociedad, los negocios y el gobierno compensen adecuadamente por este fenómeno.**
Private Pay	The individual pays nursing home costs from personal assets. When the assets are exhausted, that person can apply for public assistance. Timely financial and legal planning can avoid or minimize the use of personal assets.
Pago Privado	**El invididuo que paga por la casa de ancianos de sus bienes personales, cuando sus bienes se han terminado, esa persona puede aplicar para ayuda finaniera. Planes financieros y legales pueden evitar o minimar el uso de los bienes personales.**
Long-Term Care Insurance	Private insurance paid by the policyholder to cover costs of skilled nursing facilities, room and board; also provides coverage for assisted-living facilities, home care, and respite care.

Aseguranza a Largo-Tiempo	**La aseguranza privada pagada por el dueño de la poliza para pagar los gastos de la casa de ancianos, cuarto y habitación, también provee cobertura para lugares donde cuidan a adultos, proven cuidado en casa y cuidado intensivo.**
Medicare	Federal entitlement program providing coverage of a portion of medical costs.
Medicare	**Programa Federal que provee una porción de cobertura para costos médicos**
Medicaid	Federal entitlement program administered by the individual states. Provides funds to pay for nursing home care and home care for indigent individuals and families.
Medicaid	**Programa federal administrado por los estados independientes que provee fondos para pagar gastos de cuidado en casa para los desamparados pobres y sus familias.**
INITIAL INTERVIEW	**ENTREVISTA INICIAL**
Situations requiring immediate crisis intervention	1. Death of a client: Client's family needs assistance in arranging the funeral, locating will, and the review of procedures concerning death with family. 2. Discharge from a hospital: Where should the patient go next? 3. Sudden catastrophic illness such as stroke or heart attack: How are the affairs of the ill individual to be handled?

Situaciones que requieren intervención inmediata en crisis	1. La muerte de un cliente: la familia del cliente necesita ayuda en los arreglos del funeral. Localizando el testamento y el repaso de los procedimientos concernientes al difunto con la familia. 2. La salida del hospital. Dónde debe ir el paciente después? 3. Enfermedades catástroficas como un ataque cerebral o del corazón: Cómo se van a tratar los asuntos del individuo?
Nonemergency Situations	1. General issues concerning finances, transfer of assets, drawing of wills and other advance directive documents. 2. Management of progressive disorders 3. Medicaid applications 4. Nursing home placement
Situaciones que no son de emergencia	1. Temas generales que tengan que ver con las finanzas, transferencias de bienes, testimonios u otras ordenanzas 2. Manejo de desórdenes progresivos 3. Aplicaciones a Medicaid 4. Permanencia en una casa de ancianos

Preparation for the Initial Cient Meeting	The client should be instructed to bring the following documents and other important papers and materials listed below to the intial interview: last will and testament, power of attorney, health-care proxy, living will, and advance directive for the appointment of a guardian. If the client has the documents, they should be reviewed to see if they are current and effective; if not, new documents should be drawn up.
Preparación para la Reunión Inicial con el cliente	**El cliente debe ser instruído para que traiga los debidos documentos y otros importantes papeles y materiales mencionados aquí en la entrevista inicial: el testamento, poder testamental, derecho de cuidado de salud, el testamento en vida y las instrucciones para la misma para la elección del administrador, deben ser revisados para ver si están al día y efectivos, de otro modo, nuevos documentos deben ser hechos.**

Personal Papers	1. Birth certificates
	2. Death certificates of family members
	3. Driver's license.
	4. Social Security card and award letter
	5. Passport—citizenship papers
	6. Certificates of marriage
	7. Prenuptial, postnuptial agreements
	8. Divorce decrees—annulment and separation agreements, alimony and property settlement agreements
	9. Adoption papers
	10. War separation awards (i.e., Holocaust victims)
	11. Veteran's Administration benefit awards
	12. Change of name court decrees

Papeles personales	1. Certificado de nacimiento 2. Certificado de difunción de los familiares 3. Licencia de manejar 4. Tarjeta del seguro social y carta membretada 5. Pasaporte—papeles de ciudadanía 6. Certíficados de matrimonio 7. Acuerdos prenupciales, postnupciales 8. Acuerdos de divorcio—anulamiento y acuerdos de separación, soporte a la esposa, y acuerdo de propiedades 9. Papeles de adopción 10. Certificados de Guerra (e.g., víctima del holocausto) 11. Administración de los beneficios para veteranos 12. Cambio de nombre hecho en la corte
Proof of Ownership of Property	1. Deeds to primary residence, vacation properties, business and industrial properties; mortgage loan agreements and reverse mortgage agreements in connection with these properties; statement of current mortgage balance 2. Cooperative apartments: shareholder's certificates and proprietary leases 3. Leases on rental apartments 4. Closing statements for real property or business sold with the past six months

Prueba de ser propietario	1. **Deudas de la primera residencia, propiedades de vacacionar, propiedades de negocios, e industrias; acuerdos de préstamos de hipotecas, acuerdos reversos en conección con esas propiedades; cartas del balance actual de préstamos** 2. **Apartamentos de rentas: Certificados de propiedades y arrendamientos** 3. **Apartamentos de rentas** 4. **Estados de cuentas finales de propiedades y raíces vendidas los últimos seis meses**
Financial papers	1. Bank passbooks. 2. Bank statements and cancelled checks. 3. Income tax and gift tax returns for the past 36 months. Have gift tax returns been filed for all transfers? If any tax audits, provide tax authority's decision. Are there any pending audits? 4. Estate tax returns of spouse or parent who has died within the past 36 months for all transfers? If any tax audits, provide tax authority's decision. Are there any pending audits?

	5. Trust agreements: living trust, revocable trust, irrevocable trusts, charitable trusts, life insurance trust, and testamentary trusts in which the client is either the grantor or the beneficiary.
	6. Brokerage accounts—current statements of assets.
	7. List of individually held stocks, bonds (including U.S. savings bonds, which should be checked to determine actual cash value), mutual funds, foreign investments, etc., specifying the number of shares, date acquired, market value at date of death, current market value, and registration of ownership.
	8. List of pension plans—i.e., IRAs, Keoghs, 401(K)s, etc.
	9. Annuity contracts—who are the beneficiaries? What is the cash surrender value?
	10. All current and prior wills and codicils.
	11. List of all pending inheritances.

Papeles financieros	1. Libros bancarios
	2. Cartas del banco de cheques cancelados
	3. Impuestos por ingresos e impuestos por regalos en los últimos 36 meses. Han sido los impuestos por regalos registrados para toda transferencia?: Si cualquier impuesto de audición, necesitó audiencia de una autoridad en impuestos? Hay audiciones pendientes?
	4. Hay pagos de impuestos estatales de esposa o padres que hayan muerto dentro de los pasados 36 meses transferidos? Se necesitó audiencia por autoridad de impuestos? Hay alguna audición pendiente?
	5. Acuerdos de transferencia: en vida, revocable, irrevocable, herencia por beneficencia, aseguranza de vida en la que el cliente es el beneficiario o el beneficiador.
	6. Cuentas de la persona a cargo, estados de cuentas corrientes

	7. Listas de acciones individuales, fianzas, (incluyendo bonos de ahorros U.S, los que se deben determinar de acuerdo al valor actual del mercado) fondos mutuos, inversiones extranjeras, etc, número específico de certificados, fecha adquirida, valor del mercado en el momento de la muerte, el valor del mercado al momento y registración de la propiedad.
	8. Lista de planes de pensiones, IRA, kEOGh, 401(s), etc.
	9. Contratos de anuidad, quiénes son los beneficiarios?, Cuál es el valor del balance en efectivo?
	10. Todos los testamentos del presente y antiguos
	11. Una lista de todas las herencias pendientes

Insurance Policies	1. Homeowner's insurance policy
	2. Personal articles floater
	3. Umbrella policy
	4. Automobile insurance policy
	5. Life insurance policies: VA policies: personal and business policies upon client's life and upon the life of client's spouse. Who are the beneficiaries? Is there any cash surrender value? Should these policies be cashed in? Are there any outstanding loans against the policy?
	6. Health insurance policies
	7. Long-term care insurance policies
	8. Accident and disability policies
Polizas de aseguranza	1. **Póliza de aseguranza de propietarios de casa**
	2. **Artículos personales flotantes**
	3. **Póliza "umbrella"**
	4. **Aseguranza de automobil**
	5. **Pólizas de aseguranza de vida: Polizas VA: personales y polizas de negocios de su vida y la de la esposa de la cliente. Quiénes son los beneficiarios? Hay algún balance de la póliza? Deben estas pólizas ser cambiadas por dinero al contado? Hay algunos préstamos hechos bajo la poliza?**
	6. **Pólizas de aseguranza de vida a largo término**
	7. **Pólizas de accidente e incapacidad**

Other requierements	1. List of all debts, including credit cards, obligations, and promissory notes. 2. Documents pertaining to any litigation in which the client is involved and judgments or liens that have remained outstanding for the past 20 years against the client. 3. Outstanding loans on property—i.e., mortages, home equity loans, and reverse mortages. 4. Garnishments of salary. 5. Child support obligations. 6. Location of safety deposit boxes and ownership. 7. Cemetery plots, prearranged funeral contracts, and burial accounts.
Otros requisitos	1. **Listas de todas las deudas, incluyendo tarjetas de créditos y notas promisorias.** 2. **Documentos que pertenecen a cualquier pelea en la cual el cliente esté envuelto en un juicio o demandas que han quedado por pagar durante los últimos 20 años contra el cliente.** 3. **Préstamos que se deban por la propiedad—i.e., préstamos de casa, de las ganancias y préstamos reversibles** 4. **Retiros de dinero del sueldo** 5. **Obligaciones por soporte de los niños** 6. **Lugar de cajas de depósito y propiedad personal** 7. **Sitios reservados en el cementerio, contratos prearreglados de funeral y cuentas por pagar por un entierro**

The Initial Client Meeting	Client's name
	Address
	Social Security number
	Date and Place of birth
	Citizenship
	Occupation
	Marital status: divorced, widowed, second marriage, stepchildren; ages of children
	Are any of the family members incapacitated, incompetent, or disabled?
	The family relationships
	Whether the patient is competent. Do we need a psychiatric evaluation? Will a guardianship proceeding be necessary? What is the family plan? If the client is in a nursing home, does the family want to keep the patient there, or do they want to bring the patient home? Is the family being reasonable and rational?
La reunión inicial con el cliente	**Nombre del cliente**
	Dirección
	Número del seguro social
	Lugar y fecha de nacimiento
	Ciudadanía
	Ocupación
	Estado marital: divorciado, viudo, segundo matrimonio, hijos adoptivos, edades de los niños
	Están algunos de los niños incapacitados, incompetentes o incapacitados

	Las relaciones de la familia Si el paciente es incompetente. Necesitamos una evaluación del psiquiatra? Será necesario un admininistrador para los procedimientos necesarios? Cuál es el plan de la familia? Si el cliente está en una casa de ancianos, quiere la familia que permanezca allí? Es la familia razonable y racional?
The client's domicile	Does the client have multiple residences? Does the client own a home, condominium, cooperative, or apartment? If so, are these premises mortgaged, and what is the current balance? Is there a life estate on the real property? The client's Social Security and/or SSI benefits. If so, how much? Whether the client receives any pensions or union benefits. How much and from where?
El domicilio del cliente	**Tiene el cliente residencias múltiples? El cliente es dueño de casa, condominio, cooperativa o apartamento? Si es así, son estas propiedades hipotecadas, y cuál es el balance? Hay titulo de por vida en esa propiedad? Los beneficios del seguro social del cliente y SSI. Cuánto? Recibe el cliente pensiones o beneficios de la unión. Cuánto y de dónde?**
If the client receives Medicare benefits	Does the client have both Part A and Part B?
Si el cliente recibe beneficios de Medicare	**Tiene el cliente Parte A y Parte B**

If the client has a Medicare supplemental insurance policy	If the client receives Medicaid benefits? Whether the client has long-term insurance and what the coverage is.
Si el cliente tiene poliza de aseguranza supplemental	**Si el cliente recibe beneficios de Medicaid Si el cliente tiene aseguranza de vida por largo tiempo y lo que cubre**
The client's financial situation	Any income and gift tax returns filed in the past three years will need to be reviewed.
La situación financiera del cliente	**Cualquier salario e impuestos por regalos registrados en los últimos tres años necesitan ser revisados.**
ADVANCED DIRECTIVES	Durable power of attorney Health-care proxy Living will Directive for anatomical gifting Appointment of a guardian Last will and testament
Preparaciones anticipadas	**Poder por abogado Poder para el cuidado del salud Testamento Instrucciones para regalos anatómicos Elección de un guardián Ultima voluntad y testamento**

Durable power of attorney	The durable power of attorney is considered the most powerful instrument in our legal system because of the powers granted in the document. It permits the transfer of authority from a competent principal to a trustworthy agent. The execution of an advance directive durable power of attorney by the elderly principal, while still competent, can avoid the excessive cost and unpleasantness of judicial intervention in the form of conservatorship or guardianship proceeding.
Poder de ejecución del abogado	**El poder de ejecución del abogado se considera como el instrumento más poderoso en nuestro sistema legal por el poder garantizado en el documento. Permite la transferencia de autoridad de un administrador principal a un agente fiduciario. La ejecución de preparaciones avanzadas por parte del abogado hecho bajo la dirección del anciano que dicte el documento mientras aún sea competente puede evitar el costo excesivo y la intervención judicial en forma de procedimiento del administrador judicial.**

The execution of powers of attorney	1. All forms of powers of attorney must be in writing.
	2. The documents must be notarized.
	3. Some jurisdiction additionally require that the document be witnessed.
	4. All pages of the document should be initialed by the principal at the foot of the page. Any handwritten alterations to the document must also be initialed. Some states require that each individual power that is granted to the attorney-in-fact be initialed by the principal.
	5. Powers of attorney must be executed in multiple originals. The more extensive the principal assets are, the more originals will be required. Photocopies of the original document will not be acceptable.
	6. The legal professional must make certain that one original of the fully executed instrument is retained by the office.
	7. The general power of attorney and the durable power of attorney are effective immediately upon execution.
	8. Affidavit as to Power of Attorney being in Full Force

	The agent must sign this affidavit before a notary public for the purpose of inducing a third party to act. The agent must represent the following therein:
	a. That the principal is still alive.
	b. That the document annexed to this affidavit is a true copy of said power of attorney
	c. That the agent was appointed on the specified date
	d. That the agent has no actual knowledge or notice of revocation or termination of the power of attorney by death or otherwise
	e. That the power of attorney is therefore still in full force and effect.
La ejecución de un poder notarial	1. Todas las formas de poder notarial deben ser escritas
	2. Los documentos deben ser notarizados
	3. Alguna jurisdicción adicionalmente requiere que el documento sea notarizado
	4. Todas las páginas del documento deben tener las iniciales del ejecutador al pie de la página. Cualquier alteración escrita a mano en el documento debe tener las iniciales. Algunos estados requieren que cada poder notarial que es entregado al abogado en poder tenga las iniciales del ejecutador.

Revocation of Power of Attorney	A power of attorney may be revoked at any time by a principal so long as the principal retains capacity. The revocation should always be in writing. Oral revocation is ineffective because it lacks proof. The written notice of revocation must be signed by the principal, notarized, and/or witnessed. It should be served upon the agent and upon any third parties who are relying upon the agent's authority and are known as such by the principal. Service should be made personally or by certified mail—return receipt requested.
Revocación del poder notarial	**Un poder notarial debe ser revocado en cualquier momento por el ejecutador con tal de que el ejecutador tenga capacidad de hacerlo. Una revocación oral no es efectiva por la falta de prueba. La noticia escrita de anulación debe ser firmada por el ejecutador, notarizada y/o testificada. Debe ser servida al agente y a las terceras partes que están dependiendo de la autoridad de los agentes y son conocidas como tales por el ejecutador. El servicio debe ser hecho personalmente o por correo certificado en el que se requiere un recibo de haberlo recibido.**

| Health-Care Proxy | This form of advance decision making is made while a person is competent and able to make decisions about future health care and treatment. This document operates as a medical durable power of attorney, similar to the financial durable power of attorney. The principal appoints an agent who will act as the patient's (principal) surrogate in decision making when the patient lacks capacity and competency to make decisions regarding his or her health care. The principal states in the health-care proxy specific wishes regarding treatment or the withholding of treatment. The agent carries out the directives specified in the health-care instrument. In the event that issues arise that are not covered in the health-care proxy, the agent may use surrogate decision powers and also substituted judgment to fulfill the wishes of the patient. It is wise for the principal and also substituted judgment to fulfill the wishes of the patient. It is wise for the principal to discuss his or her wishes in detail with the agent beforehand so that when the agent is required to act, the patient's medical treatment philosophy is known. The health-care proxy or medical power of attorney is statutory in most states. |

Poder del cuidado sanitario	Esta forma de preparación avanzada es hecha mientras una persona es competente y puede tomar decisiones acerca de su futuro y su tratamiento. Este documento opera como un poder notarial médico. El ejecutador escoge a un administrador que va a actuar como el representante del ejecutado en caso de que se necesite tomar una decisión cuando el paciente no tiene la capacidad y la competencia para tomar decisiones que tengan que ver con su salud. El ejecutado demanda en el poder de su cuidado de salud deseos específicos que se relacionan con su tratamiento o el tratamiento a seguir. El agente cumple con las indicaciones detalladas en el poder del cuidado de salud. En el evento en que los problemas sucedan que no estén detallados en el poder notarial médico, el agente tiene que tomar decisiones de poder y substituir el juicio del ejecutador para cumplir con los deseos del paciente. Es inteligente que el ejecutador discuta sus deseos en detalle con el agente antes de eso para que cuando el agente tenga que actuar, el paciente tenga tratamiento médico.

The Basics of the Health-Care Proxy	1. It must be in writing 2. It must contain the following: • patient's name and address • patient's Social Security number • agent's name and address • agent's relationship to principal
Lo básico del poder notarial médico	**1. Debe ser escrito** **2. Debe contener lo siguiente:** • **Nombre del paciente y la dirección** • **Número del seguro social del paciente** • **Nombre del agente y dirección** • **La relación que existe entre el ejecutador y el agente**
Restrictions concerning the appointment of an agent	• a nursing home administrator of the facility in which the patient resides • The patient's attending physician
Restricciones concernientes a la elección de un agente	• **Un administrador de una casa de ancianos de la facilidad en la cual el paciente permanezca** • **El médico que asiste al paciente**

The principal must sign the document	The document should contain language making it durable so that it will survive the patient's incapacity. The document should be notarized. The document should be witnessed. The agent is usually prohibited from being a witness due to a potential conflict of interest The document should be executed in at least five original part and should be given to the following persons: • The principal • The agent • The family doctor • The family attorney • Clergy, if appllicable
El ejecutador debe firmar el documento	**El documento debe contener lenguaje que haga que el documento sea a largo plazo para que sobreviva la incapacidad del paciente** **El documento debe ser notarizado** **El documento debe tener testigo** **El agente está usualmente prohibido de ser un testigo por conflicto de interés** **El documento debe ser ejecutado en por lo menos cinco partes originales y debe ser entregado a las siguientes personas:** • **El ejecutador** • **El agente** • **La familia del doctor** • **La familia del abogado** • **El sacerdote, si es aplicable**

Revocation	The principal can accomplish revocation by notifying the agent(s) in writing, certified mail- returns receipt requested, or by personal service. It is also necessary to notify the attorney, physician, family members, clergyman and any other interested parties. Oral revocation is often ineffective and not recommended.
Revocación	**El ejecutado debe cumplir la renuncia al notificar a los agentes por escrito, correo certificado con recibo de correo de haber recibido el documento, o por servicio en persona. También es necesario notificar al abogado, al doctor, a los miembros de la familia, al sacerdote y a otras partes interesadas. La revocación oral no es a menudo efectiva y no es recomendable.**
THE LIVING WILL	The living will is another form of advance directive that deals with the removal or withholding of life support systems, including food, hydration, and curative medication from the patients. The legal instrument differs from the health-care proxy in that it need not operate through an agent. It is a direct statement of an individual's wishes regarding terminal illness, executed when the individual patient is competent and put into use when the patient is not. The person who executes the document must be an adult and must be competent at the time of execution.

El TESTAMENTO	El testamento es otra forma de preparación avanzada que se encarga del retiro o sostenimiento de sistemas de vida de soporte, incluyendo comida, hidratación, y medicina curativa de los pacientes. El instrumento legal difiere del poder notarial de cuidado de salud en que no necesita ser operado con un agente. Es una declaración directa de los deseos de un individuo que es competente y pone en su uso cuando el paciente ya no lo es. La persona que ejecuta el documento debe ser un adulto y debe ser competente al momento de ejecutarlo.

| The Use of the Living Will | The living will may, for example, become effective in the event that the patient loses the capacity to make his or her own medical decisions and becomes:

1. Terminally ill: catastrophic illness making life no longer worh living, with no hope of recovery, and death being imminent.
2. Comatose: no mental capacity and in persistent vegetative state.
3. Brain dead: Flat EEG

The intent of this document is to express the patient's wishes, should the patient ever enter into any of the above medical conditions. It can give specific directions regarding the use of all possible forms of life support including but not limited to respirators, ventilators, feeding tubes, etc., designed to keep the patient alive. The patient can also request the opposite: "If there is no hope for my recovery, do not institute the use of any means of life support to prolong my life. If they are already in place, you may discontinue the use of them." |

El uso del testamento	El testamento puede, por ejemplo, hacerse efectivo en el evento en que el paciente pierda su capacidad para tomar sus decisiones médicas y se pone: 1. Terminalmente enfermo: enfermedad catástrofica haciento que su vida no tenga sentido, sin esperanza de recuperarse, y de que su muerte sea inminente. 2. Vegetal: sin capacidad mental y en estado persistente vegetal 3. Cerebro muerto: sin EEG La intención de este documento es de expresar los deseos del paciente, en caso de que el paciente se encuentre en cualquiera de esas condiciones médicas. Puede dar instrucciones específicas relacionadas con el uso de toda forma de soporte de vida incluyendo pero no limitada a respiradores, ventiladores, tubos de alimentación, etc., diseñados para mantener al paciente vivo. El paciente puede requerir lo contrario: "Si no hay esperanza de recuperación no utilizar ninguna forma de soporte de vida para prolongar mi vida. Si ya hay formas de soporte de vida puede descontinuarse el uso de ellas."

The Execution of the Living Will	1. The individual must have capacity. 2. The document must be in writing and signed by the individual. (For individuals who are competent but unable to write, an "X" is sufficient—i.e., X is his mark.) 3. The document must be notarized in some states. 4. The document must be witnessed. Certain persons, such as treating physicians or nursing home administrators, are prohibited from being witnesses. 5. Several duplicate original documents should be executed.
La ejecución del testamento	**1. El individuo debe tener capacidad.** **2. El documento debe ser escrito y firmado por el individuo. (Para los individuos que son competentes pero no pueden escribir, la "x" es suficiente—i.e., (x) su marca.** **3. El documento no debe ser notarizado en algunos estados.** **4. El documento debe tener testigos. Algunas personas, tales como médicos o administradores de casas de ancianos, no pueden ser testigos.** **5. Varios documentos originales deben ser duplicados y ejecutados.**

Who Should Receive a Duplicate Original Document?	1. The individual who executed the document. 2. The health-care provider (i.e., doctor). 3. The admissions office of the hospital, nursing home, or rehabilitation facility. 4. A trusted family member or close friend. (The individual should discuss the contents of the living will with them beforehand.) 5. The law firm should always retain a duplicate original on file.
Quien debería recibir un documento original duplicado?	1. **El individuo que ejecute el documento.** 2. **El proveedor de cuidado médico (i.e., doctor).** 3. **La oficina de admisiones del hospital, casa de cuidado de salud, o centro de rehabilitación.** 4. **Un miembro de la familia de confianza o un amigo cercano (el individuo debe discutir el contenido del testamento con ellos de antemano)**
What if the Health-Care Provider Refuses to Honor the Living Will?	The health-care provider has the option of honoring the living will or transferring the individual patient to another facility that will honor it.
Qué hacer en caso de que el que provee el cuidado médico rehusa dar honor al testamento?	**El proveedor del cuidado médico tiene la opción de dar honor al testamento o transferir al paciente a otro lugar donde le den honor a éste.**

Appointment of a Guardian	The guardianship tends to be of shorter duration and more liberal. The guardian or the conservator who is appointed by the court may or may not be a trusted family member. Often the court appoints attorneys who are not familiar with the affairs of the incapacitated person, whom they have never met. The court will usually honor the directive, provided that the proposed appointee is a consenting, competent adult capable of handling the ward's affairs. The guardian must not have a criminal background, since guardians/conservators are fiduciaries. The court usually requires the fiduciary to be bonded by a surety company, and a criminal record will prevent the individual from being bonded.
Seleccion de un custodio o guardían	**El guardián tiende a ser de menos duración y más liberal. El guardián o el conservador que ha sido elegido por la corte puede o no ser un miembro de la familia de confianza. A menudo la corte escoge a los abogados que no están familiarizados con la persona incapacitada, alguien que nunca hayan conocido. La corte da honor da las instrucciones, con tal de que el escogido sea un adulto competente y capaz de manejar los asuntos del paciente. El guardián no puede tener un record criminal, ya que los guardianes/tutores son de confianza. La corte usualmente requiere que la relación de confianza sea asegurada por una compañia de aseguranza, y un record criminal prohibiría que el individuo sea de fianza.**

Predesignation of a guardian	1. Must be written. 2. Must be notarized. 3. Must be witnessed. 4. Should be executed in several original courterparts. 5. Law firm should retain one original in its files.
Predesignación de un guardian	1. **Debe ser escrita.** 2. **Debe ser notarizada** 3. **Debe ser hecha con testigos** 4. **Debe ser ejecutada en varias cartas originales** 5. **La firma del abogado debe retener una original en sus archivos.**
The Uniform Anatomical Gift Act	The Uniform Anatomical Gift Act has been adoped in some form by all fifty states and the District of Columbia. It was originally enacted in 1968 and revised in 1987 to liberalize and clarify the procedures involved therein. The intent of the revised statute was as follows: 1. To simplify gifting procedures. 2. To allow public agencies to use their authority and good offices in arranging for organ donations. 3. To place an affirmative duty upon hospitals to further the cause of organ donations by asking patients near death if they would be willing to be donors and by discussing this possibility with patients' families.

	4. To place further duty upon hospitals and public agencies to encourage organ transplants (i.e., the motor vehicle bureau, on a license application or renewal form, asks whether the applicant wishes to be an organ donor).

La ley de los regalos anatómicos	La ley de los regalos anatómicos ha sido adoptada en varias formas y por los cincuenta estados del Distrito de Colombia. Fue originalmente creada en 1968 y revisada en 1987 para hacer más legibles y liberales los procedimientos. El intento de la ley de revisión fue el siguiente:
	1. El de simplificar los procedimientos de la ley de los donantes.
	2. El de permitir que las agencias públicas usen su autoridad y las buenas oficinas para el arreglo de los órganos donados.
	3. El de establecer una obligación en los hospitales para que hayan más donaciones de órganos al pedir a los paciente que están por morir si estarían dispuestos a ser donantes y para discutir esta posibilidad con sus familiares.
	4. El de establecer aún una más grande obligación en los hospitales y las agencias públicas de incentivar los transplantes de órganos, i. e., el departamento de vehículos y motores, en una aplicación de licencia o forma de renovación, preguntar si el aplicante desea hacer una donación de un órgano.

Persons Who May Execute an Anatomical Gift	1. The donor himself or herself: The donor must be a person of sound mind at least 18 years old of age.
	Anatomical gifting by a Minor-Special Provision
	A minor wishing to donate an organ should have his or her parents sign the gift form before at least two witnesses and should add the following preamble to the form:
	"I am not of sound mind and under 18 years of age. I hereby make this anatomical gift to take effect upon my death with the parental consent of the undersigned. The marks in the appropriate brackets and the words into the blanks below indicate my desires."
	2. A representative or agent of the donor: The statute specifies a certain priority of persons who have the authority to authorize the anatomical gift in the absence of actual notice or contrary indication by the decedent.
	The order of precedence is as follows:
	1. Spouse
	2. Son or daughter, 18 years or older
	3. Brother or sister, 18 years or older

	4. Guardian of the donor at the time of death 5. Any other person authorized or under the legal obligation to dispose of the body. 6. Funeral home In most cases, organs for transplants are removed from the donor's body at the time of death. The statute defines death as "the irreversible cessation of circulatory and respiratory functions of the donor." The time of death must be certified by a physician(s) who is prohibited from participating in the removal for transplantation of any body part.

Las personas que pueden donar un regalo anatómico	1. El donador mismo o ella. El donador debe ser una persona conciente que por lo menos tenga 18 años de edad.
	Regalo anatómico dado por un menor de edad—condición especial **Un menor que desee donar un órgano debe tener la firma de sus padres en la forma y con la presencia de dos testigos y debe tener escrito el siguiente preámbulo en la forma:**
	"No soy un adulto y no tengo 18 años de edad. Yo declaro que hago este regalo anatómico para que tome efecto al morirme con el consentimiento de los padres del que firma. Las marcas en los respectivos paréntesis y las palabras en los espacios abajo expresan mis deseos."
	2. **Un representante o agente. La ley específica una cierta prioridad de personas que tienen la autoridad de autorizar el regalo anatómico en la ausencia de una carta actual o contraria indicada por el que va a morir.**

	El order de precedencia está a continuación: 1. La esposa 2. El hijo o hija, 18 años de edad 3. Hermano o hermana. 18 años de edad 4. Guardían del donador al tiempo de la muerte 5. Cualquier otra persona autorizada o bajo la obligación legal de disponer del cuerpo. 6. Casa del funeral En muchos casos, los transplantes de órganos son removidos del cuerpo del donador en el momento en que se muere. La ley define la muerte como "la censación irreversible de las funciones respiratorias y circulares del donante. "La hora de la muerte debe ser certificada por un doctor o doctores que estén prohibidos de participar en el transplante de cualquier parte del cuerpo."

Anatomical gifts are revocable	Anatomical gifts are revocable. Should the donor wish to revoke or amend a donation, the statute provides several relatively simple methods: • The execution and delivery to the donee of a signed statement clearly indicating revocation. • An oral statement of revocation made before two witnesses, which must then be communicated to the donee. • A statement during a terminal illness or injury addressed to an attending physician and communicated to the donee. • A signed card or document found on the donor's person or effects clearly stating the revocation. • Destroying, canceling, or mutilating the gifting document, provided the document has not been delivered to the donee. An anatomical gift made in a will can be revoked by executing a codicil to the will or by revoking the will itself.

Las donaciones anatómicas de regalos son revocables	Los regalos anatómicos son revocables. Si el donante desea revocar o enmendar una donación, la ley provee métodos relativamente simples:
	<ul><li>La ejecución y entrega al donante de una declaración firmada claramente indicando la revocación.</li><li>Una declaración oral de revocación hecha ante dos jueces, la que entonces debe ser comunicada al que recibe la donación.</li><li>Una declaración hecha durante una enfermedad terminal o herida dirigida a un doctor y comunicada a un donado.</li><li>Una carta firmada o documento encontrado en el donador o en los hechos en los que claramente establece la revocación.</li><li>Destruyendo, cancelando, o mutilando el documento del regalo de donación, que provee que el documento no ha sido entregado al donado.</li></ul>Un regalo de donación anatómica hecha en un testament puede ser revocado al ejecutar un codicil al testamento o al revocar el testamento mismo.
WILLS	TESTAMENTOS

Last Will and Testament	One of the major concerns of the elderly is the disposition of their assets when they die. Therefore, one of the major functions of the elder care lawyer is to assist the elderly in their financial planning and to draw their last will and testament. An experienced elder care attorney can guide the client through the minefield of estate taxation and minimize or even eliminate the often enormous tax consequences resulting from the death of the testator, thus permitting the beneficiaries of the estate to receive a larger share of the decedent's assets. A knowledgeable paralegal is often called to participate in all stages of the process:
	1. The initial will intake: gathering familiar and financial information.
	2. The actual drafting of the will after the elder care lawyer has conferred with the client
	3. The execution ceremony of the will
	4. The disposition of the document and conformed copies for safekeeping.
	A will is defined as an advance directive allowing a testator (testatrix) in writing his or her testamentary plan for the disposition of all assets upon death. In some states, the legal representative of the estate is known as the personal representative (P.R.).

Oral wills are permited under strict statutory regulations. Oral declarations created under these circumstances are called nuncupative wills. A holographic will is a document written solely in the handwriting of the testator. Some states treat this instrument as a valid document without the necessity of the attestation of witnesses.

A male is called a "testator," and a female is called a "testatrix." The testator appoints an executor (executrix) in the will to carry out his or her testamentary plan upon death. It is essential that the testator obtain permission beforehand of those whom the testator wishes to name in a fiduciary capacity—i.e., executor, personal representative, trustee, guardian. A willmay have one or more "codicils" (little wills, Latin derivative). A codicil is a legal instrument that modifies some article (s) in the will itself without causing a change to the entire will. It must be executed and witnessed in the same manner as a will. An individual codicil is subject to the probate process. The witnesses have to be located, causing delay in the administration of the estate. Therefore, if the will becomes overburned with multiple codicils, it is advisable to draft an altogether new will, revoking the prior will and codicils.

| Testamento | Una de las mayores preocupaciones de las personas mayores es el de la disposición de sus bienes cuando mueren. Por lo tanto una de las funciones mayores del abogado de la persona mayor es la de enseñarle a la persona como disponer de sus bienes y el de prepararse su testamento. Un abogado con experiencia puede guiarle al adulto en cuanto a los impuestos y beneficios y eliminar consecuencias que pueden ser resultados de la muerte del que hace el testamento, y así ayudar a que los familiares que reciban mejor compensación. Un asistente de abogado con conocimiento es a menudo llamado a participar en todos los aspectos del proceso.

1. Al inicio: reunir información de la familia y financiera
2. La escritura del testamento después de que el abogado se haya puesto de acuerdo con el cliente
3. La ceremonia de ejecución del testamento
4. La disposición del documento y las copias certíficadas por el archivador.

Un testamento es definido como una instrucción avanzada permitiendo que el que hace el testamento escrito de sus planes testamentales esté a la disposición de todos los bienes al morir. |

En algunos estados el representante legal del estado es conocido como el representante personal (P.R.). Los testamentos verbales son permitidos bajo leyes muy estrictas. Las declaraciones verbales creadas bajo esas circumstancias son llamadas testamentos nuncupativos. Un testamento firmado con letra a mano es un documento escrito del que hace el testamento. Algunos estados lo hacen válido sin la necesidad de la testificación de testigos. Un hombre es llamado "Testificador," y una mujer es llamada "Testificadora." El testificador señala a un ejecutador en el testamento para que se encargue de hacer cumplir su testamento al morir. Es importante que el testificador obtenga los nombres de las personas que van a hacer cumplir el testamento como el representante, administrador, encargado, guardián. Un testamento puede tener otros codicilios testamentarios. Un codicil es un instrumento que enmienda algun artículo del testamento sin cambiar el testamento. Un codicil individual puede estar sujeto a un proceso probatorio. Los testigos deben ser localizados, sin causar demora en la administración del estado. Sin embargo, si el testamento tiene demasiados codiciles, es aconsejable escribir un nuevo testamento, revocando el testamento anterior y los codíciles.

ENTITLEMENT PROGRAMS	MEDICARE AND MEDICAID
	Both programs are administered by the Health Care Finance Administration (HCFA), a federal agency within the Department of Health and Human Services, the largest federal agency in the United States government.
PROGRAMAS DE DERECHO	**MEDICARE AND MEDICAID** **Ambos programas son administrados por la Administración Financiera de Salud y Cuidado (HCFA), una agencia federal del departamento de Salud y Servicios Humanos, la agencia federal más grande del gobierno de los Estados Unidos.**
Medicare	**Medicare is a national health insurance program. It has two parts:** Part A: Hospital insurance helps pay for care in a hospital; skilled nursing facility; home health and hospice care. Part B: Medical insurance helps pay for doctor's bills, outpatient hospital care, other medical services not covered by Part A.
Medicare	**Medicare es un programa nacional de aseguranza de salud. Tiene dos partes:** **Parte A: Aseguranza del hospital que ayuda a pagar el cuidado en el hospital; facilidad de enfermería, cuidado de salud en casa, y cuidado de hospicio.**

Eligibility	To qualify for Medicare, one must meet the following eligibility requirements: 1. The individual must be a United States citizen resident of the United States. 2. The individual must be at least 65 years of age with the following exceptions: • A disabled person of any age after two years from the date of the disability, or • A person of any age with chronic kidney disease.
Eligibilidad	**Para calificar para Medicare, uno tiene que tener los siguientes requisitos:** 1. **El individuo debe ser ciudadano residente de los Estados Unidos.** 2. **El individuo debe tener por lo menos 65 años de edad con las siguientes excepciones:** • **Una persona incapacitada de cualquier edad después de dos años de la fecha de la incapacidad, o** • **Una persona de cualquier edad con enfermedad crónica del riñon.**

	3. The individual or a spouse must have worked at least ten years in Medicare-covered employment (i.e., payroll deductions have been paid into Medicare fund). **3. El individuo o la esposa deben haber trabajado por lo menos diez años en un lugar donde cubría Medicare (i.e., talones de cheques, en las deducciones que han pagado a los fondos de Medicare)**

Payment of Health-Care Bills	1. Medicare is not always the primary payer
	2. Medicare is the secondary payer if the applicant is entitled to:
	  • Workers compensation benefits
	  • Federal Black Lung benefits
	  • No-fault liability insurance
	  • V.A. benefits
	3. The health care is required to submit Medicare claim forms on behalf of the patient.

Forma de pagos por cuidado de salud	1. Medicare no es siempre el primer pagador 2. Medicare es el que paga en forma secundaria si el aplicante tiene derecho a: • Los beneficios de trabajadores por compensación • Beneficios de Federal Black Lung • Aseguranza sin culpa • Beneficios para los veteranos
Medicare PART A COVERAGE	The Medicare Hospital Funded Insurance Program is funded by a portion of the federal Social Security tax as a payroll deduction.
Medicare PART A Covertura	**El programa de Aseguranza del hospital de Medicare es fundado con una porción del impuesto del Seguro Social Federal tomado como una deducción del talón de cheques.**
Benefit Periods	The benefit period commences on the day you are admitted to a hospital and ends when you have been discharged for an uninterrupted 60-day period. It also ends if you are a patient in a skilled nursing home (SNF) but have not received skilled care for a 60-day uninterrupted period. It is important to note that there are no limits to the number of benefit periods a Medicare recipient can receive during his or her lifetime, provided there is a 60-day uninterrupted period.

Períodos de beneficios	Los períodos de beneficio comienzan el día en que usted es admitido a un hospital y termina cuando se retira por un período sin interrupción de 60 días. También termina si usted es un paciente en una casa de cuidado de salud (SNF) pero que no ha recibido cuidado por un período inenterrumpido de 60 días. Es importante notar que no hay límites para el número de beneficios que un recipiente de Medicare pueda recibir durante su vida, proveyendo que hay un período inenterrumpido de 60 días.

Specific Coverage	Inpatient Hospital Care—Medicare Part A pays as follows if the patient is admitted to a Medicare-certified hospital within a benefit period:
	1. Patient pays the first $760, as of 1997—this is known as the patient's deductible. This increases every year. The deductible is paid only once during a benefit period, no matter how often the patient is hospitalized.
	2. Medicare pays all other hospital expenses for the first 60 days of admission.
	3. From the 61st day through the 90th day. Medicare pays all covered expenses except for a coinsurance of $190 per day (1997), which is the responsibility of the insured. (The patient may obtain a medigap insurance policy to pay for the deductible incurred by the patient. These policies are sold by private insurance companies.
	4. Reserve days—Every Medicare has a lifetime reserve of 60 days. If a patient is hospitalized for more than 90 days in a benefit period, the patient can draw on the reserve days to help pay for the excess cost. In each reserve day, there is a coinsurance cost to the patient of $380 (1997). Medicare pays costs above the coinsurance amount. (It should be noted that all of the deductibles mentioned above usually increase annually.)

Cobertura específica	Cuidado de los pacientes en un hospital—Medicare Part A paga si el paciente es admitido en un hospital certificado dentro de un período de beneficios:
	1. El paciente paga los primeros $760. desde 1997—esto es conocido como el deductible del paciente. Esto aumenta cada año. El deductible se paga una vez durante el período de beneficios, no importa que a menudo el paciente sea hospitalizado
	2. Medicare paga todos los gastos del hospital por los primeros días de admisión.
	3. Desde el día 61 hasta el día 90. Medicare paga todos los gastos cubiertos excepto por la co-aseguranza de $190 por día (1997), el cual es responsable del asegurado. (El paciente puede obtener medigap para pagar por el deductible incurrido por el paciente. Estas polizas son vendidas por compañias de aseguranzas privadas.

Covered Services	1. semiprivate room
	2. meals (special diets)
	3. regular nursing services
	4. rehabilitation services
	5. drugs
	6. medical supplies
	7. lab tests
	8. x-rays
	9. operating rooms
	10. recovery rooms
	11. intensive care units (ICU)
	12. coronary care units (CCU)
	13. all other medically necessary services and supplies
Servicios cubiertos	1. **cuarto semi-privado**
	2. **comidas (dietas especiales)**
	3. **servicios regulares de enfermeras**
	4. **servicios de rehabilitación**
	5. **medicinas**
	6. **suplementos médicos**
	7. **examenes de laboratorios**
	8. **rayos X**
	9. **cuartos de operación**
	10. **cuartos de recuperación**
	11. **unidades de cuidado intensivo (ICU)**
	12. **unidades de cuidado cerebral (CCU)**
	13. **cualquier otros servicios necesarios médicos y suplementarios.**
Services Not Covered	1. telephone
	2. television
	3. private room (unless medically necessary)
	4. private-duty nursing

Servicios no cubiertos	1. teléfono 2. televisión 3. cuarto privado (a menos que sea necesariamente por órdenes médicas) 4. cuidado privado de enfermería
How to quality for Hospital Care Part A	1. A physician orders inpatient hospital care for illness or injury. 2. The care required can only be provided in a hospital. 3. The facility is a Medicare participant. 4. The facility's Utilization Review Committee or Peer Review Committee does not issue a notice disallowing the hospital stay.
Como calificar para Cuidado en el Hospital PARTE A	1. **Las órdenes de un doctor de un hospital de cuidado de salud para enfermedades o heridas.** 2. **El cuidado requerido puede ser solamente dado en un hospital.** 3. **El local es un participante de Medicare.** 4. **El comité de repaso de utilización o Comité de hospitales no hace una orden de desalojamiento del hospital.**
Psychiatric Hospital Coverage	1. Lifetime maximum coverage limited to 190 days. 2. Note: Psychiatric care provided in a general hospital is not subject to the 190-day rule.

Cobertura en un hospital psquiatrico	1. Máxima cobertura limitado a 190 días. 2. Nota: cuidado psiquíatrico provisto en un hospital general no es sujeto a la regla de 190 días.
Centro médico con cuidado de enfermería	1. El paciente requiere cuidado de enfermería diario o servicios de rehabilitación que pueden ser dados solamente en una SNF 2. Antes de la admisión al SNF dentro de los 130 días del desalojamiento del hospital, el paciente debe haber permanecido en el hospital por lo menos 3 días. 3. La admisión al SNF dentro de los 30 días del desalojamiento del hospital después del tercer día de permanencia en el hospital. 4. La condición médica para la cual el paciente está recibiendo cuidado que ha sido tratado en el hospital o actualmente pasó mientras estaba hospitalizado. 5. Un médico profesional certifica a Medicare cuando el cuidado en una casa de ancianos es necesario.

Blood Coverage	1. Each Medicare part A recipient has a three-pint deductible per year—this is called the "annual blood deductible." 2. The patient or family member can replace the blood deductible by a donation, or it can be paid for directly by the patient. 3. Both part A and B cover blood transfusion. The maximum deductible for both parts is only the three pints specified above.
Cobertura para donación de sangre	1. **Cada Parte A de Medicare del paciente tiene un deductible de tres pintas de sangre—lo que se llama "deductible anual de sangre"** 2. **El paciente o miembro de la familia puede reemplazar el deductible de sangre al donar, o puede pagar directamente al paciente.** 3. **Ambas Partes A y B cubren la transfusión de sangre. El deductible máximo para ambas partes es solamente de tres pintas como se indica en la parte posterior de arriba.**

| HOME HEALTH CARE | Limited home health care is provided by Medicare as follows:

1. Patient requires intermittent (not full-time) skilled nursing care, physical therapy or speech therapy, tube-feeding, monitoring of blood sugars with insulin injections, sterile dressing changes, injections of intravenous fluids.
2. Patient is confined to home.
3. The physician certifies that home health care is required and organizes a plan to deliver it.
4. The home health-care agency is a qualified Medicare provider.
5. No prior hospital stay is required.
6. There is no deductible.
7. Medicare covers 80 percent of the approved amount of durable equipment— wheelchairs, hospital beds, oxygen supplies, and walkers. The patient pays 20 percent. (Custodial needs and homemaker services are not covered by Medicare.) |

Cuidado de salud en casa	Cuidado limitado de salud en casa se provee por Medicare como se indica a continuación:
	1. El paciente requiere cuidado de enfermería esporádico, terapía física o comida a través de tubos, supervisión del azúcar de la sangre con inyecciones de insulina, cambios de curitas o vendas, inyecciones intra-venales 2. El paciente tiene que quedarse en casa. 3. El doctor certifica que el cuidado de casa sea requerido y se organice un plan para darlo. 4. La agencia del cuidado de salud en casa en un proveedor calificado de Medicare. 5. No se require que haya permanencia en el hospital anteriormente. 6. No hay deductible 7. Medicare cubre 80% del equipo de la cantidad aprobada de incapacitación- sillas de ruedas, camas del hospital, oxigeno, y aparatos para caminar. El paciente paga 20% de la cantidad aprobada (servicios para el cuidado y custodia no son cubiertos por Medicare.)

Hospice Care	Limited hospice care is provided if all of the following criteria are met:
	1. A physician issues a certification of terminal illness (life expectancy six months or less)
	2. Patient elects to receive hospice care instead of standard Medicare benefits.
	3. Hospice program must be a Medicare-approved provider.
	4. Maximum coverage in most cases is 210 days.
	5. Hospice care can be provided at home or in a facility as an inpatient.
	6. Hospice coverage can extend to include homemaker services, counseling, and certain prescription drugs (not used for curative purposes-drugs used for providing comfort and relief are usually covered).
	7. There is a $5 deductible for each drug prescription and $5 deductible per day for respite care (provides temporary relief to the persons who regularly assist wih home care, i. e, family members).
	8. If the hospice patient does not die within the covered period, the hospice may discharge the patient from the facility, and coverage from home care can also be terminated.

Cuidado en casa mental	El cuidado en casa mental es límitado si todo el siguiente criterio es expuesto: 1. Un doctor da un certificado de enfermedad terminal (lapso de vida de seis meses o menos) 2. El paciente elige recibir cuidado mental en vez de beneficios de Medicare. 3. El programa mental debe de ser aprobado por Medicare 4. El máximo cuidado en la mayoria de casos es de 210 días 5. El cuidado mental puede ser provisto en casa o en un lugar como paciente 6. El cuidado mental puede ser extendido a servicios caseros, consejería, y ciertas drogas (no usadas con propósitos curativos solamente para dar alivio) 7. Hay un deductible de $5 por cada prescripción y $5 deductible por día para cuidado respiratorio (que provee alivio temporal a las personas que regularme asisten con cuidado de casa, a los miembros familiares) 8. Si el paciente del cuidado mental no muere dentro del período cubierto, el lugar puede pedirle que se retire de la facilidad, y la cobertura de cuidado de casa también puede terminar.
MEDICARE PART B	MEDICARE PART B

Medical Expenses	Doctors' services, inpatient and outpatient medical and surgical services and supplies, physical and speech theraphy, diagnostic tests, durable medical equipment, and other services.
	1. Medically necessary services of a physician—at home, doctors'offices, clinic, (outpatient), SNF or hospital, provided the services rendered are performed withing the U.S. and its territories.
	2. Outpatient hospital services.
	3. X-rays and lab tests.
	4. Ambulances—coverage is limited, provided they meet Medicare standards, and only if transportation by any other type of vehicle would endanger life.
	Transportation covered:
	a. Between patient's home and hospice.
	b. Home to SNF.
	c. SNF to home or hospital.
	5. Breast prostheses following a mastectomy.
	6. Services of certain specially qualified practitioners who are not physicians (e.g., a chiropractor, podiatrist, dentist, optometrist). Coverage is very limited.
	7. Physical andccupational therapy.

	8. Speech therapy.
	9. Home health care if you do not have Part A of Medicare.
	10. Blood, three-pint deduction.
	11. Injections that inoculate against the flu, pneumonia, and hepatitis B.
	12. Pap smears used to detect cervical cancer—once every three years.
	13. Mammograms used in screening for breast cancer every 24 months.
	14. Outpatient mental health services.
	15. Prostheses for limbs and eyes.
	16. Braces for arms, legs, and eyes.
	17. Durable medical equipment—i.e., wheelchairs, walkers, hospital beds, and oxygen equipment authorized by a physician for home care.
	18. Kidney dialysis and kidney transplants.
	19. Heart and liver transplants in a Medicare-approved facility.
	20. Eyeglasses covered only if patient needs corrective lenses after cataract surgery.

MEDICARE PART B PAGOS A MEDICAL	Los servicios al doctor, paciente en el hospital y fuera de el, servicios de cirugía, terapía física, y de lenguaje, exámenes de diagnóstico, equipos médicos para incapacitados, y otros servicios.
	
	1. Servicios necesarios médicos de un doctor, en casa, oficina de doctores, clínica, (fuera del hospital) SNF u hospital, provistos por los servicios con tal de que los servicios sean dados dentro de los territorios de los Estados Unidos.
	2. Servicios del hospital para el paciente no ingresado
	3. Examenes de laboratorio y Rayos X
	4. Ambulancia, cobertura limitada, con tal de que tengan los requisitos de medicare y solamente si la transportación con otro vehículo pueda hacer peligrar la vida.
	
	Cobertura de transportación:
	    a. Entre el paciente de casa y el hospicio
	    b. Casa a SNF
	    c. SNF a casa u hospital
	
	5. Prostesis del seno que sigue a la mastectomia
	6. Servicios de practicantes calificados que no son doctores (eg. Quiroprácticos, pediatras, dentistas, optometrista, la cobertura es muy límitada.)
	7. Terapía física ocupacional.

	8. Terapía de lenguaje
	9. Cuidado de salud en casa si no tiene Part A o Medicare.
	10. Deducción de tres pintas de sangre
	11. Inyecciones que se dan para la gripe, pneumonia y hepatitis B.
	12. Papanicolao que se usa para detectar cáncer en el útero, hecho cada tres años.
	13. Mamogramas usados para detectar cáncer en el seno cada 24 meses.
	14. Servicios de salud mental para el paciente.
	15. Prostesis para los labios y los ojos.
	16. Implementos para los brazos, piernas y ojos.
	17. Equipo médico para incapacidos—i.e., sillas de ruedas, camillas, camas de hospital, y equipo de oxigeno autorizado por un doctor para cuidado en casa.
	18. Dialisís del higado, y transplantes del higado.
	19. Transplantes del corazón y del higado en una facilidad aprobada de Medicare.
	20. Lentes, cubiertos solamente si el paciente necesita lentes correctivos después de una cirugía de cataratas.
Medical services and items not covered	1. Routine physical 2. Most dental and dentures 3. Routine foot care. 4. Hearing aids 5. Most prescription drugs.
Servicios médicos y artículos no cubiertos	1. Rútina física 2. La mayoría de dentaduras y necesidades dentales 3. Rútina de cuidado de pie. 4. Implementos para el oído 5. La mayoría de medicinas prescritas.

Benefit	Unlimited if medically necessary
Beneficio	**No hay límite si es necesario atención médica**
Medicare Pays	8O% of approved amount (after $100 deductible). Reduced to 50% for most outpatient mental health services.
Medicare Paga	**80% de la cantidad aprobada (después del deductible de $100)** **Reducido al 50% para la mayoría de los servicios mentales de salud**
You pay	$100 deductible, plus 20 approved amount and lin charges above approved amount.
Usted paga	**$100 deductible, más 20 aprobado y otros cargos sobre esa cantidad.**
Clinical Laboratory Services	Blood test, urinalyses, and more.
Servicios de laboratorio de la clinica	**Examen de sangre, de orina, y más**
Benefit	Unlimited if medically necessary.
Beneficio	**No hay límite en la cantidad necesaria para servicio médico**
Medicare pays	100% of approved amount; 80% of approved amount for durable medical equipment.
Medicare paga	**100% de la cantidad aprobada, 80% de la cantidad aprobada para equipo médico en caso de incapacidad**
You pay	0 for services, 20% of approved amount for medical equipment.
Usted paga	**0 por servicios, 20% de cantidad aprobada para equipo médico.**
Outpatient Hospital Treatment	Services for the diagnosis of treatment of illness or injury.
Tratamiento para el paciente que no está ingresado en el hospital	**Servicios para la diagnosis de tratamiento de enfermedad o herida.**

Benefit	Unlimited if medically necessary.
Beneficio	**Sin límite si es necesario servicio médico.**
Medicare Pays	80% of approved amount (after $100 deductible and starting with 4th pint)
Medicare paga	**80% de la cantidad aprobada (después de $100 deductible y al empezar con un cuarto de pinta**
You pay	20% of whatever the hospital charges (after $100 deductible)
Usted paga	**20% de lo que el hospital pida (después del deductible de $100)**
Blood	Benefit: unlimited if medically necessary.
Sangre	**Beneficio sin límite si es necesario servicio médico**
Medicare Pays	80% of approved amount (after $100 deductible and starting with 4th pint).
Medicare paga	**80% de la cantidad aprobada (después del deductible y empieza con un cuarto de pinta).**
You pay	First three pints plus $20 approved amount for additional pints (after $100 deductible).
Usted paga	**Las primeras tres pintas más $20 de cantidad aprobada para pintas adicionales (después de los $100 deductible)**
Ambulatory Surgical Services	Benefit: Unlimited if medically necessary.
Servicios de ambulancia y cirugía	**Beneficio: Sin límite si es necesario servicio médico**
Medicare Pays	80% of predetermined amount (after $100 deductible).
Medicare paga	**80% de la cantidad predeterminada (después de los $100 deductibles)**
You Pay	$ 100 dedutible, plus 20 predetermined amount
Usted paga	**$100 deductibles, más 20 de cantidad predeterminada**

MEDICAID ENTITLEMENT BENEFITS PROGRAM	Medicaid is a joint federal and state program primarily funded by the federal government with some state contribution. It is administered by the Health Care Finance Administration, commonly known as HCFA. The government basically sets the standards, permitting the states to modify them to a certain degree and to waive out of certain programs provided they obtain government approval. The Medicaid program covers catastrophic illness for the poor regardless of age. It is a third-party payment system, and the state pays the bill.
Programa de Beneficio de derechos de Medicaid	**Medicaid es un programa federal y estatal primeramente fundado por el gobierno federal con alguna contribución del estado. Es administrado por la Administración de Finanzas del Cuidado de la Salud, conocido comunmente como HCFA. El gobierno basicamente establece las reglas, permitiendo que los estados las modifiquen hasta cierto grado y que elimine ciertos programas provistos para los que ellos obtienen aprobación del gobierno. El programa de Medicaid cubre enfermedades catastróficas de los pobres sin importar su edad. Es una sistema de una tercera-parte, y el estado para la cuenta.**
Basic benefits that Medicaid provides	1. Nursing home coverage—long-term care. 2. Home care. 3. Hospital and physician services for eligible recipients of any age.
Beneficios básicos que Medicaid provee	**1. Cobertura de centro médico—cuidado intensivo 2. Cuidado en casa 3. Servicios para el hospital y el doctor para los pacientes de esa edad.**

Residency requirements	1. Applicant must be a U.S. citizen, or 2. Applicant must be a lawful permanent resident of the United States—a legal alien 3. Applicant must be a resident of the state and county in which the application is filed.
Requisitos de residencia	1. **Los aplicantes deben ser ciudadanos, o** 2. **Aplicantes deben ser residentes permanente legales de los Estados Unidos—un residente legal** 3. **Los aplicantes deben ser residentes del estado y país en el cual la aplicación se haya llenado.**
Mandatory goods and services provided to Medicaid recipient	• Inpatient and outpatient hospital services • Laboratory and x-ray services • Physician services, including dental services if they could be provided by a physician • Nurse midwife services; family planning services; certified pediatric and family nurse practitioners • Early and periodic screening, diagnosis, and treatment for individuals under age 21.
Artículos necesarios y servicios provistos para los pacientes de Medicaid	• **Servicios del hospital de los pacientes y otros** • **Servicios de laboratorio y Rayos X** • **Servicios del doctor, incluyendo servicios dentales si son provistos por un doctor** • **Servicios de una partera; servicios de planeación familiar; pediatría y asistentes de enfermería.** • **Temprana y periódica examinación, diagnosis y tratamiento de individuos de edad menor de 21.**

Optional Medicaid Services	<ul><li>Nursing facility services for the mentally retarded</li><li>Dental services</li><li>Clinic services</li><li>Private duty nursing services</li><li>Pediatric services</li><li>Optometrist services</li><li>Chiropractic services</li><li>Physical, occupational and speech therapy, hearing and language disorder services</li><li>Prescription drugs</li><li>Medical devices, including dentures, prosthetics, or eyeglasses</li><li>Diagnostic, screening, preventive, and rehabilitation services</li><li>Case management services</li><li>Respiratory care services</li><li>Inpatient hospital and SNF and NF services for aged individuals in institutions for mental disorders</li><li>Any other appropriate medical and remedial care recognized under state law, specified by the HHS.</li></ul>

Servicios opcionales de Medicaid	• Servicios del centro de enfermería para personas retardadas. • Servicios dentales • Servicios clínicos • Servicios privados de enfermería • Servicios de podiatría • Servicios de optometría • Servicios quiroprácticos • Servicios de terapía física, ocupacional y de lenguaje, del oído y servicios de problemas de lenguaje • Prescripción de medicina • Implementos médicos, incluyendo dentaduras, prostesis o lentes. • Servicios diagnósticos, preventivos, y servicios de rehabilitación • Servicios de manejo de servicio • Servicios de cuidado respiratorio • Hospital de paciente y SNF y servicios de NF para individuos de edad en institucioes para desórdenes mentales. • Cualquier otro cuidado médico y de remedio reconocido por la ley, específicado por HHS.
Homestead	The "homestead" is the family residence and surroundings land in which the Medicaid applicant, his spouse, his child under the age of 21, the applicant's blind or disabled child of any age, or the applicant's other dependent relative resides. The exempt status of the homestead continues to remain in effect for as long as the Medicaid recipient or one of the above mentioned individuals continues to reside in the apartment, condominium, or a one- to three-family house. No dollar is placed upon the value of the homestead. Since it cannot be considered a Medicaid resource, the sale of the residence cannot be forced.

Protección de la propiedad	La "Homestead" es el terreno de la familia y sus alrededores en la cual el aplicante del Medicaid, su esposa, su niño menor de 21, el aplicante ya sea ciego o incapacitado o los parientes de otros parientes de los aplicantes donde residen. El estado de excepción de "homestead" continua de estar en efecto tanto tiempo como el recipiente del Medicaid o uno de los individuos mencionados arriba continuen residiendo en el apartamento, condominio o en una de las tres-casas familiares. Ningún dolar se coloca bajo del valor del homestead. Ya que no puede ser considerado una fuente de Medicaid, la venta de la residencia no puede ser forzada.

What is the application procedure for obtaining Medicaid assignment benefits?	A. Application must be filed in the local county where the individual resides by the applicant, a relative, or other representative (a personal interview may be required).
	B. Who may apply: An individual, couple, or family (only if each person meets all requirements)
	C. Applicants must provide financial records for the 36 months prior to the date of application: • Copies of checks • Bank books • Check statements • Stock transactions • All other financial records
	D. Applicant must present the following additional documents: • Copies of all deeds • Rent receipts • Leases • Proof of citizenship • U.S. passport, Social Security, and Medicare cards • Supplementary health insurance • Income tax returns for last three years • Birth certificate • Marriage Certificate, if applicable • Death certificate of spouse, if applicable • Military discharge papers, if applicable
	• Proof of income (German or other war reparation payments are not considered income) • Insurance policies

Cual es el procedimiento que se hace al hacer la aplicación para obtener beneficios de Medicaid	A. La aplicación debe ser archivada en el centro local donde el individuo resida por el aplicante, un pariente u otro representante. (Una entrevista personal puede ser requerida)
	B. Quienes pueden aplicar. Un individuo, una pareja familiar (solamente si la persona encuentra todos estos requisitos)
	C. Los aplicantes deben proveer archivos financieros durante los 36 meses antes de la fecha de aplicación
	• Copias de todas las deudas
	• Recibos de renta
	• Préstamos
	• Prueba de ciudadanía
	• Pasaporte de los Estados Unidos, Seguro Social, y tarjetas de Medicare suplementarias de aseguranza de salud
	• Impuestos de los últimos tres años
	• Certificado de nacimiento
	• Certificado de matrimonio, si es aplicable
	• Certificado de difunsión de la esposa/o, si es aplicable
	• Papeles de salida military si es aplicable
	• Prueba de ingreso (alemán u de reparación de guerra, de pagos que no son considerados ingresos)
	• Aseguranza de pólizas

What is Home Care Medicaid	This is a program wherein the Medicaid Assistance Program wil pay for the home care of a Medicaid applicant, provided the applicant is medically (and financially) eligible. When first enacted, the home care program paid for 24 hours a day, 7 days a week. It has become much more restrictive in the past several years. The maximum time most Medicaid agencies will cover now is approximately 8 to 12 hours a day. Medicaid states that if a patient needs 24-hour care, the patient should be in a skilled nursing facility, and Medicare will pay for that care.
Qué es Medicaid Cuidado de casa	**Este es un programa donde la asistencia del Programa de Medicaid pagará por el cuidado de casa del aplicante de Medicaid, proveyendo de que el aplicante sea medicamente, (y financialmente) elegible. Al principio, el programa del cuidado de casa paga por 24 horas al día, 7 días a la semana. Se ha hecho más restringuido en los años pasados. El máximo cuidado que las agencias de Medicaid cubren ahora es aproximadamente de 8 a 12 horas. Medicaid establece que si un paciente necesita 24 horas de cuidado, el paciente debe estar en un centro de cuidado de salud intensivo, y Medicare pagará por ese cuidado.**

| LONG-TERM CARE INSURANCE (nursing home insurance) | This is basically an insurance contract between a licensed private insurance carrier and an insured. The policy is designed to pay for the following coverages:

1. Skilled nursing home
2. Assisted-living facility
3. Home care.

Long-term care insurance is a desirable method because the insured who purchases a policy no longer has to worry about transferring assets and an impoverished lifestyle until entering the nursing home or accessing the policy in any other way. Long-term care insurance allows the individual to retain assets and to maintain dignity, self-respect, and independence. As you will see, the elderly are very reluctant to transfer their assets. The long-term care insurance policy permits them to keep their assets. |

Aseguranza a largo tiempo (aseguranza de enfermería)	**Es basicamente un contrato de aseguranza entre una aseguranza privada y una asegurada. La póliza está diseñada para pagar las siguientes coberturas:** 1. **Centro médico de enfermería** 2. **Casa de ancianos** 3. **Cuidado en casa** **La aseguranza a largo plazo es un método deseable porque el asegurado que compra la póliza no se tiene que preocupar de transferir bienes y un estilo de vida de pobreza hasta ingresar en una casa de ancianos o al usar la póliza de otro modo. La aseguranza a largo tiempo permite que el individuo retenga los bienes y mantenga dignidad, respeto por sí mismo, e independencia como usted verá los adultos se retienen de transferir sus bienes. La aseguranza a largo tiempo permite que mantengan sus bienes.**
The Basic Long-Term Care Insurance Policy	Specific Coverages to Evaluate: The policy usually begins to pay benefits when the insured requires assistance with at least two activities of daily living (ADLs). These ADLs include bathing, toileting, walking, feeding, dressing, and moving from bed to chair. Some policies start immediately upon meeting the above criteria. However, under some policies, the insured can elect to take a 20 or 100 deductible, thereby delaying the payment benefits by the insurance carrier, resulting in a reduction of the cost of the premium.

La Aseguranza básica a largo tiempo	**Cobertura específica de evaluar: La póliza usualmente empieza a pagar los beneficios cuando el asegurado require asistencia con por lo menos dos actividades diarias de vida. (ADLS) Estas ADLS incluyen baño, caminar, comer, vestir, y moverse de cama a la silla. Algunas pólizas empiezan inmediatamente al tener los requisitos mencionados. Sin embargo, bajo algunas pólizas los asegurados pueden eligir de tomar $ 20 a $100 deductible, por lo consiguiente demorando los beneficios de pago para el que tenga la aseguranza, resultando en una reducción del costo del valor.**
1. Policy Rating	Insist that the company issuing the policy has a Best's rating of A or A+ (Best's is an insurance company rating guide). One must go with a reputable company that has the greatest probability of remaining in business for years to come when the policy may be accessed.
1. Grado de la poliza	**Insista que la compañia poseedora de la poliza tenga la mejor calificación A o A+ (Lo mejor es una guía de la compañia de aseguranza) Uno debe ir con una compañía refutable que tenga una gran probabilidad de mantenerse en el negocio por años cuando la póliza sea aceptada.**
2. Levels of care	The policy must benefit all of the following levels of care: skilled, intermediate, custodial, and hospice.
2. Niveles de cuidado	**La póliza debe beneficiar a todos los siguiente niveles de cuidado: de enfermería, intermedia, de custodia y hospicio.**
3. Hospital Stay	The policy should requiere no prior hospital stay. The insured patient should be able to go directly from home to a nursing facility without prior hospital admission.

3. Permanencia en el Hospital	**La póliza debe requerir que no haya permanencia anterior en el hospital. El asegurado debe poder ir directamente de casa al centro médico sin haberse hospitalizado anteriormente.**
4. Coverage for Certain Illnesses	Coverages must be provided for Parkinson's disease, cognitive impairments—i.e., Alzheimer's disease, senile dementia, organic brain syndrome, etc.
4. Cobertura para ciertas enfermedades	**Las coberturas deben ser provistas para la enfermedad de Parkinson's, impedimentos cognitivos, ie, la enfermedad de Alzheimer's, pérdida de memoria, síndrome del celebro.**
5. Covered Facility	The definition of a covered facility must be clearly explained within the policy. The facility must be a licensed, skilled nursing home—not a hospital, drug rehabilitation center, or sanitarium. The client should be aware of the fact that not all policies cover assisted-living facilities and home care.
5. Centro médico que cubre	**La definición de un centro médico debe ser claramente explicada dentro de la póliza. La facilidad debe tener licencia, servicio de enfermería, no un hospital, centro de rehabilitación o sanidad. El cliente debe estar alerta del hecho de que no todas las pólizas cubren el cuidado de enfermería y cuidado en casa.**
6. Preexisting Conditions	Review the policy: To determine what the restrictions are concerning preexisting conditions. Some of the better policies contain no exclusions or limitations for preexisting conditions. Make sure the policy does not have a "post-claims underwriting clause." This prevents denial of coverage at the time a claim is made because of a preexisting condition.

6. Condiciones preexistentes	**Revisar la poliza: Determinar cuales restricciones son condiciones preexistentes. Algunas de las mejores polizas no contienen excepciones o limitaciones de condiciones preexistentes. Asegurarse que la poliza no tenga "cláusulas de quejas posteriores" Esto previene la negación de cobertura al mismo tiempo una queja es hecha por una condición preexistente.**
7. Waiver of Premium	Make sure the premium is waived when the policy benefits are accessed. Determine when the waiver period commences and when it ceases.
7. Renuncia al valor	**Asegurarse de que se renumcie al valor cuando los beneficios de la póliza son accesibles. Determinar cuando el período de renuncia comienza y cuando cesa.**
8. Guarantee of Renewability	The policy should contain a clause representing to the insured that the insurance company willl guarantee the insured's right to renew the coverage for life if desired. This means that as long as the insured pays the premiums, the company cannot cancel the policy.
8. Garantía de Renovación	**La póliza debe contener una cláusula representando al asegurado que la compañia de aseguranza garantizará el derecho al asegurado de renovar la cobertura por vida si fuese necesario. Esto significa que con tal de que el asegurado pague el valor, la compañia no puede cancelar la poliza.**
9. Daily Benefit Amount	This sum should be sufficient to pay the current private-pay rate for a facility where the client intends to seek care, taking into account the client's other sources of income, other anticipated expenses, and reasonable assumptions about inflation of long-term care costs.

9. Cantidad de beneficio diario	**Esta suma debe ser suficiente para pagar el costo privado de la facilidad donde el cliente intenta que sea cuidado, tomando en cuenta los bienes y otras fuentes de bienes del cliente, otros gastos anticicipados, y pagos futuros razonables que tengan que ver con la inflación de costos a largo tiempo.**
10. Payment of Long-Term Care Insurance Benefits in Addition to Other Coverages	Benefits should be paid by the policy even though there may be other policies in force. For example, the patient may be receiving Medicare benefits or other insurance benefits through employment.
10. Pagos de cuidado a largo plazo y beneficios de la aseguranza además de otras coberturas	**Los beneficios deben ser pagados por la póliza aunque haya otras pólizas al momento. Por ejemplo, el paciente puede estar recibiendo beneficios de Medicare u otros beneficios de aseguranza a través del empleo.**
11. Level Premium	The premiums should not be affected by advances in age or deterioration of health. The rate should be fixed on the date of application and should not increase during the term of the policy.
11. Nivel del Valor	**Los valores no deben ser afectados por edad avanzada o deterioración de la salud. El pago debe ser fijo de acuerdo a la fecha de aplicación y no debe crecer durante el término de la poliza.**
12. Age limits	Most policies commence: coverage at age 40 and can be purchased only up to an age designated by the company, typically age 80 or 84. Most companies provide full coverage to age 80. Policies issued after age 80 contain lower benefit coverage. The lower the age at which the individual purchases the policy, the lower the premium, which is then fixed at that rate, unless state law and the policy allow premium for all in the same category.

12. Edad límite	**La mayoría de las polizas comienzan: cubriendo a la edad de 40 y pueden ser compradas solamente hasta la edad designada por la compañia, tipicamente de 80 a 84. La mayoría de las compañias proveen cobertura completa hasta la edad de 80. Las pólizas dadas después de los 80 contienen un beneficio muy bajo. Mientras más mayor el costo el valor es más bajo, el que el fijo a ese costo, a menos que la ley del estado y la poliza permita que el valor esté en la misma categoría.**
13. Coverage to be Reviewed After Policy Issued	The legal professional and the client should immediately scrutinize the policy from cover to cover. Most policies contain a short-term cancellation clause allowing the proposed insured to cancel and obtain a full refund for any reason with the first 20 days or so of issuance. Contact the agent to discuss the coverages and compare them to other policies to make sure that the best coverage is provided for a competitive premium-rate.
13. Cobertura que es revisada después de que la poliza haya sido dada	**El profesional legal y el cliente debe inmediatamente cerciorarse que la póliza esté bien desde la pasta hacia adentro. La mayoría de las polizas contienen una cláusula de cancelación que permite que el asegurado cancele y obtenga todo el costo dentro de los primeros 20 días o más de otorgada. Comuníquese con el agente para discutir la cobertura y compare las otras pólizas para asegurar que la mejor cobertura sea provista por un costo competitivo de valor.**

14. Inflation Guard	Very significant! Most policies offer at a moderate additional premium an automatic increase in benefits (i.e., 5 percent of the original daily benefit each year the policy is in effect). Strongly urge the client to opt for this coverage, at the highest compounded rate available, as a hedge against the upward spiraling cost of health care.
14. Alerta de inflación	**Muy significativa! La mayoría de las pólizas ofrecen a un valor adicional moderado un aumento automático de beneficios—i.e., cinco por ciento de los beneficios originales diarios cada año que la póliza esté en efecto. Es importante que el cliente opte for esta cobertura, al precio más competitivo, como una herramienta contra el costo que sube por cuidado de salud.**
15. Term of the Policy	Ths is defined as the period for which coverage extends upon the activation of the policy. In other words, an individual purchases a policy, pays the annual premium until such time as the insured becomes ill and receives the benefits. The policy has no fixed expiration date, but once the benefits are accessed, the "term" begins.
15. Término de la Poliza	**Esto es definido como el período por el cual la cobertura se extiende de acuerdo a la activación de la poliza. En otras palabras, un individuo compra una póliza, paga el premio anual hasta cuando el asegurado se enferme y reciba los beneficios. La poliza no tiene fecha de expiración fija, pero ya que los beneficios sean accesibles, "el término empieza."**

16. Deductible Period	The general rule is the longer the deductible period, the lower the premium. The typical policy contains options regarding the deductible period such as 20, 60, 100, and 365 days. The 100-day deductible coverage is preferred because: a. It brings the cost of coverage down substancially: b. Medicare may pay for up to 100 days for rehabilitation, thus covering the 100-day deductible period. (As of 1997, for the first 20 days, Medicare pays in full; and during an additional 80 days, Medicare pays everything but $95 per day.)
16. Período deductible	**La regla general es mientras más largo el período deductible, más bajo el valor. La póliza típica contiene opciones que se relacionan con un período deductible como de 20, 60, 100 y 365 días. La cobertura de 100 días es preferible porque:** **a. Baja el costo de cobertura substancialmente.** **b. Medicare puede pagar hasta los 100 días de rehabilitación, cubriendo el período deductible de 100 días.**
17. Convalescent Benefits at Home	Some policies provide for continuing coverage after the patient returns home from a stay at a nursing facility. The benefits payable unders this provision of the policy is usually lower than the daily benefits payable while the patient is confined to a nursing home.

17. Beneficios de una casa de convalecencia	**Algunas pólizas proveen para la cobertura continua después de que el paciente regrese a casa al haberse quedado en un centro de enfermería. Los beneficios pagables bajo esta provisión de la póliza es usualmente más bajo que los beneficios diarios pagables mientras el paciente está confinado a una casa de ancianos.**
LONG-TERM CARE HOME HEALTH-CARE POLICIES	The type of coverage can be included as an optional rider with a long-term care insurance policy for an additional premium. Some insurance carriers will also issue a separate policy if an individual does not wish to purchase nursing home coverage.
POLIZAS DE CUIDADO DE SALUD A LARGO TIEMPO	**El tipo de cobertura puede estar incluída como una póliza opcional con un cuidado de aseguranza a largo tiempo por un pago adicional. Algunas aseguranzas otorgarán una póliza separada si un individuo no desea comprar cobertura de cuidado de casa de ancianos.**
1. Qualification for Benefits	a. The patient requires assistance with at least two activities of daily living (ADLS). b. Cognitive impairment: Alzheimer's disease, senile dementia, irreversible dementia, organic brain syndrome, etc. c. Injury or sickness not necessarily long-term, such as hip injury or automobile accident at any age.

1. Calificación para beneficios	**a. El paciente requiere asistencia con por lo menos dos actividades de vida diaria (ADLS).** **b. Impedimento cognitivo: la enfermedad de Alzheimer's, pérdida de memoria, dimencia irreversible, síndrome orgánico del celebro, etc.** **c. Heridas o enfermedades no necesariamente a largo plazo, como heridas de cadera, o accidente automovílistico a cualquier edad.**
2. Benefits	The policy will usually pay for assistance from a professional home health-care agency, registered nurse, licensed practical nurse, speech therapist, occupational therapist, home health aide, or personal care attendant. Most policies require that the patient need continual assistance in at least two of the ADLs, or continual supervision—i.e., for Alzheimer's or some form of senility. The clause of the contract must be studied carefully to determine the full extent of coverage. Most frequently, a physician's certificate is also required to access the coverage.
2. Beneficios	**La póliza usualmente pagará por la asistencia de una casa de cuidado profesional, una enfermera registrada, una enfermera licenciada practicante, terapista de lenguaje, terapista ocupacional, ayudante de cuidado de casa, o asistente de cuidado personal. La mayoría de las pólizas requieren que el paciente necesita continuar asistencia en por lo menos dos de ADLs o supervisión continua, e.g., para Alzheimer's o alguna forma de pérdida de memoria. La cláusula del contrato debe ser estudiada cuidadosamente para determinar toda la cobertura. Muy frecuentemente, un certíficado del doctor se requiere para recibir la cobertura.**

3. Prior Hospital Stay	You should advise your client to obtain a policy that does not require prior hospital stay.
3. Permanencia previa en el hospital	**Usted debería aconsejar a su cliente que obtenga una póliza que no requiera estadía previa en el hospital.**
4. Daily Benefits	They should be at least 50 percent of the daily nursing home benefits.
4. Beneficios diarios	**Deben ser por lo menos 50% diarios de los beneficios de una casa de enfermería.**
5. Deductible Period	Review this carefully. There may be several options to consider. Remember, the shorter the period, the higher the premium.
5. Período deductible	**Revisar esto cuidadosamente. Deben haber varias opciones de considerar. Recuerde, mientras más corto el período, más alto el costo.**
6. Term of Policy	Most policies run from one to five years. Obviously, the longer the coverage, the higher the premium. Recommended coverage is for a minimum of four years and should be at least four days per week.
6. Término de la Poliza	**La mayoría de las pólizas corren de un año a cinco años. Obviamente, mientras más larga la cobertura, más alto el costo. La cobertura recomendada es de por un mínimo de cuatro años por semana.**
7. Inflation Guard	This rider is usually available at a moderate increase in premium. It is used as a hedge against inflation.
7. Alerta de inflación	**Esta aseguranza añadida está usualmente disponible a un valor moderado. Es usado como un instrumento contra la inflación.**
8. Treatment Plans	Some companies, as an integral part of their coverage, provide the patient with treatment plans and monitor the case. They often provide the patient with a case manager who visits on a regular basis.

8. Planes de tratamiento	Algunas compañías, como parte integral de cobertura, proveen al paciente con los planes de tratamiento y supervisan el caso. Ellos a menudo proveen al paciente con un supervisor del caso que lo visite en forma regular.
9. Respite Care	Most often a homebound individual is cared for by a family member or a friend. This can be physically exhausting and emotionally distressing. Respite care provides temporary relief for the primary caregiver. This can be in the form of providing for the hiring of home health-care relief for the primary caregiver. This can be in the form of providing for the hiring of home health-care aides or for the patient to go to a facility for a short stay while the primary caregiver gets some "respite."
9. Cuidado respiratorio	A menudo un individuo que a menudo está enclaustrado en casa y cuidado por un miembro familiar o un amigo. Esto puede ser fisícamente fatigante y emocionalmente tenso. El cuidado respiratorio provee el alivio temporal al que cuida al paciente. Esto puede ser en forma de proveer una persona para que cuide al paciente en casa del paciente o con un ayudante o si el paciente es puesto en un lugar por un corto tiempo mientras la persona o familiar que cuida al paciente pueda "descansar."
10. Drug Abuse Treatment or Alcoholism	Most policies do not afford coverage for these illnesses.
10. Abuso de droga Tratamiento o alcoholismo	La mayoría de las pólizas no pagan cobertura por estas enfermedades.

Group Benefit Policies	Many employers provide long-term care coverage for employees, as well as their parents—as part of their employee group benefits package. In order to qualify for coverage, the parents must meet certain medical requirements. The coverage is provided so that employees will only take minimal time off from work to care for their ill parents. They are entitled to do so pursuant to the Family and Medical Leave Act recently passed by Congress. It should be ascertained whether the client has such a benefit provided by the employer. Most often, these group policies provide minimal coverage, and the client may wish to buy supplemental coverage from a private carrier.
Pólizas de beneficio de grupo	**Muchos empleados proveen cobertura a largo tiempo para los empleados, igual como a los padres. Como parte del paquete de los beneficios del grupo de los empleados. A fin de calificar para la cobertura, los padres deben encontrar ciertos requisitos médicos. La cobertura es provista para que los empleados tomen un tiempo mínimo de trabajo para cuidar de sus padres enfermos. Ellos tienen derechos de acuerdo a La Ley de la Familia y el Acto de salida temporal por enfermedad, dictada recientemente por el Congreso. Se debería asegurar si el cliente tiene tal beneficio provisto por el empleador. La mayoría de estos grupos proveen cobertura mínima, y el cliente puede desear de comprar cobertura suplemental de un asegurador privado.**

VIATICAL SETTLEMENTS	A viatical settlement is the sale of an in-force life insurance policy to a viatical settlement company by the policyholder, also referred to as the insured of the viator. The payment to the policyholder is usually in the form of a lump sum representing a certain percentage (96% to 80%) of the face value of the policy.
ACUERDOS VIATICOS	**Un acuerdo viático es la venta de una aseguranza de vida por fuerza hecho a una compañia de acuerdos viáticos por el asegurado, también referido como el asegurador del viático. El pago del asegurado es usualmente en una forma de una cantidad entera que representa un porcentaje de 96% a 80% del valor completo de la poliza.**
HOW VIATICAL SETTLEMENTS OPERATE	A terminally ill patient wishing to cash in on a life insurance policy seeks out a viatical settlement company to buy a life insurance policy in return for a lump-sum payout. In order to be eligible to participate in a viatical settlement, the viator and the policy must meet certain criteria: 1. The policyholder must be terminally ill with a two-year maximum life expectancy. There may be special circumstances, however, wherein the provider may purchase the policy knowing that the viator may continue to live for a maximum of seven years. This, of course, will reduce the amount of the final payout. 2. The policy must be in full force and effect for at least two years, the usual incontestability period. 3. The face value of the policy must be sufficient to make a viatical settlement profitable for both the viator and the provider.

4. The policy must be assignable—most policies such as a whole universal life, term, employee group life, and even federal group life are assignable.
5. The policy must be issued by a highly rated insurance company able to pay the death benefit at the appropriate time.
6. The viator must produce releases from the primary and contingent beneficiaries.
7. The viator must permit the release of all medical records to the provider.
8. The viator must complete a viatical underwriting application.

The viator, having met all of the above criteria to the satisfaction of the viatical company, will receive an offer from said company in a short period of time. If the offer is accepted by the viator, the agreed lump-sum payment will be transferred to an independent escrow agent by the viatical company to protect the viator. The viator will simultaneously execute an assignment to the provider who in turn will present said assignment to the insurance company. The insurance company will then issue an endorsement changing ownership and beneficiary to the viatical company. As soon as the escrow agent is notified that the transfer is complete, the gross funds will be released to the viator.

At this point, the viatical company owns the policy and must continue to pay all future premiums to the life insurance company unless the company has issued a waiver of the premium due to the disability of the insured. Upon the death of the insured, the provider will receive the full proceeds of the death benefit provided for in the policy. However, the provider may resell the policy to an investor to make a quick profit.

Como funcionan los contratos viáticos?	Un enfermo que está en sus últimos días que desee dinero al contado de una póliza de aseguranza de vida busca una compañia de aseguranza que devuelva una suma de dinero. A fin de ser elegible de poder participar en un acuerdo viatico, el viator y la póliza deben tener los siguientes requisitos: 1. El tenedor de la póliza debe ser una persona a punto de morir con un período de espera de dos años de vida. Pueden haber circumstancias especiales, sin embargo, si el proveedor puede comprar la póliza sabiendo que el viator puede continuar viviendo por un máximo de siete años. Esto por supuesto, reducirá la cantidad total final. 2. La poliza debe ser efectiva por lo menos por dos años, el período usual incontestable. 3. El valor total de la póliza debe ser suficiente para hacer un contrato viático que sea de provecho para el comprador del viático y el proveedor. 4. La póliza debe ser asignada—la mayoría de las pólizas como la universal life, term employee group life y aún federal group life son asignables. 5. La póliza debe ser otorgada por una aseguranza conocida por su buena calificación. 6. El viator puede producir condiciones para los primeros beneficiarios y sus contingentes. 7. El viator debe permitir las condiciones de todos los archivos médicos para el proveedor. 8. El viator debe completar una aplicación escrita viática.

El viator, al tener todos los requisitos del criterio mencionado a satisfacción de la compañia viática, recibirá una oferta de dicha compañia en un período corto de tiempo. Si la oferta es aceptada por el viator. El viator simultáneamente ejecutará una tarea para el proveedor que al mismo tiempo presentará dicho contrato a la compañia de aseguranza. Tan pronto como el agente de la póliza sea notificado que la transferencia es completa, los fondos totales deben ser regresados al viator.

En ese momento la compañia viática es dueña de la póliza y debe continuar pagando los futuros pagos a la aseguranza de vida a menos que la compañia haya otorgado una cancelación del pago por la incapacidad del asegurado. Al morir el asegurado, el proveedor recibirá todo el dinero de beneficios del difunto proveídos por la póliza. Sin embargo, el proveedor puede revender la póliza a un inversionista para que tenga una rápida ganancia.

THE ACCELERATED DEATH BENEFIT OPTION—AN ALTERNATIVE TO A VIATICAL SETTLEMENT	Sometimes it is not necessary to seek out a viatical company, because your own insurance policy may include an accelerated death benefit option.
	In electing the Accelerated Death Benefit (ADB) option, the policyholder approaches the insurance company that orgininally sold the policy, requesting to "cash in" on a portion of the death benefits while the policyholder is still alive.
	Conditions
	1. The ADB option may be a standard benefit or may be purchased as an additional rider.
	2. The maximum life expectancy must be one year or less.
	3. The average payout is 25% to 50% of the face value of the policy.
	4. The portion of the death benefit that remains in effect is paid to the named beneficiaries upon the death of the insured.
	Many life insurance policies contain "waiver of premium clauses" that are activated upon the disability of the insured. It is incumbent upon the elder care law firm to inform the client of potential rights in connection with this coverage.

LA OPCION DEL BENEFICIO DE LA MUERTE ACELERADA UNA ALTERNATIVA A UN ACUERDO VIATICO	**A veces no es necesario de buscar una compañia viática, porque su propia póliza de aseguranza puede incluir una opción acelerada de beneficio al morir.** 1. **Al elegir la opción de (ADB) puede ser un beneficio normal o puede ser de un comprador con una aseguranza adicional.** 2. **La espera máxima de vida debe ser de un año o menos.** 3. **El promedio es de 25% al 50% del valor entero de la póliza.** 4. **La porción del beneficio de muerte que permanence en efecto es pagado a los beneficiarios nombrados al morir el asegurado.** **Muchas aseguranzas de vida contienen "cláusulas de cancelación de premios" que son activadas al incapacitarse el asegurado. Es incumbente que la firma del abogado de ancianos informe al cliente del los derechos potenciales en conección con esta cobertura.**
LIVING FACILITIES FOR THE ELDERLY	Alternative lifestyles have arisen to meet the needs of the graying population of the 21st century, serving them in varying degrees: 1. Independent-living facilities: similar to resort communities, providing maid services, dining rooms, recreational activities, and transportation for the healthy elderly.

	2. Assisted-living facilities: providing the above references and more, they are attuned to the medical and social needs of their residents who require limited supervision and try to function at their optimum level. 3. Skilled nursing homes: providing the highest degree of care for residents who are admitted only when they are seriously ill and in need of skilled nursing care and rehabilitation.
Lugares de vivienda para los ancianos	**Los estilos alternados de vida han llegado a cubrir las necesidades de la población adulta del siglo 21, que los sirve en varios grados:** **1. Lugares de vivienda independiente: similares a comunidades de verano, que provee servicios para empleadas, cenas, actividades recreacionales y transportación para los ancianos sanos.** **2. Lugares de vivienda: provee las referencias mencionadas y más, son hechas de acuerdo a las necesidades sociales y médicas de los residentes que requieren supervision limitada y tratan de funcionar a un nivel óptimo.** **3. Casas de enfermería: Provee los más altos grados de cuidado para residentes que son admitidos solamente cuando están realmente enfermos y en necesidad de cuidado de enfermería y rehabilitación.**
Independent-Living Facilities	The prospective resident is usually required to sign two instruments upon entry into the facility: a residency agreement and a lease.

Lugares independientes para vivir	El residente que va a vivir en un lugar así se requiere que firme dos papeles al entrar a la facilidad: un acuerdo de residencia y un contrato.
Admission Procedures	The prospective lesee may be excluded for the following reasons: • The applicant may have early stages of Alzheimer's disease. At a later time, the applicant may cause damage to the premises, such as causing floods or fires by forgetting to turn off appliances. Or the applicant may be a wanderer and may suffer injury or death as a result. • The applicant may have difficulty ambulating in the not-too-distant future, and wheelchairs are not allowed in the facillity's public area. This is not an "old age home" but, rather, an independent-living facility for the well elderly. • The applicant's medical records may indicate a recent history of behavioral disorders—i.e., acting irrationally on occasion. The landlord is not looking for unnecessary problems or disruption to the other residents. The individuals who are denied admission to the independent-living facility may be more suitable for an assisted-living facility.

Procedimientos de admisión	El arrendatario futuro puede ser excluido por las siguientes razones: • El aplicante puede estar en la primera étapa de la enfermedad de Alzheimer's. Más tarde el aplicante puede causar daños al lugar, como al causar derrames, o incendios al olvidar de apagar los utencillos. O el aplicante puede perderse y puede sufrir heridas o muerte como resultado. • El aplicante puede tener dificultad deambulando en la distancia futura, y sillas eléctricas deambulantes no son permitidas en el área pública. No es una "casa antigua" pero, aún una facilidad independiente para los ancianos sanos. • Los archivos del aplicante de su historia médica pueden indicar una historia reciente de desórdenes de comportamiento, e.g., el actuar irracionalmente en ocasiones. El dueño no va a buscar problemas sin necesidad o para fastidiar a los otros residentes. Los individuos a quienes se les niegue admisión en un centro médico independiente pueden vivir mejor en un centro de ayuda.
ASSISTED-LIVING FACILITIES	This type of living arrangement is a hybrid: it is a cross between an independent-living facility and a skilled nursing home. The residents in assisted-living facilities are not sick enough to require the intensive care provided by the skilled nursing home, but are not well enough to function independently.

Viviendas con facilidades de ayuda	**Este tipo de viviendas arregladas es una combinación: es una cruz entre una facilidad independiente de vida y una casa de ancianos de enfermería. Los residentes en un centro de asistencia no están lo suficiente enfermos para requerir cuidado intensivo provisto para la casa de enfermería, pero no están lo suficientemente bien para funcionar independientemente.**
Residential Agreement	The assisted-living facility primarily uses a residential agreement that is similar to a lease, but is not a true lease. The terms of the residential agreement are similar to those in the lease of the independent-living facility, the main difference being about admission and discharge procedures.
Contratos de renta de residencia	**La vivienda de asistencia primariamente usa un acuerdo residencial que es similar a un contrato, pero no es un contrato verdadero. Los términos del acuerdo residencial son similares a áquellos en el contrado de la vivienda independiente, la mayor diferencia está entre la admisión y los procedimientos de salida de alta.**
Admission	Admission to the assisted-living facility is solely based upon the medical condition of the prospective resident. These facilities are not designed to house people with catastrophic illnesses, contagious diseases, or substance abuse problems. They will automatically exclude potential residents who exhibit destructive behaviors that will endanger other residents of the facility. Prior to admission, a medical report must be submitted, along with a list of the prescribed medication that the potential resident is taking. The facility may also require a medical examination by an in-house physician or nurse prior to admission.

Admisión	La admisión a la vivienda de ayuda es solamente basada en la condición médica del residente futuro. Estas facilidades no son diseñadas para la gente con enfermedades catastróficas, contagiosas, o con problemas de substancia de abuso. Ellos automáticamente excluyen residentes potenciales que exhiben comportamientos destructivos que puedan lastimar a otros residentes del vecindario. Antes de la admisión, un reporte médico debe ser submitido, con una lista de medicamentos prescritos que el residente futuro esté tomando. La facilidad puede requerir exámenes médicos por un doctor de casa o una enfermera antes de la admisión.
Discharge	The facility may establish its own procedures for discharging a resident. It has broad latitude in this area. Sometimes the family of a resident will protest a discharge and file litigation against the facility, but recent cases indicate that the facility will prevail because of its overriding interest to protect the other residents. The usual conditions for discharge are as follows: • The resident's condition has deteriorated, now requiring a higher level of care that can only be provided by a skilled nursing home. • The patient is disruptive and is an endangerment to himself or herself and other residents. • The patient becomes nonambulatory and bedridden.

Salida del hospital	**La facilidad puede estabecer sus propios procedimientos para que el residente sea dado de alta. Hay una gran latitud en esta área. A veces la familia de un residente propiciará una dada de alta y seguirá juicio contra la facilidad, pero recientes casos indican que la vivienda prevalecerá por emergente interés de proteger a otros residentes. Las condiciones usuales al ser dado de alta son las siguientes:**
	• La condición del residente se ha deteriorado, ahora requiere un alto nivel de cuidado que puede ser solamente provisto por una casa de cuidado de enfermería. **• El paciente es destructor y es un peligro para él o ella y otros residentes.** **• El paciente se convierte en deambulador y en cama constante.**
Services Provided by the Assisted-Living Facility	Similar to those of the independent-living facility, residents are provided with more assistance in dressing, bathing, and other activities of daily living. These services, as well as supervision of dispensing medication, are supplied by the assisted-living facility staff. Appropriate cultural and recreational programs, as well as transportation into the community, are provided.
Servicios que se proveen en la vivienda de ayuda	**Similar a los de las viviendas independientes, los residentes son provistos de mayor ayuda para vestirse, bañarse y otras actividades diarias. Estos servicios, tanto como la supervisión de los medicamentos dispensarios, son dados por el personal de la vivienda de asistencia. Programas apropiados culturales y recreacionales, como transportación en la comunidad, son provistos.**

Living Accomodations	One to two bedrooms—furnished or unfurnished units are usually offered.
Acomodaciones de vivienda	**Uno a dos dormitorios amueblados o desamueblados son usualmente ofrecidos.**
Ancillary Services	The facility may provide certain ancillary services during the day, such as health-care aides to assist residents in dressing, going to the dining room, and other activities of daily living. The facility may also provide an in-house bank where funds can be deposited up to the usual amount of $500, which can be withdrawn for such incidentals as going to the barber or to the movies, ordering outside foods, newspapers, etc.
Servicios de ancilleria	**La vivienda puede proveer ciertos servicios extras durante el día, como ayudantes del cuidado personal, para ayudar a los residentes a vestirse, ir al comedor, y otras actividades de la vida diaria. La facilidad puede también proveer un banco en casa donde los fondos pueden ser retirados para tales incidentes como ir al peluquero, al cine, ordenar comidas, periódico, etc.**

Skilled Nursing Facility (SNF)	The skilled nursing facility of today is not the "old age home" in the traditional meaning. Rather, it is a subacute care hospital for seriously and chronically ill patients who require the services of skilled health-care professionals on a 24-hour per day basis. It also provides custodial care for patients suffering from Alzheimer's, Parkinson's disease, or senile dementia, who cannot easily remain at home or in another type of facility. The skilled nursing facility may be very large, accommodating hundreds of patients, or quite small, serving fewer than 100 patients. It may accept patients with a variety of medical problems, or it may be specifically oriented to patients with illnesses such as Alzheier's or patients who are ventilator-dependent. There are basically two kinds of nursing facilities: rehabilitation and extended care.
Vivienda de enfermería (SNF)	**La facilidad de enfermería de hoy no es la de la "edad Antigua" con el significado tradicional. Aún, es un cuidado en el hospital para paciente muy enfermos que requieran los servicios de profesionales de cuidado de salud dentro de las 24 horas. También provee cuidado para los pacientes que sufren de la enfermedad de Alzheimer's Parkinsons, o demencia, que no pueden facilmente permanecer en casa o en oto tipo de facilidad. La vivienda de enfermería puede ser muy grande y acomodar cientos de pacientes, o pocos, menos de 100 pacientes,. Puede aceptar pacientes con una variedad de problemas médicos, o puede ser especificamente orientados a pacientes con enfermedades tales como Alzheimers o pacientes que son dependientes de la ventilación.** **Hay basicamente dos clases de viviendas de enfermería: rehabilitación y cuidado intensivo.**

Rehabilitation Facility	The mission of the rehabilitation facility is to provide intensive rehabilitation services including—but not limited to—physical, occupational, and speech therapy. The average lengh of stay is 100 days, the coverage provided by Medicare. If, after 100 days, the patient still requires rehabilitation services, the patient will then be transferred to an extended care facility.
Vivienda de Rehabilitación	**La misión de la vivienda de rehabilitación es para proveer servicios de rehabilitación de cuidado intensivo incluyendo pero no limitado a terapía física, ocupacional, y de lenguaje. El promedio de tiempo de permanencia es de 100 días, la cobertura provista por Medicare, si después de 100 días el paciente aún requiere servicios de rehabilitación, el paciente entonces será transbordado a una facilidad de cuidado intensivo.**
Extended Care Facility	The extended care facility provides nursing care services to the patient until the patient recovers sufficiently to return to the community or dies.
Centro de Cuidado intensivo	**El centro de cuidado intensivo provee servicios de enfermería al paciente hasta que el paciente se recobre suficientemente para regresar a su comunidad o muere.**
FINANCIAL PLANNING ESTATE TAX	All of a person's assets—i.e., real and personal property of any kind—are subject to a special tax upon the death of the owner. This tax is referred to as inheritance tax, estate tax, or succession tax; the terms are used interchangeably. Assets are taxed by the federal government and also by some states. The concept of estate tax is not unique to the United States; it is found in most of the Western world.

PLANEANDO IMPUESTO FINANCIEROS DEL ESTADO	**Todos los bienes de una persona, por ejemplo, reales y de propiedad de cualquier clase, están sujetos a un impuesto estatal por el gobierno federal y por algunos estados. El concepto de los impuestos del estado no es único para los Estados Unidos—se encuentra en el Hemisferio Oeste.**
Unified Credit	The current threshold for a decedent's estate to be subject to federal taxation is $600,000. The tax credit of $192,800 against estate tax is the equivalent of the $600,000 exemption. It can be applied to gift taxation during a lifetime or to inheritance tax after death. The unified credit of $192,800 is phased out if the taxable gross estate is between $10 million and $21,040,000. What occurs is that the estate tax is gradually increased by 5 percent of the excess above $10 million until the unified credit is effectively phased out.
Crédito unificado	**El impuesto estará determinado para un descendiente que está sujeto a impuestos federales de $600,000. El crédito de impuestos de $192,800 contra el impuesto estatal es el equivalente de una excepción de $600,000. Puede ser aplicado al regalo de impuestos durante una vida entera o para herencia de impuestos después de la**
	muerte. El crédito unificado de $192,800 es reducido si el impuesto total estatal está entre $10 millones y $21,040,000. Lo que ocurre si el impuesto estatal gradualmente aumenta con cinco por ciento del exceso sobre los $10 millones hasta que el crédito unificado esté efectivamente reducido.

Filing Requirements	The estates of U.S. citizens who die owning property having a taxable situs within the U.S.—no matter how old they were when they died, no matter where they died—must file an estate tax return if the estate assets exceed $600,000. Foreign residents must also file estate tax returns if their estates and assets in the U.S. are in excess of $600,000. The estate tax return, IRS Form 706, is a highly complex document. The statute of limitations to file the return is nine months from the date of death, but an extension can be obtained without any difficulty for an additional six months.
Requisitos relacionados a archivos	**Los estados de los ciudadanos estadounidenses que mueren siendo dueños de propiedad tienen un impuesto dentro de los Estados Unidos, no importa que edad sean cuando mueren, no importa donde mueran, deben llenar una forma de impuestos estatales si los bienes exceden los $600,000. Los residentes extranjeros deben también pagar impuestos estatales si los bienes en los Estados Unidos exceden $600,000. La forma de impuestos estatales, IRS 706, es un documento complejo. La ley de limitaciones para archivar esta forma es de nueve meses desde la muerte, pero una extensión puede ser obtenida sin dificultad por unos seis meses adicionales.**
Acceptable Filing:	• Mail the return with the U.S. Postal Service. The date of mailing is legally considered the date of filing.
Archivo aceptable	• **Enviar la forma por el Servicio Postal de Los Estados Unidos. La fecha de envio es legalmente considerada la fecha de archivo.**

Practice Tip:	• Any mail or correspondence to the Internal Revenue Service (IRS) should be sent via certified mail-return receipt requested. • Hand-deliver to a local IRS office. A copy of the return should also be presented to the cashier's office to be date-stamped as proof of filing. • Pursuant to IRS notice 97-26, IRB 1997-17,1, delivery to the following private carriers will receive the same treatment as if delivered to the U.S. Postal Service. The date that the IRS Form 706 is delivered into the custody of the authorized private delivery service and entered into its electronic database, or the date that a notation is entered on the cover sheet of the delivery envelope, is considered the legal date of mailing.
Claves prácticas	• **Cualquier correo o correspondencia al Servicio Interno de Impuestos (IRS) debe ser envíado por correo certificado y con recibo requerido.** • **Puede ser entregado personalmente en una oficina de IRS. Una copia del recibo de éste debe ser presentado a la oficina del cajero para que sea fechado como prueba de envío.** • **De acuerdo a la regla de IRS 97-26, IRB 1997-17, 1 la entrega de manera privada tendrá la misma validez como si fuese entregada al Servicio Postal de los Estados Unidos. La fecha en que la Forma IRS 706 es puesta en la custodia del servicio autorizado privado y archivado electrónicamente, o cuando la fecha de una clausula es puesta en el membrete del sobre entregado, es considerado una forma legal de envío.**

Taxable Estate	This is determined by substracting allowable deductions from the gross estate.
Impuestos estatales	**Este es determinado al substraer las deducciones dispuestas del estado total.**
Gross Estate	The gross estate of a decedent consists of all the property owned by the decedent at the time of death.
Impuestos gruesos	**El estado total sin impuestos de un difunto consiste de todas las propiedades poseídas por el difunto al momento de la muerte.**
Items Included in the Gross Estate	The gross estate of a decedent consists of all the property owned by the decedent at the time of death. 1. real estate 2. stocks and bonds 3. cash, mortgages, bank accounts 4. life insurance 5. jointly held assets 6. powers of appointment 7. annuities 8. miscellaneous assets—i.e., automobiles, boats, airplanes, art objects, jewelry, limited partnerships 9. gifts made within three years of death 10. power to revoke a revocable trust These gifts are all includable in the donor's estate. All gift taxes paid by decedent or spouse within three years of the death of the decedent must also be included in the gross estate.

Artículos incluidos en los bienes totales	Los bienes totales de un difunto consisten de todas las propiedades poseídas hasta el momento de su muerte.
	1. bienes y raíces 2. aseguranzas 3. dinero al contado, hipotecas, cuentas de banco 4. aseguranza de vida 5. bienes mantenidos con otras personas 6. poderes de administración 7. beneficios de rentas 8. bienes adicionales, ie, automóbiles, botes. Todos los regalos con impuestos pagados por el difunto o la esposa dentro de los tres años de la muerte del difunto también deben incluirse en los bienes totales. 9. Regalos hechos dentro los tres años antes de su muerte. 10. Poder para revocar un poder revocable Estos regalos son incluídos en la donación del donador de los bienes. Todos los impuestos de regalos pagados por el difunto o la esposa dentro de los tres años de la muerte del difunto deben de ser incluídos en los bienes totales.

Deductions from the Gross Estate	The estate taxpayer is entitled to receive certain deductions from the gross estate as follows:
	1. funeral expenses
	2. probate and administration fees
	3. legal fees
	4. medical expenses in connection with the decedent's last illness
	5. executor's commissions
	6. broker's commissions
	7. unlimited marital deduction for qualifying property passing to the decedent's surviving spouse
	8. losses from casualties of theft
	9. unpaid taxes
	10. unpaid debts
	11. balance on mortgages
	12. charitable bequests—i.e., value of property passing to a charity, public institution, or to the federal, state, or local government
	13. tax credit for state death taxes paid
	14. credit for foreign estate taxes paid
	15. unified credit—deducted from estate tax liability
	16. credit for estate taxes paid on prior transfers under certain circumstances

Forma de deducciones de los bienes totales	El pagador de impuestos tiene derecho de recibir ciertas deducciones del estado total como sigue: 1. pagos de funeral 2. impuestos de administración de testamentos 3. Honorarios legales 4. Gastos médicos en conección con la última enfermedad del difunto 5. comisiones del administrador 6. comisiones del agente de valores y bolsa 7. deducciones sin límite matrimonial por propiedades calificadas que pasan a la esposa/o sobreviviente 8. pérdidas catastróficas o de robo 9. impuestos no pagados 10. deudas no pagadas 11. balances en hipótecas 12. regalos de caridad. Por ejemplo, valor de una propiedad que pasa a la caridad, a una institución pública, o al gobierno federal, estatal, o local. 13. Créditos pagados que tienen impuestos pagados por muerte 14. Créditos pagados por impuestos extranjeros 15. Créditos unificados- deducidos por impuestos estatales a incapacitados 16. Crédito por impuestos pagados o transferencias pagadas bajo ciertas circunstancias.
The Sponge Tax	The sponge tax is a typical inheritance tax imposed by some states. The tax will be paid to the state, but that exact amount will be deducted from the actual tax due to the federal government. The decedent's estate pays no additional tax because of the sponge tax.

Impuestos de esponja	**El impuesto de esponja es tipicamente el de herencia impuesto por algunos estados. El impuesto es pagado al estado, pero esa cantidad será deducida del impuesto actual del gobierno federal. De los bienes del difunto no se paga impuesto adicional por el impuesto de esponja.**
Transfers	A transfer is a change of ownership, operation, and control of any type of asset—i.e., cash, securities, real estate, personal property—from a donor (transferor) who is current legal owner to a donee (transferee), the recipient new owner. The donee may be an individual, a corporation, a charitable foundation, a trust, or any other entity. The donor, in order to make an effective transfer that would not be questioned at a later date by governmental authorities, such as the Internal Revenue Service or Medicaid and potential heirs, must be competent at the time of the transfer. Donors must be fully aware of the nature and consequences of their acts at the time of the transfer. A donor who has carefully engaged in financial planning would also have executed a durable power of attorney with specific gifting powers in order to make an effective transfer that could not be successfully challenged at a later date.

Transferencias	Una transferencia es un cambio de dueño, de operación y control de cualquier tipo de bienes, e.g., al contado, aseguranzas, estado real, propiedad personal, de un donante (que transfiera) que es el dueño legal a un donado (que recibe la transferencia), el recipiente nuevo dueño. El donado puede ser un individuo, una corporación, una fundación de caridad, un fiduciario, o cualquier entidad. El donador, a fin de hacer una transferencia efectiva que no sea investigada más tarde por las autoridades del gobierno, tales como el Servicio Interno de Impuestos, o Medicaid y otros, deben ser competentes al mismo tiempo de la transferencia. Los donantes deben estar al tanto de la naturaleza y consecuencias de los actos al momento de la transferencia. Un donante que cuidadosamente ha planeado sus finanzas podría ejecutar un poder legal que especifique los poderes adquisitivos a fin de hacer una transferencia efectiva que no sea investigada más tarde.
Unlimited transfers	Unlimited transfers are permitted between legally married spouses. The Internal Revenue Code provides that such transfers are not subject to federal gift and estate taxation laws. With regard to the individual states, if the state has enacted gift and estate laws, it tends to follow the federal law in this regard. Marital transfers, regardless of amount, do not have to be reported in any way.

Transferencias sin límite	**Las transferencias sin límite son permitidas entre los esposos legalmente casados.** **El código de Impuestos Internos provee que tales transferencias no sean sujetas a impuestos de regalos federales ni del estado. En relación a los individuales estados, si el estado ha creado leyes estatales de regalos, tiende a imitar la ley federal en cuanto a transferencias maritales, sin importar la cantidad, no tiene que ser reportada de ninguna manera.**
Life Insurance Tranfers	The proceeds of a life insurance policy owned by an individual at the time of death are includable in the gross estate and are, therefore, subject to estate taxation. Life insurance transfers are an important estate-planning and tax savings technique, because the beneficiary of these proceeds is not required to pay any tax upon them. It is the obligation of the owner's estate. To avoid estate taxation of the proceeds of face value of the policy, the owner may transfer ownership of the policy to another individual such as a spouse or a child, or to a life insurance trust, tax-free, provided that the owner (donor) survives three years from the date of transfer. (It is permissible for the owner of the policy and the beneficiary to be one and the same person.) NOTE: The transfer of the face value of the policy is not subject to gift tax. However, the cash surrender value at the time of the transfer is subject to gift tax. This is usually substantially less than the face value of the policy. If the transfer involves a term life insurance policy with no cash surrender value, there is nothing to report for gift tax purposes.

Tranferencias de aseguranza de vida	Los procedimientos de aseguranza de vida poseídos por un individuo en el momento de la muerte son incluídos en los bienes totales y son, por lo tanto, sujetos a impuestos del estado. Las transferencias de aseguranza de vida son importantes al planear los bienes y las técnicas de los ahorros de impuestos porque el beneficiario de esos procedimientos no requiere pagar ningún impuesto por ellos. Es la obligación del dueño de los bienes de evitar los impuestos de los bienes por el total de la póliza, el dueño puede transferir propiedad de la póliza a otro individuo como a la esposa o al niño, o a una aseguranza de vida, sin impuestos, con tal de que el dueño (donador) sobrev iva tres años desde la fecha de transferencia (Es permitido que el dueño de la póliza y el beneficiario sea la misma persona) NOTA: La transferencia del valor total de la póliza no está sujeta a los impuestos de regalos. Sin embargo, el balance del valor al mismo tiempo de la transferencia está sujeta a impuesto de regalo. Este es usualmente menor que el valor total de la póliza. Si la transferencia tiene que ver con un término de aseguranza de vida no hay balance de valor, no hay nada que reportar por impuestos de regalos.

INCOME TAX AND THE ELDERLY CLIENT	The federal personal income tax was introduced to America early in this century. It probably takes the largest cut out of everyone's earnings. The tax rate is applied to all kinds of personal income including wages, self-employment income, and investment income. The tax rate is progressive, starting at 15% and rising to the top rate of 39.6%. In determining the net amount of income that is subject to income tax, a variety of factors come into play, such as: • Marital status • Number of dependents • Itemized deductions • Contributions to retirement exemptions (IRAs, 401(k) s, self-employment plans, etc.)
IMPUESTOS DE SALARIOS Y EL CLIENTE DE LA TERCERA EDAD	**El salario de impuesto federal personal fue introducido en América al principio del siglo. Es probable que tome un largo corte de las ganancias de todos. La tarifa de impuestos se aplica a toda clase de salario personal incluyendo sueldos, salarios por trabajo propio, e inversiones. La tarifa de salario es progresiva, empieza con el 15% o sube a una tarifa de 39.6%. Al determinar la cantidad neta de ingresos está sujeta a impuestos de salarios, una variedad de factores se toman en cuenta, tales como:** • **Estado civil** • **Número de dependientes** • **Deducciones itemizadas** • **Contribuciones a excepciones de retiro (IRAs, 401, (k) Trabajo propio, etc.)**

Charitable Contributions— Itemized Deduction (Form 1040, Schedule A)	The elderly taxpayer does not receive any special benefit because of age when making charitable gifts. However, the contributions serve to reduce income tax liability and specify how much of a gift can be deducted $375, because of receiving some benefit from eating the meal. If one does not attend the dinner, the whole donation can be deducted.
Contribuciones de caridad— deducciones itemizada (Forma 1040, Horario A)	**El pagador de impuestos de tercera edad no recibe ningún beneficio por su edad al hacer regalos de caridad. Sin embargo, las contribuciones sirven para deducir la responsabilidad de impuestos de salario y específica cuanto de dinero de un regalo puede ser deducido de $375, porque al recibir algo de beneficio al comer la comida, si uno no asiste a la cena, el valor de donación puede ser deducido.**
Tax Credit for Elderly and Disabled Persons	An individual must be 65 or disabled, with very low income, to qualify for these tax credits. The following qualify: • Single filers, below $5,000 • Married filers, filing joint returns, $7,500 • Married persons filing separately, $3, 750 Form 1040EZ must be filed to obtain the credit. Certain states also provide similar tax credits for state income tax.

Créditos por impuestos para personas de tercera edad y personas incapacitadas	Un individuo debe tener 65 o ser incapacitado con un salario muy bajo para calificar para créditos de impuestos, Los siguientes califican: • Solteros, que ganen bajo de $5,000 • Casados, que archiven los impuestos juntos, $7,500 • Casados que archiven los impuestos separados, $3,750 La forma 1040 EZ debe ser archivada para obtener el crédito. Ciertos estados pueden proveer créditos similares como créditos para impuestos del estado.

LIFE ESTATES AND THEIR USE	**Protecting the Homestead**
	One of the most popular methods of asset preservation is the creation of a "life estate." It is often used in the areas of estate planning and Medicaid planning. Life estates allow the elderly homeowner to transfer his or her principal residence while they are alive to children, other family members, or any other person, rather than accomplishing this at the time of their death. This involves the transferring of a residence by a donor to a donee, with the donor reserving the right in the deed to reside in that residence for the rest of his or her life. This procedure removes the residence from the probate estate.
	A life estate is created by a simple deed transfer by the owner (grantor-donor) to the new owner (grantee-donee). The life estate is establishing by inserting the following language into the standard deed: "The grantor hereby retains a life estate in the subject premises." The deed must be recorded.
	If the house is owned by husband and wife as tenant by the entirety, they can retain joint life estates. If it is owned only by one spouse, the grantor can retain a life estate for himself and his spouse.

BIENES DE VIDA Y SU USO	Protegiendo la propiedad
	Uno de los mejores métodos de proteger los bienes es la creación de los "bienes de vida" a menudo usado en las áreas de la planeación de Medicaid. Los bienes de vida permiten que las personas de la tercera edad dueños de casa transfieran su propiedad principal mientras estén vivos sus hijos, otros miembros de la familia, o cualquier otra persona en vez de hacerlo en el momento de su muerte. Esto consiste de la transferencia de una residencia por el donante al donado, con el donante quedándose con el derecho en la escritura de residir en esa residencia por el resto de su vida. Este procedimiento remueve la residencia del estado probatorio.
	Un bien de vida es creado usando una escritura simple de transferencia hecha por el dueño (garantizador-donado). La escritura en vida establece el siguiente lenguaje en la escritura normal. El donador por lo tanto retiene la escritura de vida en los siguientes lugares." La escritura deber ser archivada.
	Si la casa es poseída por el dueño y su esposa como inquilino enteramente, ellos pueden hacer una escritura de vida adjunta. Si pertenece solo a una esposa, el donador puede retener la escritura de vida para él mismo y su esposa.

SOCIAL SECURITY	In the United States, August 14, 1935, marked the beginning of Social Security legislation with the passage of the Social Security Act. The first check was issued in January 1940 in the sum of $22.54. One of the significant components of President Roosevelt's "New Deal," this far-reaching legislation was designed to provide a safety net for old age. The plan was to have the government, under the newly formed Social Security Administration (SSA), pay out monthly payments ranging from $10 to $85 to retired workers. The funds to pay these benefits were to come from a payroll tax levied on each employee and employer. In years to come, the Social Security Act was expanded, and it now currently covers the following categories: • retired workers • spouses of workers • children of retired or disabled workers • disabled workers • survivors of workers • self-employed • farm owners and workers • household workers In addition, the Social Security Act was further expanded to include: • Medicare—hospital and medical insurance • Supplemental Security Income (SSI)—assistance for elderly, blind, and disabled persons with minimal income and assets.

SEGURO SOCIAL	En los Estados Unidos, Agosto 14, 1935 empezó el comienzo de la legislación del Seguro Social con el Acto del Seguro Social. El primer cheque fue otorgado en Enero de 1940 con la suma de $22.40. Uno de los importantes hechos del Presidente Roosevelt's "Nuevo Trato," esta ley fue designada para proveer una esperanza para los adultos de la tercera edad. El plan fue el de tener al gobierno, bajo una administración reformada de Seguro Social (SSA), pagando mensualmente de $10 a $85 a los trabajadores retirados. Los fondos para pagar estos beneficios venían del impuesto quitado del salario de cada empleado. Con los años, el seguro social se expandió, y ahora cubre las siguientes categorías: • Trabajadores retirados • Esposas de trabajadores • Hijos de trabajadores retirados o incapacitados • Trabajadores incapacitados • Sobrevientes de trabajadores • Trabajadores de su misma empresa • Dueños de fincas y trabajadores • Trabajadores en casas Además, la ley del Seguro Social se expandió para incluir: • Medicare—aseguranza médica y hospital • Salario suplementario de seguro (SSI) asistencia para las personas de la tercera edad, los ciegos e incapacitados con bienes mínimos y salarios mínimos.

Eligibility for Retirement Benefits	In order for a member of the Social Security to become eligible to receive retirement benefits, the applicant must have paid into the Social Security system for a specific period of time. An individual who works and pays Social Security taxes earns Social Security credits called "quarters." The number of quarters required to receive retirement benefits depends upon the worker's date of birth.
Eligibilidad para beneficios de retiro	**A fin de que un miembro del Seguro Social se convierta en una persona elegible de recibir beneficios de retiro, el aplicante debe haber pagado al sistema de Seguro Social por un período de tiempo específico. Un individuo que trabaje y pague impuestos de Seguro Social gana "quarters." Créditos de seguro social. El número de quarters requeridos para recibir beneficios de retiro depende de la fecha del trabajador de acuerdo a su fecha de nacimiento.**
Early Retirement	The minimum age to obtain Social Security benefits is age 62. However, the benefit amount will be permanently reduced according to the number of months prior to the applican's attaining his or her 65th birthday. The benefits will actually be reduced by 4/5th of 1 percent for each month prior to 65 that retirement occurs.
Retiro a temprana edad	**La edad mínima para recibir los beneficios de seguro social es la edad de 62 años. Sin embargo, la cantidad de beneficio será permanentemente reducida de acuerdo al número de meses antes de que el aplicante cumpla sus 65 años. Los beneficios actualmente serán reducidos por un 4/5 del uno por ciento de cada mes antes de los 65 para que ese retiro se realice.**

Delayed Retirement	If a person retires after age 65, increased benefits are available up to age 70. Each additional year beyond age 65 that person continues to work adds another year of earnings to his or her PIA. NOTE: Medicare coverage is available at age 65, even if the worker continues employment past 65. If delayed retirement is chosen, it is nonetheless recommended that Medicare still be obtained at age 65.
Retiro retrazado	**Si una persona se retira después de los 65 años, los beneficios aumentan y son disponibles a la edad de 70 años. Cada año adicional después de los 65 esa persona que continua trabajando aumenta otro año de ganancias para su retiro PIA.** **NOTA: La cobertura de Medicare está disponible a la edad de 65 años, aún si el trabajador continua el empleo pasado de los 65. Si hay un retiro retrazado, es sin embargo recomendable que Medicare se obtenga a la edad de 65 años.**
Benefits for Family Members	Social Security will pay benefits to insured workers who retire and to certain family members as follows: • Spouse age 62 or older • Spouse below age 62 if he or she is taking care of a dependent child under age 16 or who is disabled • Divorced spouse age 62 or older • Children up to age 18 • Children age 18-19 if they are full-time students through grade 12 • Children over age 18 if they are disabled

Beneficios para los Miembros de la familia	**El seguro social pagará beneficios para asegurar a los trabajadores que se retiren y para ciertos miembros de la familia como por ejemplo:** • **La esposa a la edad de 62 o mayor** • **La esposa menor de 62 si él o ella está cuidando de un niño dependiente menor de 16 años que es incapacitado.** • **La esposa divorciada menor de 62 años o mayor** • **Los niños hasta la edad de 18** • **Los niños de la edad de 18-19 si son estudiantes a tiempo completo hasta el 12avo grado.** • **Niños mayores de 18 si son incapacitados.**
Spousal Benefits	The spouse of a retired Social Security beneficiary is entitled to receive one-half of the full benefit unless the spouse has chosen to receive his or her benefits below the age of 65. If that is the case, then the spousal benefits are permanently reduced by a specific percentage based on the number of months before he or she becomes 65. However, the regulations provide that the spouse be age 62 or older, as stated above. If the spouse is taking care of a child who is under age 16 or disabled and is receiving Social Security benefits, the spouse is entitled to full benefits regardless of age.

Beneficios para la esposa	La esposa de un beneficiario del Seguro Social tiene derecho a recibir una-mitad de los beneficios completos a menos que sea que la esposa haya escogido recibir sus beneficios a una edad menor de los 65. Si es ese el caso, entonces los beneficios de la esposa son permanentemente reducidos con un porcentaje específico basado en el número de meses antes de llegar a los 65. Sin embargo, las reglas proveen que la esposa tenga 62 o mayor, como se menciona en la parte posterior. Si la esposa está a cargo de un niño menor de 16 años o incapacitado y está recibiendo los beneficios de seguro social, la esposa tiene derecho a los beneficios completos a pesar de su edad.

Benefits of a Divorced Spouse	Requirements for a divorced spouse to obtain benefits on the former spouse's Social Security account:
	<ul><li>Marriage must be valid</li><li>Marriage must have lasted over 10 years</li><li>The divorced spouse must be age 62 or older.</li><li>The divorced spouse must not be remarried.</li><li>If the spouse has been divorced at least two years, he or she can qualify to obtain benefits even if the insured worker has not retired. However, the worker must have accumulated enough quarters in the account for the divorced spouse to qualify for benefits, and the spouse must be age 62 or older. The amount of benefits received by a divorced spouse has no effect upon the amount of benefits to which a current spouse is entitled.</li><li>There is no two-year waiting period if the respective spouses were each receiving benefits prior to the dissolution of their marriage.</li></ul>

Beneficios de una esposa divorciada	Requisitos de una esposa divorciada para obtener beneficios de la cuenta del seguro social de su ex-esposo:
	<ul><li>El matrimonio debe ser válido</li><li>El matrimonio debe haber durado por lo menos 10 años</li><li>La esposa divorciada debe tener por los menos 62 años o mayor.</li><li>La esposa divorciada no debe casarse otra vez</li><li>Si la esposa ha sido divorciada por lo menos por dos años, él o ella puede califica para obtener beneficios, el trabajador debe haber acumulado suficientes quarters en la cuenta para la esposa divorciada para calificar para los beneficios, y la esposa debe tener 62 años o más. La cantidad de beneficios recibidos o una esposa divorciada</li><li>No tiene efecto en la cantidad de los beneficios para lo cual una esposa formal tiene derecho.</li><li>Hay una espera de dos años si las respectivas esposas están recibiendo los beneficios cada una antes de la disolución del matrimonio.</li></ul>
Benefits for Children	Who can qualify for children's benefits? <ul><li>natural children</li><li>legitimate children</li><li>illegitimate children</li><li>stepchildren</li><li>adopted children</li><li>grandchildren</li><li>step-grandchildren</li></ul>

Beneficios para los Niños	Quiénes pueden calificar con beneficios para niños? • **Niños ilegítimos** • **Niños legítimos** • **Niños adoptados** • **Nietos** • **Bisnietos**
Eligibility requirements for children	• Child must be under the age of 18 or is 18 or older and has a disability that commenced before age 22 and remains disabled. • Child's age could be up to 19 if he or she is a full-time student. • Child must be dependent. • Child must be unmarried.
Requisitos elegibles para los niños	• **El niño debe ser menor de la edad de 18 o tener 18 o ser mayor y tener una incapacidad que comenzó antes de la edad de 22 años y se mantiene incapacitado.** • **La edad de los niños puede ser de hasta 19 o si es un estudiante a tiempo completo.** • **El niño debe depender de su familia.** • **El niño debe ser soltero.**
"Survivor's Benefits" Who are classified as survivors?	• Widows • Widowers • Divorced widows • Unmarried dependent children • Dependent parents
Beneficios de los "sobrevivientes" Cómo están clasificados los sobrevivientes?	• **Viudas** • **Viudos** • **Viudas divorciadas** • **Niños dependientes solteros** • **Padres dependientes**

What are the eligibility benefits for widows or widowers?	• The marriage to the deceased insured worker must have lasted at least nine months in duration immediately prior to the death of the insured worker. • The nine-month spousal requirement is modified if the spouse's death was the result of an accident, or occurred when on active military duty, or if the spouse was married to the spousal applicant for nine months at a previous time. • Full benefits are available at age 65 or older. • Reduced benefits are available at age 62. • Disabled widow or widower can receive benefits at a minimum age of 50. • Widow or widower at any age if he or she takes care of a dependent under 16 or a disabled child who received benefits.
Cuáles son los beneficios de elegibilidad para viudas o viudos?	• **El matrimonio del trabajador asegurado fallecido debe haber durado por lo menos nueve meses de duración inmediatamente antes de la muerte del asegurador asegurado.** • **Los beneficios completos están disponibles para los de la edad de 65 años o mayor.** • **Los beneficios reducidos son disponibles a la edad de 62 años.** • **La viuda incapacitada puede recibir beneficios a una edad mínima de 50 años.** • **La viuda o el viudo a cualquier edad si cuida de una dependiente menor de 16 años o si es incapacitado y recibe beneficios.**

What are the benefits for surviving a divorced spouse?	If an insured worker has been divorced, the ex-spouse is eligible for survivor's benefits with the same requirement as the worker's widow or widower, provided the marriage lasted 10 years or more. The former spouse is exempt from the 10-year length-of-marriage rule if he or she is caring for the deceased worker's dependent child who is below 16 or disabled and receiving benefits on the deceased worker's Social Security account. However, the child must be the worker's former spouse's natural or legally adopted child.
Cuales son los beneficios para una esposa divorciada sobreviviente?	**Si un trabajador asegurado se ha divorciado, la ex-esposa es elegible para los beneficios del sobreviviente con los mismos requisitos como el viudo o viuda del trabajador, con tal de que el matrimonio haya durado por lo menos 10 años de duración de la ley de matrimonio si él o ella es menor de 16 o incapacitada y recibe los beneficios de la cuenta del seguro social del trabajador. Sin embargo, el niño del ex-esposo trabajador debe ser hijo natural o adoptado legalmente.**

What documents are required by the applicant?	• Social Security number • Birth certificate • W-2 forms for last 12 months • Tax return for past year if self-employed • Spouse's birth certificate and Social Security number, if he or she is applying for benefits • Children's birth certificates and Social Security numbers, if applying for children's benefits • Proof of U.S. citizenship or lawful alien status if applicant was not born in the U.S. Spouse and all children must also produce proof of citizenship or lawful alien status if they are applying for benefits • The name of applicant's bank and account number for electronic deposit of benefits into bank account. • Original documents or certified copies are required.

Cuales documentos son requeridos por el aplicante?	• **Número del seguro social** • **Certificado de nacimiento** • **Formas W-2 de los últimos doce meses** • **Reporte de impuestos de último año si trabajó por si mismo** • **Certificado de nacimiento de la esposa y el número del seguro social, si está aplicando para los beneficios** • **Certificado de nacimiento de los niños y números de seguro social, si aplica para los beneficios de los niños** • **Prueba de ciudadanía o estado de residencia legal si el aplicante nació en los Estados Unidos. La esposa y todos los niños deben producir prueba de ciudadanía o estado legal o residencia si están aplicando para los beneficios.** • **El nombre del banco del aplicante y el número de la cuenta para depósito electrónico de beneficios en una cuenta corriente.** • **Los documentos originales o copias certificadas son requeridas.**
Supplement Security Income Program	Legislation was passed by Congress in 1973 (effective January 1, 1974) establishing the Supplemental Security Income Program. The statute can be found in Title XVI of the Social Security Act. It provides monthly benefits to people who are 65 or older, blind and disabled, and who have minimal income. The program provides benefits for adults as well as for disabled and blind children. People who qualify for Supplemental Security Income (SSI) usually qualify for food stamps and Medicaid.

Programa de salario suplementario del seguro	La legislación pasada por el Congreso en 1973 (fue efectiva el 1ero de enero de 1974) estableciento el programa de seguro suplementario de salario. La ley puede ser encontrada en el título XVI del Acto de Seguro Social. Provee beneficios mensuales a personas que tienen 65 años o mayores, ciegos e incapacitados y con un salario mínimo. El programa provee beneficios para adultos al igual que para los incapacitados y niños ciegos. Las personas que califican para el programa de salario suplementario del seguro (SSI) usualmente califican para estampillas de comida y Medicaid.
Who can qualify for SSI?	• Persons aged 65 or older and must provide proof of age such as a birth certificate or baptismal record, and • Blind—central visual acuity of 20/200 or less in the better eye with the use of a correcting lens or extremely severe limitation in the field of vision, or • Disabled—the applicant has physical or mental problem that keeps him or her from active gainful employment and that is expected to last at least a year or to result in death.

Quienes califican para el SSI?	• **Personas de 65 o mayores deben proveer prueba de su edad tal como un certificado de nacimiento o de bautismo, y** • **Vista central visual de ceguera de 20/200 o menos en el ojo que tenga major visión con el uso de lentes correctivos o limitación extremada severa en la visión, o** • **Incapacidad- el aplicante tiene problemas físicos o mentales que lo detienen de obtener un trabajo activo y se espera que por lo menos en un año pueda morir.**
Residency and Citizenship Requirements	The applicant must provide the following proof: Residency 1. The law defines a resident as a person who resides in one of the 50 states, the District of Columbia, or the Northern Mariana Islands. Residents of Puerto Rico are excluded from receiving SSI benefits. 2. The applicant must establish residency in the U.S. for 30 consecutive days. The following documents can be used to establish residency: • Tax returns • Rent receipts • Telephone and electricity bills

Citizenship	Citizenship can be established by the production of any one of the following documents: • Certified birth certificate showing birth in the U.S. • Baptism birth records • U.S. passports • Certificate of naturalization
Ciudadanía	**La ciudadanía puede establecerse con la presentación de cualquiera de los siguientes documentos:** • **Certificado de nacimiento que demuestre el nacimiento en los Estados Unidos.** • **Archivo de certificado de nacimiento** • **Pasaporte de los Estados Unidos** • **Certificado de Naturalización**
Basic Rules for Obtaining SSI	In order to be eligible for SSI, the applicant must have minimal income. The income threshold is determined by the state in which the individual resides.
Requisitos básicos para obtener SSI	**A fin de ser elegible para SSI, el aplicante debe tener un salario mínimo. El salario que sea determinado por el estado en el cual se reside.**

Eligibility	Eligibility also is based upon assets that the applicant owns such as real estate, personal property, bank accounts, savings bonds, etc. A single person may possess up to $2,000 in assets and a married couple up to $3,000. The following items are exempt: • Personal residence and the land on which it is situated • Personal and household goods and personal effects up to $2,000, wedding rings, engagement rings, etc. • Life insurance policies with up to $1,500 cash surrender value • Automobile—if necessary, no vaue limits; if nonessential, maximum value $4,500 burial plot, for the applicant and members of the immediate family • Up to $1,500 in burial funds for the applicant • Up to $1,500 in burial funds for the appliant's spouse • Trusts—only if irrevocable and the principal cannot be obtained by the claimant
Eligibilidad	**La elegibilidad se basa en los bienes que el aplicante tiene tales como bienes y raíces, propiedad personal de cuentas de bancos, bonos, etc. Una persona soltera puede poseer hasta $2,000 en bienes y un pareja casada hasta $3,000. Los siguientes artículos son excepción:** • **Residencia personal y la tierra en la cual está situada**

ELDER ABUSE	FORMS OF ELDER ABUSE
	Physical
	
	  a. The intentional infliction of pain
	  b. Sexual abuse
	  c. Restraints:
	      • Straitjackets
	      • Straps
	      • Chemical
	  d. General neglect of a person
	
	Psychological Abuse: The infliction of mental pain and suffering upon an elderly person—i.e., treating the elderly person like a child. This could be in the form of giving orders or by not including the elderly in certain decision-making processes.
	
	Financial Abuse: The most common form of elder abuse is financial. It often occurs at home, and the financial exploiter is usually a close family member, a relative, a friend, or a care provider who has won the confidence and trust of the elderly individual.
	
	Self-Abuse: the failure to properly care for oneself.
	
	  • Passive neglect—using poor judgment in decision making and neglecting one's person (i.e., hygiene, nutrition); failing to pay one's bills (i.e., rent, utilities, or taxes).
	  • Active abuse—suicide. This is a common occurrence in the elderly population, often by overmedication.

ABUSO DE ANCIANOS	Formas de abuso para ancianos Fisico
	a. La inflicción intencional de dolor b. Abuso sexual c. Incluyendo: • Camisas de fuerza • De tirantes • Químicas d. Negligencia hacia una persona Abuso psicológico: La inflicción de dolor mental y sufrimiento dado a un anciano, e.g., el tratar a un anciano como a un niño. Esto puede ser en la manera de dar órdenes o no incluyendo en el proceso de intervención de tomar decisiones. Abuso físico: La forma común de abuso de ancianos si es financiero. Esto ocurre en casa, y el explotador financiero es usualmente un miembro de la familia cercano, un pariente, un amigo o un proveedor de cuidado de salud que se ha ganado la confianza y amistad del anciano. Abuso para sí mismo: La falla de cuidarse propiamente por sí mismo. • Pasivo negligente—usando juicio pobre al tomar una decisión y al ser negligente consigo mismo, e.g., con su higiene, nutrición, al no pagar las deudas, la renta, las utilidades, o impuestos. • Abuso activo—suicidio. Esto sucede en la población de ancianos, a menudo por la sobre- medicación.

REPORTING ELDER ABUSE	1. To report elder abuse to the proper authorities if the elder-care law team suspects that the client is the subject of such abuse. 2. Not to participate in any transactions where it appears that the elderly are being coerced into doing something against their own free will, such as transferring assets under undue influence. 3. To recommend to the families of the elderly that they should consider guardianship or conservatorship to protect the rights of their elderly relatives.
Reportando abuso de ancianos	1. **El reporte del abuso de ancianos a las autoridades propias si el equipo legal para ancianos sospecha que el cliente es el sujeto siendo abusado.** 2. **No participar en ninguna transacción donde aparezca que el anciano ha sido forzado a hacer algo en contra de su voluntad. Tal como transferir bienes bajo influencia coersiva.** 3. **Recomendar a las familias de los ancianos que deben considerar de tomar un administrador o conservador de la corte para proteger los derechos de sus parientes ancianos.**

| RESOURCES FOR THE ELDER CARE LAW TEAM | As a client's individual needs become apparent, the elder law office will be able to direct the client to the appropriate resource. The office should have readily available up-to-date resource material on the following areas:

• Air ambulance services
• Banks and mortgage brokers that handle reverse mortgages
• Day care programs, including those that provide transportation to and from the site, medical care, meals, and custodial care for patients during the day
• Directories of hospitals, rehabilitation facilities, nursing homes, including VA facilities
• Directories of medical professionals, social workers, speech therapists, occupational therapists, and physical therapists.
• Elder care attorneys in other localities
• Home health-care agencies and employment agencies specializing in home health-care aids for the elderly and visiting nurses services
• Hospice programs
• Housing facilities: congregate care, independent-living facilities, life care communities, and assisted-living facilities
• Directories of insurance specialists who can advise clients about long-term care insurance and medigap insurance
• Directories of national specialists who can advise clients about long-term care insurance and medigap insurance
• Directories of national organizations that are involved with the elderly |

	- Programs designed for the homebound elderly—i.e., meals on wheels programs that assist the elderly in making home repairs at minimal cost - Programs that assist the elderly in paying utilily bills and reducing their real estate taxes and rent - Religious organizations providing services to the elderly - Information concerning special services for the elderly provided by local utility companies—i.e., third-party billing notification, augmentative hearing devices, Parkinson's, and Alzheimer's disease - Directories of transportation alternatives for the elderly - Federal, state, and local agencies directly related to issues of aging: Adult protective service agencies Better Business Bureau District Attorney's Office (division dealing with crimes against senior citizens) Long-term care ombudsman program State insurance departments Social Security offices Veterans Administration offices Directories of local service organizations that have programs to assist the elderly: Kiwanis, Rotary, Lions, United Way

RECURSOS PARA EL EQUIPO LEGAL DE CUIDADO DE ANCIANOS	Al aparecer las necesidades de un cliente. La oficina legal para ancianos podrá instruir al cliente con los recursos apropiados. La oficina debe tener información lista de recursos materiales en las siguientes áreas: • Servicios de ambulancia • Bancos e hipotecas que se encargan de hipotecas reversas • Programas de cuidado del día, incluyendo los que proveen transportación de un lado a otro, cuidado médico, y de custodia para los pacientes durante el día. • Directorios de hospitales, facilidades de rehabilitación, casas de ancianos, incluyendo centros de VA • Directorios de profesionales médicos, trabajadores sociales, terapistas de lenguaje, terapistas ocupacionales, y terapistas físicos. • Abogados para ancianos en otras facilidades. • Agencias de cuidado en casa y agencias de empleos especializadas en cuidado de casa de ancianos y de servicios de enfermería • Programas de hospicio • Facilidades de hogar, cuidado congregado, viviendas independientes, comunidades de cuidado de vida, y facilidades de servicio en la vivienda • Directorios de especialistas de aseguranza que puedan aconsejar a los clientes acerca de aseguranzas a largo tiempo y aseguranzas medigap. • Directorios de organizaciones nacionales que están conectadas con los ancianos

	• Programas designados para los ancianos sin casa, e.g., comidas, o programas de transportación que llevan comida a los ancianos y ayudan con reparaciones a un bajo costo.
	• Programas que ayudan a los ancianos a pagar utilidades y a reducir los impuestos de casas y de renta
	• Organizaciones religiosas que proveen servicios a los ancianos.
	• Información que se relaciona con servicios especiales para los ancianos provista por los compañias de utilidades, e.g., terceras partes, notificación de deudas, instrumentos auditivos, etc. Parkinson's y enfermedades de Alzheimer's.
	• Directorios de transportación alternativa para los ancianos.
	• Agencias federales, estatales y locales directamente relacionadas con temas relacionados con la edad:
	Agencias de protección de ancianos
	Agencias de administración de negocios
	Oficina de abogados de la ciudad (división relacionada con crímenes contra ciudadanos de la tercera edad)
	Programas de cuidado a largo término
	Departamento de aseguranza del estado
	Oficinas del seguro social
	Oficinas de administración para veteranos

REAL PROPERTY LANDLORD AND TENANT

BIENES RAICES Y PROPIETARIO O / INQUILINO

REAL ESTATE/ KEY TERMS
BIENES Y RAICES / TERMINOS LEGALES

Abstract of Title	Copia del título, resumen del título
Adverse Possession	Posesión ilegítima, o sin justo título
Broker	Agente, comisionista
Chain of Title	Cadena o antecedentes de título
Co-Ownership	Co-proprietario
Condominium	Condominio
Contract for Sale of Land	Contrato por venta de terreno
Convey	Traspasar, transferir
Cooperative (Apartment House)	Cooperativa (casa de apartamentos)
Covenant	Pacto, contrato, garantía, promesa
Deed	Escritura legal, instrumento jurídico
Easement	Servidumbre de uso—permiso dado a otro
Eminent Domain	Dominio eminente o capacidad de expropiar o interés público
Estate	Propiedades, patrimonio, bienes raíces
Fee	Pleno dominio, derechos, honorarios, retribución
Fee Simple Estate	Pertenencia plena, pleno dominio
Fee Tail	Dominio limitado con condición modal o determinados herederos
Fixture	Instalación accesoria a un bien inmueble, fijo
Foreclosure	Procedimiento ejecutivo hipotecario
Future Interest	Interés futuro
Joint Tenancy	Co-arrendatario
Lease	Contrato de arriendo
Life Estate	Dominio vitalicio

Mortgage	Hipoteca, fianza hipotecaria
Partition	Partición
Property	Propiedad
Real Property	Bienes inmuebles
Recording Acts	Actas de registración
Survey	Reconocimiento, estudio, medición
Tenancy	Arrendamiento, inquilinato
Tenancy in Common	Arrendamiento en común, copropiedad
Variance	Discrepancia, oposición
Waste	Desperdicio, gasto
Zoning	Reglamentación urbanística

REAL PROPERTY AND LANDLORD /
TENANT DEFINITIONS
DEFINICIONES DE BIENES Y RAICES Y
PROPIETARIO / INQUILINO

Abstract of title	A short account of this date of the title to real estate, reflecting all past ownership and any interest or rights, such as a mortgage or other liens, which any person may currently have with respect to the property. An abstract of title is necessary to verify title before purchasing real property.
Abstracto del título	**Un resumen corto actual del título de propiedad, que presenta todos los dueños anteriores y cualquier interés o derechos, tales como hipotecas u otras deudas, que la persona pueda tener en el presente con respecto a la propiedad. Un abstracto de título es necesario para verificar el título antes de la compra de la propiedad.**
Adverse possession	The act of occupying real property in an open, continuous, and notorious manner, under a claim or right, hostile to the interest of the true owner for a period of years.
Posesión adversa	**El acto de ocupar la propiedad real de una manera abierta, continua y notoria, bajo un reclamo o derecho, hostil al interés del verdadero propietario por un período de años.**

Broker	A person whose business is to bring buyer and seller together— an agent who, for a commission, negotiates on behalf of his principal in connection with entering into contracts or buying and selling any kind of property. A broker does not generally take possession of the property with respect with which he deals.
Supervisor de agentes	**Una persona cuyo negocio es de juntar al comprador y vendedor que por una comisión hecha por el propietario, hace un contrato de venta y compra de cualquier clase de propiedad. Un agente no toma en general, posesión de la propiedad con la que hace negocio.**
Chain of title	The succession of transactions through which title to a given piece of land was passed from person to person from its origins to the present day.
Cadena de título	**La cadena de transacciones cuyo título dado a cierto pedazo de terreno pasó de una persona a otra de donde se originó al presente.**
Color of title	That which gives the appearance of title but is no title in fact; that which, on its face, appears to pass title but fails to do so. Example: a deed to land executed by a person who does not own the land.
Color del título	**La que da la apariencia de ser título pero no lo es, es la fachada, pasa el título pero no lo hace. Ejemplo: una escritura ejecutada por una persona que no es propietario de la tierra.**

Condominium	A multiunit dwelling, each of whose residents owns her individual apartment absolutely while holding a tenancy in common in the areas of the building and grounds used by all the residents.
Condominio	**Un domicio múltiple, en la que cuyos residentes son propietarios de su apartamento individualmente mientras maintienen un derecho común de las áreas del edificio y el piso usado por los residentes.**
Contract for sale of land	A contract in which one party agrees to sell and the other to purchase real property.
Contrato por venta de propiedad	**Un contrato por el cual una persona acuerda vender y la otra comprar propiedad.**
Cooperative apartment house	A multiunit dwelling in which each tenant has an interest in the corporation or other entity which owns the building, as well as a lease entitling her to occupy a particular apartment within the building.
Casa de apartamentos	**Un edificio multi-familiar en el que cada edificio tiene un interés en la corporación u otra entidad que es propietaria del edificio como un contrato de arrendamiento que le da derecho de ocupar un apartamento en particular dentro del edificio.**
Covenant	In a deed, a promise to do or not to do a particular thing, or an assurance that a particular fact or circumstance exists or does not exist.

Una promesa, pacto, contrato, garantía	En una escritura, una promesa de hacer o no hacer algo en particular, o una aseguranza de que un hecho en particular existe o no existe.
Covenant for quiet enjoyment	A covenant that title is good and, therefore, the guarantee that there will be no disturbances in the possession of the use of the property.
Promesa que se da conla tierra	La promesa que pasa con la tierra cuando la tierra es transferida.
Deed of gift	A deed conveying property without consideration.
Escritura de donación	Una escritura que transfiere propiedad sin renumeración.
Deed of trust	A deed that creates a trust in real estate and is given as security for a debt. A deed of trust is in the nature of a mortgage, but differs from a mortgage since it is executed in favor of a disinterested third person as trustee, while a mortgage is executed directly to the creditor to be secured.
Escritura de fideicomiso	Una escritura que crea un fideicomiso en la propiedad y se da como seguridad por una deuda. Una escritura de fidecomiso se parece a una hipoteca, pero se diferencia de ella porque es hecha a favor de una tercera persona desinteresada como consignatario, mientras que la hipoteca es hecha directamente con el acreedor que la va a asegurar.

Deed of warranty	A deed that contains title covenant.
Escritura de propiedad con garantía de título	**Una escritura que contiene un título prometedor.**
Demise	A deed
Arrendamiento, legado	**Una escritura**
Dominant tenement	Real property that benefits from an easement which burdens another piece of property, known as the servient tenement.
Heredad dominante	**Una propiedad que se beneficia de un permiso que se ha tomado de otro pedazo de propiedad, conocido como predio sirviente.**
Dower	The legal right or interest that a wife acquires by marriage in the property of her husband. Dower, which was very important under the common law, ensured that a widow was able to live upon and make use of a portion of her husband's land, usually a third, as long as she lived. Dower, as such, no longer exists or has been substantially modified in most states, but every state retains aspects of the concept for the protection of both spouses.
Usufructo viudad	**El derecho legal o interés que una esposa adquiere al casarse en la propiedad de su esposo. Usufructo viudad, fue muy importante ante la ley común, que aseguraba que una viuda podia vivir y hacer uso de una parte de la propiedad de su esposo, usualmente una tercera parte, mientras ella viviése. Esto, como tal, ya no existe o ha sido modificado radicalmente en la mayoría de los estados, pero cada estado retiene partes del concepto para la protección de los esposos.**

Easement	A right to use the land of another for specific purpose.
Servidumbre	**El derecho de usar la tierra de otro con un propósito específico.**
Easement in gross	An easement in gross does not exist so that the owner of adjoining property may better enjoy his property; rather, it is a personal interest in the use of another's land unrelated to his own.
Servidumbre personal	**Una servidumbre personal no existe para que el propietario de la propiedad adyacente pueda disfrutar más de su propiedad; a menos que, tenga un interés personal en el uso de la tierra del otro sin relación a la suya.**
Easement of access	The right of the owner of real property bordering a public road to come from and go to the highway without being obstructed.
Servidumbre de paso o acceso	**El derecho del propietario de la propiedad, que aborda un camino público para que pueda ir y venir por ese camino sin que sea obstruido.**
Foreclosure decree	A decree that orders the sale of mortgaged real estate, the proceeds to be applied in satisfaction of the debt.
Resolución judicial comisoria	**Un decreto que ordena la venta de la propiedad hipotecaria, el proceso a ser seguido para satisfacer la deuda.**
Grant	A word used in conveying real property; a term of conveyance.
Reconocimiento	**Una palabra usada al pasar la propiedad real; un término de transferencia.**

Grantee	The person to whom a grant is made; the party in a deed to whom the conveyance is made.
Consecionario	**La persona a quien un reconocimiento es dado; la persona en una escritura a quien el traspaso se hace.**
Grantor	The person who makes a grant; the party in a deed who makes the conveyance.
Otorgador, donador	**La persona que hace la donación; la persona en una escritura que hace la transferencia.**
Home	A word whose legal significance may be either "house," "residence," or "domicile" de acuerdo al contenido en el que aparezca.
Hogar	**Una palabra cuyo significado legal puede ser "hogar," "residencia," o domicilio de acuerdo al contenido en el que aparezca.**
Joint Tenancy	An estate in land (examples: a fee simple estate, a life estate, an estate for years) or in personal property (a savings account) held by two or more persons jointly, with equal rights to share in its enjoyment. The most important feature of a joint tenancy is the right of survivorship, which means that upon the death of a joint tenant, the entire estate goes to the survivor.

Comunidades en mano común	Bienes y raíces, (ser propietario por entero, de por vida; apropiación por años, o en propiedad personal (en una cuenta bancaria) sostenida por dos o más personas, con derechos iguales a compartir su propiedad. Lo más importante de la mancomunación es el derecho del sobreviviente, lo que significa que si uno de ellos muere la propiedad por entero le pertenece al otro sobreviviente.
Land	As used in the law, the soil and everything attached to it, whether naturally (examples: trees, water, rocks) or by man (buildings, fixtures, fences) extending from the surface downward to the center of the earth and upward endlessly to the skies.
Tierra, propiedad, bienes	De acuerdo a la ley, la tierra y todo lo que esté pegado a ésta, ya sea naturalmente (ejemplos: árboles, agua, rocas) o hechas por el hombre (Ejemplos: edificios, cercas), que vayan desde la superficie al centro de la tierra y para los cielos sin fin.
Landlord	An owner of real property who leases all or a portion of the premises to a tenant. A landlord is called a lessor; a tenant is called a lessee.
Arrendador	Un propietario de propiedad que renta todo o parte de su propiedad a un inquilino. se llama un arrendador; un inquilino que renta se llama inquilino.

Lease	A contract for the possession of real estate in consideration of payment of rent, ordinarily for a term of years or months, but sometimes at will.
Contrato de arriendo	**Un contrato por la posesión de propiedad a cambio de pagos de renta, ordinariamente por ciertos años o meses, pero a veces depende de su voluntad.**
Lease with option to purchase	A lease that provides the lessee with the option, at the end of the term (or, under some leases, at any time during the term), to purchase the property for a specified sum.
Renta con opción de compra	**Un contrato que prove al inquilino con la opción, de que el término de ciertos años, (o, ante otros contratos de renta, en cualquier momento durante el período) de comprar la propiedad por una suma específica.**
Legal description	In deeds and mortgages, a description of the real estate that is the subject of the conveyance by boundaries, distances, and size— or by reference to maps, surveys, or plats.
Descripción legal	**En escrituras e hipotecas, una descripción de la propiedad que es el sujeto de la transferencia, por fronteras, distancias, tamaños, o por referencia de mapas, investigaciones, o planos.**
Life estate	An estate that exists as long as the person who owns or holds it is alive. Its duration may also be the lifetime of another person.

Dominio vitalicio	**Un bien que existe mientras la persona sea dueña o se mantenga vivo/a. Su duración puede durar mientras la otra persona viva.**
Listing agreement	A contract between an owner of real property and a real estate agent under which the agent is retained to secure a purchaser for the property at a specified price, for a commission.
Acuerdo con un agente de vender propiedad	**Un contrato entre un dueño de propiedad y un agente de propiedad bajo la cual el agente es elegido para que consiga un comprador de una propiedad a un precio específico.**
Lot	A tract or parcel into which land has been divided.
Lote	**Un pedazo de tierra que ha sido dividido.**
Mechanic's lien	A lien created by law for the purpose of securing payment for work performed of materials furnished in constructing or repairing a building or other structure.
Embargo de constructor	**Un embargo de ley con el propósito de asegurar un pago por trabajo hecho, o materiales usados en construcción o reparación de un negocio o una estructura.**
Mortgage	A written pledge of real property to secure a debt, usually to a bank.
Hipoteca	**Una promesa escrita o propiedad real que asegura una deuda, usualmente a un banco.**

Mortgage Insurance	The insurance bought from an insurance company that pays the mortgage in case the mortgagee dies or is disabled.
Aseguranza de Hipoteca	**La aseguranza que se compra de una compañia de aseguranzas que paga la hipoteca en caso que el hipotecario muere o se queda incapacitado.**
Mortgage note	A note that evidences a loan for which real estate has been mortgaged.
Nota hipotecaria	**Una nota que da evidencia de un préstamo de que la propiedad ha sido hipotecada.**
Partition deed	A deed that achieves a partition or splitting of real estate.
Repartición de bienes	**Una escritura que declara la división o partición de una propiedad.**
Perpetuity	Literally, something that lasts forever.
Perpetuidad	**Literalmente, algo que dura por siempre.**
Plat	A map of a tract of land, showing the boundaries of the streets, blocks, and numbered lots.
Plano	**Un mapa o un trazo de tierra, que enseña los linderos de las calles, cuadras, y terrenos enumerados.**
Plot	A plan or scheme to achieve some purpose, particularly a dishonest purpose.
Parcela de terreno,; complot; trama	**Un plan o trama que tiene el propósito de lograr algo, particularmente deshonesto.**

Possibility of Reverser	A type of future interest that remains in a grantor when, by grant or devise, he has created an estate in fee simple determinable or fee simple conditional, the fee automatically reverting to him or his successor upon occurrence of the event by which the estate is limited.
Posibilidad de reversión	**Un tipo de interés futuro que se mantiene con un deudor, cuando ya sea por transferencia o regalo, se ha creado un bien determinado o condicional, el bien dado automáticamente se reversa al dueño o a sus sucesores cuando el evento esperado ocurre.**
Property	(1) The right of a person to possess, use, enjoy, and dispose of a thing without restriction. (2) Ownership of title, either legal or equitable. (3) As employed in the Fifth Amendment and the Fourteenth Amendment, the rights to acquire, possesses, and dispose of things and objects.
Propiedad	**El derecho que tiene una persona para poseer, usar, disfrutar y disponer de una cosa sin restringirse. 2. Ser propietario de un título, ya sea legal o por derecho. 3. Como dice la Quinta Enmienda, el derecho de adquirir, poseer y disponer de cosas y objetos.**
Real Property	Land, including things located on it or attached to it directly or indirectly.

Propiedad, bienes raíces	Terreno, que incluye cosas localizadas en ésta o adherida a la misma directa o indirectamente.
Recording Acts	State statutes that provide for the recording of instruments, particularly those affecting title to real estate.
Registros	**Leyes estatales que proven que los instrumentos escritos sean registrados. Particularmente los que tengan que ver con propiedades.**
Remainder	(1) An estate in land to take effect immediately after the expiration of a prior estate, created at the same time and by the same instrument. (2) That which is left over; the residue.
El sobrante	**Un bien que toma inmediatamente efecto después de la expiración de un anterior, creado al mismo tiempo y con el mismo instrumento. 2. Lo que sobra; un residuo.**
Restrictive covenant	A covenant in a deed prohibiting or restricting the use of the property. A covenant prohibiting the sale of real property to persons of particular race is unenforceable because it is unconstitutionally restrained or alienated.
Una promesa restringida	**Una promesa en una escritura en la que se prohibe o se restringe el uso de la propiedad. Una promesa en la que se prohibe la venta de una propiedad a cierta raza no es permitido porque no es constitucional.**

Riparian Land	Land along the bank of a river or stream. Only land within the watershed of the river or stream is considered to be riparian.
Derechos ribereños	**Tierra que está cercada por un río o ribera. Solamente la tierra dentro de esa ribera es considerada con derecho a esa parte del río.**
Servient tenement	Real property that is subject to an easement that benefits another piece of property—known as the dominant tenement.
Heredad sirviente	**La propiedad que está sujeta a un derecho que beneficia a otro pedazo de propiedad, conocido como heredad sirviente.**
Tacking	With respect to acquiring title to land by adverse possession, a doctrine allowing an adverse possessor to add her period of possession to that of a previous possessor to establish continuous possession.
Ganancias	**Con respecto a adquirir propiedad por posesión adversa, una doctrina que permite que un poseedor de propiedad de forma adversa tenga un período extra al del poseedor anterior para determiner posesión continua.**
Tenancy	The right to hold and occupy realty personally by virtue of owning an interest in it.
Arrendamiento	**El derecho de mantener y ocupar terreno o personalmente por el derecho de ser propietario del mísmo.**

Tenancy by the Entirety	A form of joint tenancy in an estate in land or in personal property that exists between husband and wife by virtue of the fact that they are husband and wife.
Comunidad conyugal	**Una forma de arrendamiento de bienes o de propiedad personal que existe entre esposo y esposa por el hecho de que son esposos.**
Tenancy for years	A tenancy under a lease or other contract for the period of a year or for a stated number of years.
Arrendamiento anual	**Un contrato de arrendamiento u otro contrato por el período de un año o por un número de años.**
Tenancy from month to month	A tenancy in which no definite term is agreed upon and the rate is so much per month.
Arrendamiento mensual	**Un contrato de arrendamiento en el cual no hay términos definitivos y tampoco la renta mensual**
Tenancy from year to year	A tenancy in which no definite term is agreed upon and the rate is so much per year.
Arrendamiento año a año	**Un contrato de arrendamiento que no hay período definitivo y el pago de la renta es pagada cada año.**
Tenancy in common	A tenancy in which two or more persons own an undivided interest in an estate in land. As opposed to joint tenants, tenants in common have no right of survivorship; when a tenant in common dies, her interest passes to her heirs rather than to her cotenant or cotenants.

Arrendamiento en común	**Un contrato en el cual dos o más personas son propietarias de bienes de propiedad. Opuesto a los arrendatarios de bienes de propiedad. Opuesto a los arrendatarios adjuntos, los arrendatarios comunales no tienen derecho a heredar; cuando un arrendador muere, sus intereses pasan a sus sucesores en vez de que a sus arrendatarios comunales.**
Variable Rate Mortgage	Another term for an adjustable rate mortgage, one where the percentage rate changes annually, or in some stipulated period.
Tárifa de interés variable	**Otro término para una tarifa adjustable, una en la que el interés cambia anualmente, o en un período estipulado.**
Warranty deed	A deed that contains title covenants.
Escritura de propiedad con garantía de título	**Una promesa que contiene garantía de título.**
Waste	The destruction, misuse, alteration, or neglect of premises by the person in possession, to the detriment of another's interest in the property.
Desperdicio	**La destrucción, el mal uso, alteración, o negligencia de lugares por las personas que los poseen, que causa daño a las propiedades de otros.**
Zoning	The creation and application of structural, size, and use restrictions imposed upon the owners of real estate.

Zonas	La creación y aplicaciones de estructuras, tamaños, y uso de restricciones impuestas por los dueños de la propiedad real.

WILLS, TRUSTS, AND ESTATES

TESTAMENTOS, FIDEICOMISOS Y HERENCIAS

WILLS, TRUSTS, AND ESTATES / KEY TERMS
TESTAMENTOS, FIDEICOMISOS Y HERENCIAS / TERMINOS LEGALES

Administrator	Administrador
Administrator cum testamento anexo	Administrador sin testamento anexo
Administrator de bonis non	Albacea secundario escogido por la corte
To attest	Atestar
Attestation	Legalización
Attestation clause	Una claúsula de legalización
Attestation witness	Un testigo de legalización
Beneficiary	Beneficiario
Bequeath	Legado
Codicil	Codicilio testamentario
Decedent	Un término legal para una persona que ha muerto
Decedent estate	Propiedad del difunto
Devise	Legado de bienes y raíces e inmuebles
Devisor	Legador
Estate	Bienes y raíces
Estate of inheritance	Propiedad de herencia
Estate per autre vie	Propiedad para toda la vida
Exculpatory	Exculpatorio, justificativo
Excusable homicide	Homicidio involuntario
Excusable neglect	Negligencia involuntaria
Execute	Ejecutar
Executed	Completo, terminado, o llevado a cabo
Executor	Albacea testamentario
Holographic will	Testamento escrito a mano

Inter vivos trust	Contrato "Inter vivos"
Intestacy	Sin testamento
Intestate	Persona que muere sin testamento
Intestate estate	Propiedad sin testamento
Intestate laws	Leyes para personas sin testamentos
Intestate succession	Sucesión sin testamento
Legacy	Donación
Legatee	Persona que recibe la donación
Legator	Delegador
Nuncupative will	Testamento verbal
Pretermitted heir	Un heredero por nacer
Probate	Derecho sucesorio
Publication clause	Clausura de publicación
Testacy	Persona que muere sin testamento
Testament	Un testamento
Testamentary	Testamentario
Testamentary capacity	Capacidad testamentaria
Testamentary gift	Regalo testamentario
Testamentary instrument	Instrumento testamentario
Testamentary intent	Intento testamentario
Trust	Escritura fiduciaria
Trust estate	Escritura de la propiedad
Trust fund	Fondos de la escritura
Trust funds	Fondos testamentarios
Trust indenture	Escrituras con condiciones
Trust instrument	Instrumento de la escritura
Trust "inter vivos"	Escritura "inter vivos"
Trust officer	Oficial de la escritura
Trust property	Escritura de la propiedad
Trustee	Administrador de la escritura
Trustee ad litem	Administrador de la escritura escogido por la corte
Will	Un testamento

WILLS, TRUSTS, AND ESTATES / DEFINITIONS
TESTAMENTOS, FIDEICOMISOS, Y HERENCIAS / DEFINICIONES

Administrator	A person who is appointed by the court to manage the estate of a person either who died without a will or whose will failed to name an executor or named an executor who declined or was ineligible to serve. The administrator of an estate is also referred to as a personal representative.
Administrador	**Una persona que es escogida por la corte para que maneje la propiedad de una persona que ha muerto sin un testamento o quien ha fallado de nombrar un albacea testamentario o fue incapacitado para servir. El administrador de la propiedad es también conocido como representante personal.**
Administrator cum testamento anexo	The court-appointed administrator of the estate of a decedent whose will failed to name an executor or whose named executor cannot or refuses to serve.
Administrador sin testamento anexo	**El administrador escogido por la corte de la propiedad de un difunto que ha fallado de nombrar un albacea testamentario o cuyo albacea testamentario no puede o rehusar a servir como tal.**

Administrator de bonis non	The court-appointed administrator of the estate of a decedent whose will executor has died or resigned.
Albacea secundario encargado de la distribución de bienes adicionales	**El administrador escogido por la corte de la propiedad de un difunto cuyo testamentario ha muerto o se ha retirado.**
Attest	To swear to; to bear witness to; to affirm to be true or genuine.
Atestar, testimoniar, legalizar	**Jurar, testimoniar; confirmar que es verdad o genuino.**
Attestation	The act of witnessing the signing of a document, including signing one's name as a witness to that fact.
Legalización	**El acto de evidenciar la firma de un documento, incluyendo la firma del testigo como testigo del hecho.**
Attestation clause	A clause—usually at the end of a document—such as a deed or a will, which provides evidence of attestation.
Clausula del testimonio	**Una cláusula, usualmente al final del documento tal como una escritura o un testamento, que provee evidencia de un testimonio.**
Attestation witness	A person who witnesses the signing of a document.
Testigo del testimonio	**Una persona que evidencia la firma de un documento.**

Beneficiary	(1) A person who receives a benefit. (2) A person who has inherited or is entitled to inherit under a will. (3) A person for whom property is held in trust. (4) A person who is entitled to the proceeds of a life insurance policy when the insured dies. (5) A person designated by statute as entitled to the proceeds of a legal action such as a wrongful death action.
Beneficiario	**(1) Una persona que recibe un beneficio. (2) Una persona que ya ha heredado o tiene derecho a heredar por nombramiento en un testamento. (3) Una persona para quien la propiedad en fideicomiso. (4) Una persona que tiene derecho a los procedimientos de una poliza de aseguranza de vida cuando el asegurado muere. (5) Una persona designada por ley señalada para el procedimiento de una acción legal como en el caso de un difunto.**
Bequeath	To leave personal property or money by will, such as a gift, is called a bequest or a legacy. A gift of real property by will is property called a devise, although the courts generally construe "bequeath" as synonymous with "devise" when it is used in connection with a testamentary gift of real estate.

Dejar en testamento	**Dejar la propiedad personal o dinero en un testamento, tal como un regalo se llama "bequest" o es un legado. Un regalo de propiedad real por testamento se llama legado, aunque las cortes generalmente califican a las dos como sinónimos cuando es usado en conección con un regalo testamentario de bienes y raíces.**
Codicil	An addition or supplement to a will, which adds to or modifies the will without replacing or revoking it. A codicil does not have to be physically attached to the will.
Codicilo testamentatio	**Una adicción o suplementario de un testamento, que añade o modifica el testametno sin reemplazarlo o revocarlo. Un codicilo no tiene que estar fisícamente adjunto al testamento.**
Decedent	A legal term for a person who has died.
Difunto	**Un término legal para la persona que ha muerto.**
Decedent's estate	The total property, real and personal, that a decedent owns at the time of his/her death.
Propiedad del difunto	**La propiedad total, real y personal, que un difunto posee al momento de morir.**
Devise	A gift of real property by will, although it is often loosely used to mean a testamentary gift of either real property or personal property.

Legado de bienes y raíces e inmuebles	Un regalo de bienes y raíces por testamento, aunque a menudo no es usado con el significado de un regalo de testamento ya sea bienes y raíces o propiedad personal
Devisor	A testator who makes a devise.
Legador	**Un testador que hace el reglao o legado.**
Estate	(1) The property left by a decedent. (2) The right, title, and interest a person has in real or personal property, either tangible or intangible.
Bienes y raíces	**(1) La propiedad que ha dejado un difunto. (2) El derecho, el título, e interés que tiene una personal en bienes y raíces, ya sea tangible o intangible.**
Estate of inheritance	Also known as a fee, a freehold interest in land that is inheritable (i.e., an interest which the tenant is not only entitled to enjoy for his own lifetime, but which, after his death, if he leaves no will, his heirs will inherit under the intestate laws).
Propiedad de herencia	**También conocida como un honorario, un interés futuro en la tierra heredada, por ejemplo: el interés que el inquilino tiene no solamente de disfrutar de lo suyo durante su vida, sino, después de su muerte, si no deja un testameto a sus decendientes que heredarán de acuerdo a la ley.**

Estate per autre vie	An estate that is to last for the life of a person other than the tenant. Example: "I give this to my son-in-law, Samuel, for as long as my daughter, Mary, shall live."
Propiedad para otra vida	**Una propiedad que debe durar durante la vida de la persona aún más que la del inquilino. Por ejemplo, "Dejo esto para mi hijastro, Samuel, mientras mi hija, Mary, viva."**
Estate planning	Pre-death arrangement of a person's property and estate best calculated to maximize the estate for the beneficiaries during and after the person's life.
Planeando con anticipación acerca de la propiedad	**Arreglos antes de la muerte de la propiedad de la persona calculando lo mejor posible para los beneficiarios de la propiedad durante y después de la muerte de la persona.**
Exculpatory	Tending to free from blame or to acquit of a criminal charge.
Exculpatorio, justificativo	**Que tiende a disculparse de culpa o se exonera de un cargo criminal.**
Excusable homicide	A homicide committed in the course of performing a lawful act, without any intention to hurt or committed in self-defense.
Homicidio involuntario	**Un homicidio cometido mientras se este haciendo un acto legal, sin intención de lastimar o cometer defensa propia.**
Excusable neglect	Dilatory neglect that may be forgiven or overlooked by a court, upon a showing of good reason therefore.

Negligencia involuntaria	Negligencia involuntaria que puede ser perdonada o no observada por la corte después de demostrar una buena razón.
Execute	To sign a document.
Ejecutar	**Firmar un documento.**
Executed	Completed, performed, or carried out.
Ejecutado	**Completo, terminado, o llevado a cabo.**
Executor	A person designed by a testator to carry out the directions and requests in the testator's will and to dispose of his property according to the provisions of his will.
Albacea testamentario	**Una persona designada por el testador para seguir las instrucciones y pedidos del testador del testamento y para disponer de su propiedad de acuerdo a las provisiones de su testamento.**
Holographic will	A will that is entirely written and signed by the testator in his own handwriting. In many states, the requirement that the signing of a will be witnessed is not imposed in the case of a holographic will, because a successful counterfeit of another person's handwriting is very difficult; the requirement that the will be entirely in handwriting is therefore thought to be sufficient protection against forgery.

Testamento escrito a mano	**Un testamento que es enteramente escrito y firmado por el testador con su propia letra. En muchos estados, los requisitos de que la firma de un testador tenga la firma de un testigo no es necesario en el caso de un testamento escrito a mano, por el éxito de que hay la posibilidad de la falsificación de la letra.**
Inter vivos trust	Living trust.
Contrato "Inter vivos"	**Testamento**
Intestacy	The status of the estate or property of a person who dies without leaving a valid will.
Sin testamento	**El estado o propiedad de una persona quien muere sin dejar un testamento.**
Intestate	Pertaining to a person, or to the property of a person, who dies without leaving a valid will.
Persona que muere sin testamento	**Perteneciente a una persona, o a la propiedad de una persona, que muere sin dejar un testamento.**
Intestate estate	The estate of a person who dies without leaving a valid will.
Propiedad sin testamento	**La propiedad de una persona que muere sin dejar un testamento válido.**
Intestate laws	State statutes that set forth the rules by which property passes when a person dies intestate.
Leyes para personas sin testamentos	**Las leyes del estado que tienen que ver con las propiedad que pasan de una persona que muere sin dejar testamento.**

Intestate succession	Inheritance from a person who dies intestate.
Sucesión sin testamento	**Herencia de una persona que muere sin testamento.**
Legacy	Accurately a gift of personal property by will, although the term is often used to mean any testamentary gift; a bequest.
Donación	**Con certeza un regalo de propiedad personal hecho con un testamento, aunque el término es a menudo usado para los regalos testamentarios.**
Legatee	A person who receives personal property as a beneficiary under a will, although the word is often loosely used to mean a person who receives a testamentary gift of either personal property or real property.
Persona que recibe la donación	**Una persona que recibe propiedad personal como un beneficiario de un testamento aunque la palabra a menudo no es usada con el significado de que una persona reciba un regalo testamentario de cualquier propiedad personal o real.**
Legator	A person who makes a gift of property in a will to a legatee.
Delegador	**Una persona que hace un regalo de propiedad en un testamento a un delegado.**
Nuncupative will	A will declared orally by a testator during his last illness, before witnesses, and later reduced to writing by a person who was present during the declaration.

Testamento verbal	**Un testamento verbal declarado por un testificador durante sus últimos momentos, en presencia de testigos, y más tarde escrito por una persona que estaba presente durante su declaración.**
Pretermitted heir	One born after a will is written, or one who is unintentionally left out of a will and may inherit by intestate succession.
Un heredero por nacer	**Un nacido después de que un testamento ha sido escrito o alguien que sin intención ha sido omitido de un testamento puede heredar por sucesión testamentaria.**
Probate	(1) The judicial act whereby a will is adjudicated to be valid. (2) A term that describes the functions of the probate court, including the probate of wills and the supervision of the accounts and actions of administrators and execution of decedent's estates.
Probate	**(1) El acto judicial en el cual un testamento es adjudicado para ser válido. (2) Un término que describe las funciones de la corte probatoria, incluyendo el analísís testamenario de los testamentos y la supervisión de las cuentas y acciones de administradores y ejecución de los estados de los herederos.**
Publication clause	Portion of a will that states the instrument reflects the wishes of the testator.

Clausura de publicación	Porciones de un testamento que establece la información que refleja los deseos del testificador.
Testacy	The status of the estate or property of a person who dies without leaving a valid will.
Persona que muere sin dejar testamento	**El estado de una propiedad de una persona que muere sin dejar un testamento válido.**
Testament	A will.
Testamento	**Un testamento**
Testamentary	Pertaining to a will.
Testamentario	**Perteneciente a un testamento**
Testamentary capacity	The mental capacity of a testator, at the time of making her will, to be able to understand the nature of her act and—generally if not precisely—the nature and location of her property and the identity of those persons who are the natural objects of her bounty.
Capacidad testamentaria	**La capacidad mental de un testificador, al tiempo de hacer el testamento, para poder comprender la naturaleza de su acto y, generalmente si no precisametne, la naturaleza y lugar de la propiedad y la identidad de aquellas personas que son los objetos naturales de su herencia.**
Testamentary gift	A gift that is the subject of a testamentary disposition.
Regalo testamentario	**Un regalo que está sujeto a una disposión testamentaria.**

Testamentary instrument	An instrument whose language clearly indicates that its author intended to make a disposition of his property—or some of his property, to be effective upon his death.
El instrumento testamentario	**Un instrumento cuyo lenguaje claramente indica que su autor intentaba hacer disposición de su propiedad, o de alguna de sus propiedades, para hacer efectivo al morir.**
Testamentary intent	For a court to admit a will to probate, it most determines that the testator intended the instrument to be her last will.
Intento testamentario	**Para que una corte ponga un testamento a prueba, determina que el testificador intentaba que la carta testamentaria sea su último testamento.**
Trust	(1) A fiduciary relationship involving a trustee who holds trust property for the benefit or use of a beneficiary. Property of any description can be the subject of a trust. The trustee holds legal title to the trust property (also called the res or corpus of the trust); the beneficiary holds equitable title. A trust is generally established through a trust instrument, such as a deed of trust or a will, by a person (known as the settlor) who wished the beneficiary to receive the benefit of the property but not outright ownership.

Escritura fiduciaria	(1) Una relación fiduciaria que se relaciona con una persona encargada de una escritura que tiene poder de la propiedad por el beneficio o uso del beneficiario. La propiedad de cualquier descripción es el objeto de la escritura. El encargado de la escritura mantiene título legal de la escritura de la propiedad (también llamado el cuerpo de la escritura); tal como un instrumento, como una escritura testamentaria, por una persona (conocida como el establecedor) quien desea que el beneficiario reciba el beneficio de la propiedad sin derecho a la propiedad.
Trust estate	Phase sometimes used to mean the property held by the trustee for the benefit of the beneficiary, and sometimes used to mean the interest that the beneficiary has in the property.
Escritura de la propiedad	A veces la face usada para representar a la propiedad mantenida por el encargado de la propiedad por el beneficio del beneficiario, y algunas veces usado para mantener el interés que el beneficiario tiene en la propiedad.

Trust fund	(1) A fund held in trust by a trust company or other trustee. (2) A fund that, although not held in trust in the technical sense, is held under a relationship "of trust" which gives one the legal right to impose certain obligations upon the holder of the funds.
Fondos de escritura	**Un fondo que se establece en la escritura de una compañia fiduciaria u otras compañias fiduciarias. Un fondo que, sin permanecer en la escritura en el sentido técnico, es mantenido bajo una relación de "escritura" el que le da derecho legal de imponer ciertas obligaciones para el que sostenga los fondos.**
Trust funds	Money held in a trust account.
Fondos testamentarias	**El dinero que se mantiene en una cuenta testamentaria.**
Trust indenture	An instrument stating the terms and conditions of a trust.
Escrituras con condiciones	**Un instrumetno que indica los términos y condiciones de un testamento.**
Trust instrument	A document in which a trust is created. Example: a deed of trust; a will.
Instrumento de escritura	**Un documento en el cual una escritura es creada. Ejemplo de una escritura testamentaria, un testamento.**
Trust inter vivos	A trust that is effective during the lifetime of the creator of the trust.
Escritura "inter vivos"	**Una escritura que es efectiva durante el tiempo de vida del creador de la escritura.**

Trust officer	An officer of a financial institution who manages trust funds.
Oficial de la escritura	**Un oficial de una institución financiera que maneja los fondos de la escritura.**
Trust property	Property that is the subject of a trust. It is also referred to as the trust res, the res of the trust, or the corpus of the trust.
Propiedad de escritura	**La propiedad que es el objeto de una escritura. Se refiere también a la escritura res, el resto de la escritura, o el cuerpo de la escritura.**
Trustee	The person who holds the legal title to trust property for the benefit of the beneficiary for the trust, with such powers and subject to such duties as are imposed by the terms of the trust and the law.
El administrador de la escritura	**La persona que mantiene, el título legal de la propiedad de la escritura por el beneficio del beneficiario de la escritura, la que tiene poderes y está sujeta a tales obligaciones impuestas por los términos de la escritura y la ley.**
Trustee ad litem	A trustee appointed by the court, as opposed to a trustee appointed in a trust instrument.
El administrador de la escritura escogido por la corte	**Un administrador escogido por la corte, opuesto al administrador escogido por una escritura personal.**

Will	An instrument by which a person (the testator) makes a disposition of his/her property, to take effect after his/her death.
Un testamento	**Un instrumento por el cual una persona (el testificador) hace una disposión de una propiedad, para tomar efecto después de su muerte.**

BIBLIOGRAPHY / *BIBLIOGRAFIA*

Alcaraz Varó, Enrique and Hughes Brian. (1999). *Diccionario de Términos Jurídicos*. Barcelona: Editorial Ariel, S.A.

Benmaman, Virginia, C. Connolly, Norma., Scott, Robert. (1991). *Bilingual Dictionary of Criminal Justice Terms*. Florida: Gould Publications, Inc.

Gigis, Steven. (1975) Law Dictionary. New Jersey: Barron's Educational Series, Inc.

ALTERNATIVE DISPUTE RESOLUTION
Hon. Warren Knight, Hon. Coleman F. Fannin, Richard Chernick, and Susan W. Haldeman (1998). *Alternative Dispute Resolution*. California: The Rutter Group, Ltd.

BUSINESS LAW SECTION:
LeRoy Miller, Roger, and Gaylord A. Jentz. 5th Edition, (2000). *Business Law Today*. Arlington, Texas: West Legal Studies in Business (A Division of Thomson Learning).

BANKRUPTCY AND REAL ESTATE SECTION AND WILLS, TRUSTS AND ESTATES
Okrent, Cathy. 2nd Edition, (2001). *Legal Terminology with Flash Cards*. Delmar: West Thomson Learning.

FAMILY LAW SECTION:
Statsky, William. 4th Edition, (1996). *Family Law*. Saint Paul, MN: West Publishing Company.

CRIMINAL LAW SECTION:
William, Raymond, Hall, Daniel. (1998). *Criminal Law and Procedure*. Albany, NY: West Legal Studies (An International Thomson Publishing Company).

JUVENILE PROCEDURES SECTION:
Edward E., People's 2nd Edition. (1996) *Juvenile Procedures in California*. California: Meadow Crest Publishing.

PROBATE:
Ronald J. Schwartz, J.D., LL.M. (1998) *Law and Aging*. Texas: Pearson Publications Company.

BUSINESS LAW SECTION:
LeRoy Miller, Roger, Gaylord A, Jentz. (2000). *Business Law Today*. Arlington, Texas: West Legal Studies.

BANKRUPTCY AND REAL ESTATE SECTION:
Okrent, Cathy. (2001). *Legal Terminology with Flash Cards*. Delmar: Thomas Learning, Inc.

FAMILY LAW SECTION:
Statsky, William. (1996). *Family Law*. Saint Paul, MN: West Publishing Company.

CRIMINAL LAW SECTION:
William, Raymond, Hall, Daniel. (1998). *Criminal Law and Procedure*. Albany, NY: West Legal Studies. (An International Thomson Publishing Company)